BENNO WERLEN

SOZIALGEOGRAPHIE ALLTÄGLICHER REGIONALISIERUNGEN
1

ERDKUNDLICHES WISSEN

SCHRIFTENREIHE FÜR FORSCHUNG UND PRAXIS
BEGRÜNDET VON EMIL MEYNEN
HERAUSGEGEBEN VON GERD KOHLHEPP,
ADOLF LEIDLMAIR UND FRED SCHOLZ

HEFT 116

FRANZ STEINER VERLAG STUTTGART
1995

BENNO WERLEN

SOZIALGEOGRAPHIE ALLTÄGLICHER REGIONALISIERUNGEN

BAND 1
ZUR ONTOLOGIE VON GESELLSCHAFT UND RAUM

FRANZ STEINER VERLAG STUTTGART
1995

Gedruckt mit Unterstützung des Schweizerischen Nationalfonds

Die Deutsche Bibliothek - CIP Einheitsaufnahme
Werlen, Benno:
Sozialgeographie alltäglicher Regionalisierungen / Benno
Werlen. - Stuttgart : Steiner
Bd. 1. Zur Ontologie von Gesellschaft und Raum. - 1995
(Erdkundliches Wissen ; H. 116)
ISBN 3-515-06606-3
NE: GT

Inhalt

Inhalt ... v

Vorwort ... vii

Einleitung ... 1

I Ontologie gesellschaftlicher Tatsachen ... 19

1.1 Unterschiedliche Auffassungen von Ontologie ... 22

1.2 Holismus vs. Individualismus ... 24

1.2.1 Basispostulate holistischer Positionen ... 25

1.2.2 Basispostulate individualistischer Positionen ... 27

1.3 Sozialphilosophischer Kontext ... 30

1.4 Revidierter methodologischer Individualismus ... 36

1.5 Analytischer Marxismus ... 49

1.6 Handlungtheoretische Gesellschaftskonzeption ... 57

1.7 Konsequenzen für die Sozialgeographie alltäglicher Regionalisierungen ... 66

II Traditionelle und spät-moderne Gesellschaftsformen ... 74

2.1 Die Kernideen der Strukturationstheorie ... 77

2.2 Unterscheidung verschiedener Gesellschaftsformen ... 83

2.3 Ontologie traditioneller Gesellschaften ... 91

2.3.1 Geschwindigkeit des sozialen Wandels ... 95

2.3.2 Reichweite des sozialen Wandels ... 97

2.3.3 Wirkungsart der Institutionen ... 101

Zusammenfassung ... 103

2.4 Ontologie spät-moderner Gesellschaften ... 105

2.4.1 Geschwindigkeit des sozialen Wandels ... 110

2.4.2 Reichweite des sozialen Wandels ... 119

2.4.3 Wirkungsart der Institutionen ... 129

Zusammenfassung ... 132

2.5 Konsequenzen für die Sozialgeographie alltäglicher Regionalisierungen 134

III Ontologie des prä-modernen Raumes 141
3.1 Sozialwissenschaftliche Relevanz der Raumproblematik 146
3.2 Absolute/substantialistische Raumkonzeptionen 152
3.2.1 Aristoteles 155
3.2.2 Descartes 161
3.2.3 Newton 167
3.3 Relationale Raumkonzeption 179
3.3.1 Ausgangssituation und philosophische Grundlagen 180
3.3.2 Leibniz' relationale Raumkonzeption 184
3.3.3 Kritik an der substantialistischen Raumkonzeption 188
3.3.4 Kritische Diskussion 190
3.4 Konsequenzen für die Sozialgeographie alltäglicher Regionalisierungen 193
IV Ontologie des modernen Raumes 203
4.1 Kants erkenntnistheoretische Raumkonzeption 206
4.1.1 Zwischen absoluter und relationaler Raumkonzeption 207
4.1.2 Philosophische Grundlagen für eine neue Lösung 211
4.1.3 Kants Lösung der Raumproblematik 216
4.1.4 Kritische Diskussion 219
4.2 Handlungskompatible Raumkonzeptionen 222
4.2.1 Kant, Hettner und die wissenschaftliche Geographie 224
4.2.2 Vom Raum zur Räumlichkeit? 229
4.2.3 Elemente einer handlungskompatiblen Konzeption 234
4.3 Konsequenzen für die Sozialgeographie alltäglicher Regionalisierungen 241
Ausblick 244
Literatur 246

Vorwort

Der geographische Tatsachenblick und die entsprechenden Forschungsergebnisse haben einen wesentlichen Anteil an der Aufklärung. Und so kann man ohne Übertreibung sagen, daß die Geographie einen wesentlichen Anteil an der Entstehung moderner Gesellschaften hat. Die Erkundung des Globus erlaubte erstmals eine Positionierung des eigenen Kontextes im Verhältnis zu Lebensbereichen und Lebensformen anderer Kulturen. Doch in der geographischen Weltsicht ist eine eigenartige Persistenz feststellbar. Obwohl sie selbst wesentlich an der Entwicklung der modernen Welt beteiligt war, hat sie die damit verbundenen Veränderungen im Gesellschaft-Raum-Verhältnis – wenn überhaupt – nur mit geringen methodologischen Konsequenzen zur Kenntnis genommen. Daß unter der Bedingung der Globalisierung der Lebensverhältnisse die traditionelle Regionalgeographie und die Länderkunden nicht mehr ausreichen, um den modernen Tatsachen des Lebens Rechnung zu tragen, ist oft festgestellt und beklagt worden. Doch nur wenig Alternativen sind damit bisher gefördert worden. Auf diese Ausgangslage nimmt das vorliegende Buch Bezug. Es wurde in der Absicht geschrieben, Antworten auf die Frage nach einer zeitgemäßen sozial-, kultur- und wirtschaftsgeographischen Wirklichkeitsdarstellung vorzubereiten. "Sozialgeographie alltäglicher Regionalisierungen" ist somit als eine mögliche Antwort darauf zu verstehen.

Mit den Arbeiten an diesem Projekt habe ich vor etwa sieben Jahren begonnen, ohne eine klare Vorstellung davon zu haben, was damit in Kauf zu nehmen war. Ausgangspunkt bildete die Frage nach den sozialen Konsequenzen, wenn man in einer räumlichen Sprache sozial-kulturelle Tatsachen beschreibt und zu erklären beabsichtigt. Die Auseinandersetzung mit diesem Problemkreis zeigte bald, daß dessen Abklärung eine differenzierte Rekonstruktion sowohl der verschiedenen Gesellschafts- wie auch Raumkonzeptionen verlangte. Erst dann kann eine sorgfältige Darstellung der jeweiligen Implikationen der gewählten Sprachen für das Wirklichkeitsverständnis erfolgen.

Erste Ergebnisse dieser Auseinandersetzung habe ich am "1. britisch-österreichischen Seminar in Geographie und Gesellschaftstheorie" im Herbst 1988 in Zell am Moos (Salzburg) zur Diskussion gestellt. Den Teilnehmerinnen und Teilnehmern an dieser Veranstaltung, insbesondere Derek Gregory, Nigel Thrift, Les Heppel, Susan Smith, Chris Philo, Felix Driver, Dagmar Reichert, Walter Matznetter, Gerhard Bahrenberg, Fredo Behrens sowie Jürgen Oßenbrügge möchte ich herzlich für Kritik und Anregungen danken.

Bereits in dieser ersten Etappe bildete die Strukturationstheorie von Anthony Giddens ein wichtiges Referenzwerk. Denn wie wohl keine andere "große" Gesellschaftstheorie ist es auf eine angemessene Berücksichtigung von Raum und Zeit in der Erklärung der sozialen Wirklichkeit ausgerichtet. Während meines eineinhalbjährigen Forschungsaufenthaltes in Cambridge (U.K.) – der mir 1989/90 finanziell vom Schweizerischen Nationalfonds und der Holderbankstiftung ermöglicht wurde – hatte ich die Möglichkeit, mich weiter in das Gedankengebäude dieser aktuell weltweit vielleicht einflußreichsten Sozialtheorie zu vertiefen. Insbesondere stand zunächst die Rekonstruktion von Giddens' typologisierender Darstellung der unterschiedlichen Ontologien, das heißt der jeweiligen Seinsweisen traditioneller und moderner Gesellschaften, an, was sich insofern als eine glückliche Konstellation erwies, als Anthony Giddens zu dieser Zeit gerade daran war, das Buch "Konsequenzen der Moderne" abzuschließen, das seit kurzem auch in deutscher Übersetzung verfügbar ist.

In Zusammenhang mit der weitergeführten Auseinandersetzung mit der Geschichte philosophischer Raumkonzeptionen zeichnete sich – für mich zunächst überraschend – eine Parallelität zwischen der Ontologie traditioneller Gesellschaften und prä-modernen Raumvorstellungen einerseits sowie moderner Gesellschaft und modernem Raumverständnis andererseits ab. Die Ausgangsfrage bedurfte somit einer entscheidenden Differenzierung. Die philosophischen und wissenschaftlichen Auseinandersetzungen mit "Gesellschaft" und "Raum" konnten nicht unabhängig von der jeweils historisch gewordenen sozialen Alltagswirklichkeit analysiert werden. Sie bedurften der Rückbindung auf den historisch variablen, empirisch nachweisbaren Bezugskontext. Mit anderen Worten: Die Auseinandersetzung mit der Ontologie sozialer Tatsachen bedurfte – bevor sie mit den Raumfragen konfrontiert wurde – einer Ergänzung durch die differenzierte Darstellung der Handlungsbedingungen im Rahmen traditioneller und moderner bzw. spät-moderner Gesellschafts- und Lebensformen. So kann dazu beigetragen werden, die Voraussetzungen für die Beantwortung der Ausgangsfrage wesentlich zu verbessern und ihr neue Aspekte abzugewinnen.

Während meines Aufenthaltes in Cambridge haben viele Personen mit ihren Anregungen und Informationen das Projekt unterstützt und mich auf wichtige Implikationen aufmerksam gemacht. Ihnen allen bin ich zu tiefem Dank verpflichtet. Insbesondere Teresa Brennan und Susan James haben mir wichtige Anregungen in der Auseinandersetzung mit dem Gehalt sozialer Erklärungen gegeben und das Verständnis der sozialphilosophischen Basis des feministischen Diskurses vertieft. David Held und John Thompson verhalfen mir zum Einstieg in die angelsächsische Debatte um die Kritische Theorie. Die zahlreichen Diskussionen mit Rooha Variava und Jennifer Robinson brachten mich auf die Erkundung der Verwandtschaft zwischen ethnizistischer Argumentation und räumlicher Sozialerklärungen. Montserrat Guibernau und Rosa Isabel Montes waren in der Auseinandersetzung mit dem Regionalismus bzw. neuen sozialen Bewegungen wichtige Inspirationsquellen. Deirdre Boden eröffnete mir ein neues Verständnis der Bedeutung globaler Telekommunikation für die Reflexivität spät-moderner Lebensformen in lokalen Kontexten.

Graham Smith hat mir mehrere Möglichkeiten zur Vorstellung meiner Arbeit am Geographischen Institut der Universität Cambridge und am Sidney Sussex College eröffnet. Zusammen mit den "Cambridger" Institutsangehörigen Richard Chorley, Michael Chisholm, Stuart Corbridge, Ron Martin, Alan Baker, Günter Krebs, Nick Fyve sowie Gastprofessor Michael Woldenburg, war er auch ein außerordentlich guter Wegweiser auf der Reise durch die institutionelle Wirklichkeit angelsächsicher Geographie.

Die Vorstellung verschiedener Raumkonzeptionen mit ihren jeweiligen sozial-weltlichen Implikationen unter dem von einigen als provokant empfundenen Titel "Human Geographies without Space?" führte 1991 an der AAG-Tagung in Miami (Florida) zu einer Diskussion, die für die hier vorgelegte Studie sehr hilfreich war. Dafür bin ich vor allem John Pickles, Ted Tschatzki, Ed Soja, Michael Dear, John Chappel sowie Eric Swyngedouw zu Dank verpflichtet. Dieser gilt auch den Referenten am Bonner Kolloquium im Herbst 1992, Peter Weichhart, Jürgen Pohl und Günther Beck, sowie Eberhard Mayer, Dieter Laux, Matthias Winiger und mir anonym gebliebenen Veranstaltungsteilnehmerinnen und -teilnehmern für Diskussion und thematische Anregungen, die von Eckart Ehlers zu einem späteren Zeitpunkt ergänzt wurden. Ute Wardenga, Hans-Dietrich Schultz und Ulrich Eisel sowie Peter Sedlacek und Wolfram Schramke kommentierten diesen Teil des Projektes in persönlichen Gesprächen und/oder bei öffentlichen Anläßen auf hilfreiche Weise.

Für ausführliche konstruktive Kommentare zu einer früheren schriftlichen Fassung möchte ich zuerst Gerhard Hard, Gerhard Bahrenberg, Albert Leemann und Paul Messerli danken. Sie haben wesentlich zu einer größeren Transparenz der Argumentation und deren besseren Einordnung in die jüngere Theoriediskussion beigetragen. Von Andreas Volk habe ich gelernt, wie Kracauer und Benjamin als Sozialgeographen verstanden werden können. Dafür und für die Aufforderung, "dieses Ding" endlich zum Abschluß zu bringen und für alles, was er dafür getan hat, bedanke ich mich herzlich. Jean Widmer, Markus Schwyn, Günther Arber, Roland Lippuner und Markus Richner haben mit ihren Vorschlägen wesentlich zur Verbesserung der vorliegenden Fassung beigetragen. Ihnen gebührt ein großes merci. Frau Marie-Alice Binzegger und Max Epper verdanke ich die sorgfältige Manuskriptdurchsicht. Doch nur dank den konstruktiv-kritischen Kommentaren meines wohl geduldigsten Lesers Andreas Huber und dank seiner großzügigen Unterstützung bei den Korrekturarbeiten und der typographischen Gestaltung hat dieses Buch die nun vorliegende Form annehmen können. Herzlichen Dank dafür!

Ganz besonders möchte ich mich schließlich bei Anthony Giddens für die Einladung nach Cambridge, für Ermutigung und vielfältige Beratung bedanken. In zahlreichen anregenden Gesprächen hat er über die Jahre hinweg den Gang des Projektes begleitet und gefördert. Er hat ein intellektuelles Umfeld geschaffen, das nicht nur eine große Bereicherung bleibt, sondern mir auch einen lustvollen Zugang zu neuen Bereichen wissenschaftlichen Arbeitens eröffnet hat.

Zürich, im August 1995

Einleitung

Nicht nur in Europa werden alte nationalstaatliche Grenzen immer mehr in Frage gestellt. Was hier zunächst als Wirtschaftsgemeinschaft gegründet wurde, wird immer mehr auch zur politischen und kulturellen Gemeinschaft. Ähnliche Entwicklungen sind sowohl in Amerika wie in Asien beobachtbar, auch wenn hier zunächst lediglich Wirtschaftsabkommen zwischen nationalstaatlichen Gebilden im Zentrum der Vereinbarungen stehen. Doch gilt auch hier: Das alte Bild von Staaten als kulturelle, soziale und wirtschaftliche Raumgebilde ist immer mehr in Auflösung begriffen. Die territoriale Basis der Gesellschaftsorganisation, welche für die Nationalstaaten von so zentraler Bedeutung ist, wird im Fortschreiten des Projektes der Moderne immer weniger als maßgebendes Regulativ akzeptiert. Damit wird auf der politischen Ebene den alltäglichen Lebensbezügen Rechnung getragen. Längst werden nur noch wenige Güter des alltäglichen Bedarfs im jeweiligen lokalen und regionalen Kontext produziert. Handelnde Subjekte beziehen über ihre Konsumtion vielmehr "die Welt" auf sich. Lebensstil und Kaufkraft entsprechend lösen sie Waren und Dienstleitungen aus globalen Austausch"strömen" heraus. Dies ist die eine Seite der gegenwärtig beobachtbaren Wirklichkeit.

Die andere Seite beschwört auf politischer Ebene hingegen gerade die Reetablierung des Territorialnexus früherer, vorindustrieller Lebensverhältnisse und Handlungsbedingungen. Zu diesen Gegenbewegungen sind vor allem der wiederkehrende Nationalismus und Regionalismus zu zählen. Sie erschüttern zur Zeit die bisherige nationalstaatliche Ordnung. Politische Karten müssen beinahe täglich neu gezeichnet werden. Der Regionalismus hat im letzten Jahrzehnt des 20. Jahrhunderts ein gewaltiges politisches Transformationspotential erlangt. Er tangiert immer mehr Wirklichkeitsbereiche. Entsprechend sind die Verfallswerte politischer Geographien immer kürzer bemessen. Die Vielzahl aktueller Territorialkonflikte läßt kaum Hoffnung aufkommen, daß sich dies in absehbarer Zukunft ändern wird. Einen vertiefteren Einblick in die Motivations- und

Operationszusammenhänge dieser sozialen Umgestaltungskraft zu gewinnen, ist somit nicht nur von wissenschaftlichem Interesse, sondern im höchsten Maße ein gesellschaftspolitisches Erfordernis.

Die Geographie, als Wissenschaft des Regionalen, hat aber zum besseren Verständnis dieser gesellschaftlichen Erscheinung bisher wenig mehr beigetragen als beispielsweise die Soziologie, welche in aller Regel für die Erforschung raumbezogener Prozesse über wenig analytisches Potential verfügt. Diese Blindheit auf Seiten der Geographie ist kaum bloßer Zufall, absichtliches Kalkül oder persönliches Unvermögen einer ganzen Generation von Forscherinnen und Forschern. Sie ist wohl vielmehr kategorialer Art und in der fachgeschichtlichen Entwicklung der Geographie vor allem dieses Jahrhunderts begründet. Diese These soll anhand einer Anekdote illustriert werden.

Dietrich Bartels – einer der einflußreichsten Theoretiker der deutschsprachigen Geographie dieses Jahrhunderts – führte während der gemeinsam veranstalteten "Westalpen-Exkursion" im Jahre 1981, am Rande der mediterranen Klimagrenze südlich von Grenoble, aus, daß wir uns hier auf der Grenze einer klimatisch definierten Raumklasse befinden würden. Ersichtlich wäre dies insbesondere im abrupten Abbrechen bestimmter Baumarten jenseits dieser Grenze. Die Aufgabe der Geographie wäre es ganz allgemein – so lautete seine Behauptung – derartige Raumklassen zu bilden. So wie es die Aufgabe der Geschichte sei, zeitliche Klassen zu bilden beziehungsweise historische Epochen klar zu begrenzen, solle sich die Geographie mit der räumlichen Klassenbildung befassen. Seine Antwort auf die eher schüchterne Frage, ob er solche Klassenbildungen bzw. wissenschaftliche Regionalisierungen auch im sozial-kulturellen Bereich für möglich und sinnvoll halte, war ein klares Ja.

Diese Anekdote kann durchaus als repräsentativ für den Kern des wissenschaftlichen Selbstverständnisses innerhalb der Geographie betrachtet werden. Das ist selbst dann der Fall, wenn dieses nicht immer so klar zum Ausdruck gebracht wird, wie im erwähnten Beispiel. Denn sozial- und kulturgeographische Forschung interessiert sich traditionsgemäß für die Differenzierung von Gesellschaften und Kulturen in erdräumlicher Hinsicht. Die Regionalgeographie bzw. die Länderkunde, die das Zentrum der traditionellen Geographie in Lehre und Forschung darstellt, weist weitgehend dieselbe Grundlogik auf. Beinahe während eines Jahrhunderts wurde sie als das wahre Ziel wissenschaftlicher Geographie betrachtet.

Die raumwissenschaftliche Forschungskonzeption, welche die traditionelle Forschungslogik unter Einbezug konsequenter Formalisierung auf den Punkt bringt, ist darauf angelegt, sozial-kulturell homogene "Raumklassen" bzw. "Regionen" abzugrenzen, um die erdräumliche Kammerung, insbesondere auch von Kulturellem und Gesellschaftlichem, aufzudecken. Dieses Programm ist Ausdruck der sogenannten quantitativraumwissenschaftlichen "Revolution" der sechziger und siebziger Jahre, die im angelsächsischen Bereich von Bunge, Berry, Chorley, Haggett u.a. ausgelöst und im deutschsprachigen Bereich von Bartels zur wesentlich anspruchsvolleren Version ausgebaut. Bahrenberg u.a. haben es weitergeführt und aktuell wird unter Bezugnahme auf deren Tradition eine über die wissenschaftspropädeutische Funktion hinausreichende Relevanz von GIS (= Geographische Informationssysteme) zu legitimieren versucht.

Die quantitative Revolution war nicht zuletzt darauf ausgerichtet, die Länderkunde durch die Raumforschung zu ersetzen. An die Stelle bloßer Deskription von räumlichen Verteilungen in länderspezifischer Portionierung sollte die Erklärung, Prognose und Planung von Räumen treten. Aus der beschreibenden Geographie sollte eine moderne wissenschaftliche Disziplin werden, die auch außerhalb vom Lehrer- und Lehrerinnenberuf Praxisrelevanz aufweist und in den Bereichen Raumplanung und Raumordnungspolitik entsprechende Berufsfelder öffnet. Der Weg zu ihnen führt über die entsprechend eingerichteten Diplomstudiengänge,[1] welche das aktuelle Selbstverständnis von Diplomgeographinnen und -geographen noch immer maßgeblich prägt.

Die raumwissenschaftliche Zielsetzung geographischer Forschung sieht sich – neben anderen Schwierigkeiten – vor allem auch mit dem Argument konfrontiert, daß nur materielle Gegebenheiten eine erdräumlich lokalisierbare Existenz aufweisen und dementsprechend auch raumwissenschaftlich untersucht werden können, nicht aber (immaterielle) subjektive Bewußtseinsgehalte, soziale Normen und kulturelle Werte. Kann dieses Argument nicht widerlegt werden, dann bleibt diese Sozial- und Kulturforschung in erdräumlichen Kategorien (Gebiet, Region usw.) unplausibel. Dies betrifft natürlich ebenso die Rekonstruktionsbemühungen von sogenannten "regionalen Identitäten" in erdräumlichen Kategorien. Sind nämlich "nur" materielle Gegebenheiten erdräumlich regionalisierbar,

1 Vgl. dazu das richtungsweisende "Lotsenbuch" von Bartels/Hard, 1975.

dann muß die Behauptung der Existenz von regionalen Identitäten im strengsten Sinne bedeuten, daß symbolische Bedeutungen und materielle Bedeutungsträger untrennbar miteinander verbunden wären. Doch diese Bedingung ist nicht gegeben.

Trotzdem ist offensichtlich, daß kulturelle Ausdrucksformen auch in erdräumlicher Dimension Differenzierungen aufweisen. Und so ist es nicht verwunderlich, daß im Kontext von kultureller Identität territoriale Kategorien immer wieder eine wichtige Rolle spielen. Die Schwierigkeit der Bewahrung kultureller Identität von Emigranten im neuen sozial-kulturellen Kontext ist ein wichtiger Hinweis auf diesen Problemzusammenhang. Die Herkunftsgegend scheint somit in sozialer wie in kultureller Hinsicht nicht völlig bedeutungslos zu sein. Das reicht allerdings noch nicht für die Folgerung aus, Gesellschaftliches und Kulturelles wären erdräumlich erfassbar oder wären gar räumlich beziehungsweise physisch-materiell determiniert.

Damit ist auf das Spannungsfeld geographischer Kultur- und Gesellschaftsforschung hingewiesen: Kulturelles und Soziales kann nicht auf erdräumlich lokalisierbare Materie reduziert werden, und doch ist Physisch-Materielles sozial-kulturell bedeutsam. Die zu beantwortende Frage lautet demgemäß: Wie kann dieses Verhältnis befriedigend geklärt werden, ohne daß man unangemessenen Reduktionen verfällt? In diesem Zusammenhang eröffnen sich zahlreiche weitere Fragen, die bisher eher marginal beachtet wurden. Kann man "Raum" zum Gegenstand wissenschaftlicher Forschung machen? In welchem Sinne und Maße kann man über Raumordnungspolitik auch Gesellschaftspolitik betreiben? Welche gesellschaftlichen Aspekte können räumlich erfaßt und räumlich geplant werden? Welche Implikationen weist die räumliche Darstellung sozial-kultureller Gegebenheiten auf?

In den folgenden Überlegungen geht es im wesentlichen darum, mögliche Antworten auf diese Fragen zu formulieren. Die Argumentation läuft darauf hinaus, daß in der geographischen Kultur- und Gesellschaftsforschung die raumzentrierte Suche nach dem Kulturellen und Sozialen durch die Klärung der räumlichen Bedingungen für die Konstitution der Gesellschaften und Kulturen zu ersetzen ist. Es geht also um den Perspektivenwandel von der sozial-orientierten Raumforschung zur geographischen Gesellschaftsforschung. Bezogen auf die regionale Identitätsforschung bedeutet dies beispielsweise eine Verlagerung des Interessenschwerpunktes von der raumzentrierten Suche nach regionaler Identität zur Klärung der regionalen Bedingungen kultureller Identität. Bezogen auf Regionalisierungen heißt das, daß zuerst nicht mehr die wissenschaftliche Konstruktion von "Regionen" oder "Raumklassen" im Zentrum stehen kann, sondern daß die wissenschaftliche Analyse alltäglicher Prozesse der Regionalisierung Vorrang zu genießen hat.

In diesem Zusammenhang wird offensichtlich, daß die quantitativ-raumwissenschaftliche Revolution nur eine halbe Revolution war. Sie zielte zwar auf die Instrumente und Verfahren geographischer Forschung, doch nicht auf den Forschungsgegenstand. Dieser blieb, unter leicht revidierter Verlängerung des klassischen Paradigmas, weitgehend identisch. Man spricht nicht mehr in gleicher Weise über "Raum", und man denkt ihn auch nicht mehr in jeder Beziehung gleich. Doch "Raum" blieb weiterhin das Forschungsobjekt der Geographie. So kann man auch sagen, daß die quantitative Revolution in der Geographie eigentlich auch keinen umfassenden, sondern lediglich einen partiellen Paradigmenwechsel einleitete. Die raumwissenschaftliche Geographie bleibt in vielfältiger Weise an die traditionelle Geographie gebunden. Ihr Ziel, Raumgesetze (auch im Bereich des Kulturellen und Gesellschaftlichen) aufzudecken, ist zwar neu. Ob dies im Rahmen spät-moderner Gesellschaftsformen überhaupt sinnvoll sein kann, ist eine andere Frage.

Eine vollständige "Modernisierung" der Geographie bedarf – wenn man so will – nicht nur moderner Instrumente und Verfahren, sondern auch eines Forschungs"gegenstandes", eines Forschungsinteresses, das in bezug auf moderne und spät-moderne Lebensbedingungen alltagsweltlich relevante Wirklichkeitsdarstellungen ermöglicht. Setzt man sich die wissenschaftliche Erforschung alltäglicher Regionalisierungsprozesse zum Ziel, dann geht es um die Erschließung der Verhältnisse von Gesellschaft, Handlung und räumlichen Bezügen. Analog zu phänomenologischer und ethnomethodologischer Sozialforschung soll untersucht werden, wie die Subjekte alltagsweltlich die Konstitutionsleistungen gesellschaftlicher Wirklichkeit unter Einbezug räumlicher Aspekte vollziehen. So stehen nicht "Raum", die bloße "Geographie" der Dinge oder die Suche nach Gesetzmäßigkeiten in deren Anordnung, im Zentrum, sondern vielmehr jene Handlungen der Subjekte, über welche deren "Geographien" hergestellt und reproduziert werden. Die "Sozialgeographie alltäglicher Regionalisierungen" ist in diesem Sinne als eine präzisierende Weiterführung handlungstheoretischer Sozialgeographie zu verstehen, wie ich sie in "Gesellschaft, Handlung und Raum" (1983; 1988a; 1993a) vorgeschlagen habe.

Damit ist angedeutet, daß zum Verständnis aktueller gesellschaftlicher Transformationsprozesse von unserer Disziplin aus eine neue Ausrichtung des Tatsachenblickes notwendig ist. Vorbedingung dazu ist unter anderem zunächst ein neues Verständnis von "Geographie-Machen". Aktuell ist damit in aller Regel die Erforschung der erdräumlichen Verbreitung von irgendwelchen Gegebenheiten gemeint oder ganz einfach das Studium des Faches Geographie. Doch dies ist eine einseitige und eine verkürzende Auffassung. Denn "Geographie" ist nicht nur "etwas", das allein wissenschaftlich betrieben wird. "Geographie" machen alle handelnden Subjekte auch auf alltäglicher Ebene.

Aufgabe der wissenschaftlichen Geographie ist es – gemäß der hier vertretenen Konzeption wissenschaftlicher Sozial- und Kulturgeographie – das alltägliche "Geographie-Machen" zu untersuchen. Jene Geographien sind also zu erforschen, die täglich von den handelnden Subjekten von unterschiedlichen Machtpositionen aus gemacht und reproduziert werden. Nicht mehr räumliche Klassenbildung beziehungsweise wissenschaftliche Regionalisierung sollen die vorrangigen Hauptanliegen sein, sondern die Rekonstruktion jener Regionalisierungen, die alle Menschen alltäglich mittels ihrer Handlungen vollziehen und leben.

"Regionalismus" beispielsweise ist eine solche Form. Hier zeigt sich, wenn auch auf eine recht besondere Weise, daß Menschen täglich nicht nur Geschichte, sondern auch "Geographie" machen. Beide, Geographie und Geschichte, machen wir über unsere alltäglichen Handlungen und natürlich nicht unter individuell je selbst gewählten Umständen, weder in sozialer noch in räumlicher Hinsicht. Und so wie sich die Geschichte nicht als Zeitwissenschaft versteht, braucht sich die Geographie nicht als Raumwissenschaft zu verstehen, um eine Legitimation als wissenschaftliche Disziplin zu haben. Sie kann nämlich auch als wissenschaftliche Disziplin der Erforschung des alltäglichen "Geographie-Machens" konzipiert und praktiziert werden. Das heißt, daß die sozialgeographische Forschungsperspektive nicht bloß für Regionales Sensibilität zeigen soll, sondern vor allem auch für die sozialen Prozesse der Regionalisierung. Die Erforschung der aktuellen Regionalismen ist dann als eine Prozessanalyse politischer Regionalisierung zu verstehen.

Für eine Region zu argumentieren, kann mit der Forderung nach mehr Autonomie, mehr Selbstbestimmungsrecht der dort lebenden Bevölkerung, gleichgesetzt werden oder mit der Einforderung des Rechts, verschieden oder gar eigenständig zu sein. Andererseits kann Regionalismus aber auch bloß Ausdruck von Fremdenangst und Fremdenhaß sein, nichts anderes als einen kruden Rassismus verdecken oder eine Möglichkeit, sich die Angst vor jeder Veränderung nicht eingestehen zu müssen. Welcher Aspekt auch immer bestimmend sein mag: Es geht in beiden Fällen um die Forderung nach einer Neugestaltung der politischen Territorialkontrolle. In dieser Auseinandersetzung und den erfolgreich durchgesetzten oder gescheiterten Kontrollabsichten äußert sich das politische Geographie-Machen.

Beide zuvor genannten Forderungen dokumentieren aber auch den januskopfigen Charakter von Regionalismus. In ihnen äußert sich ebenso die Problematik, die mit jeder undifferenzierten Raum-Gesellschafts-Kombinatorik verbunden ist. Was ändert sich für die einzelnen Subjekte innerhalb dieser Territorien tatsächlich, wenn die regionalistischen Versprechen eingelöst werden, und wie kommt es, daß sich bestimmte Personen das Recht nehmen können, im Namen der Bevölkerung eines ganzen Gebietes zu sprechen, ohne daß sie dafür im engeren Sinne politisch legitimiert wären? Die Analyse der argumentativen Einsetzung verschiedener Logiken der Raum-Gesellschafts-Kombinatorik und die Abklärung der jeweiligen sozialen Implikationen ist denn auch für die Sozialgeographie der Regionalisierung von besonderem Interesse. Was in den aktuellen Regionalismen – aber auch in den zum Teil ebenso gewalttätigen Nationalismen – sowie der weitgehenden Ratlosigkeit, mit der diesen sozialen Phänomenen begegnet wird, zum Ausdruck kommt, ist die Notwendigkeit und Dringlichkeit für eine differenzierte Klärung des Gesellschaft-Raum-Verhältnisses.

Was bisher weitgehend lediglich als ein Problem der Theoriebildung in der Sozialgeographie diskutiert wurde, wird im letzten Jahrzehnt des 20. Jahrhunderts plötzlich als sozialphilosophisches und gesellschaftspolitisches Problemfeld manifest. Die Klärung der ontologischen und gesellschaftstheoretischen Grundlagen einer alternativen Form der Sozialgeographie, der Sozialgeographie der Regionalisierung, wird damit gleichzeitig politisch und gesellschaftstheoretisch relevant. Entsprechende empirische Forschung soll dazu beitragen, akute und langfristige soziale Probleme verständlicher zu machen und die Ausgangsbasis für deren politische Lösung zu verbessern helfen.

Ein wichtiger Ausgangspunkt dazu besteht wohl in der Einsicht, daß bei politischen Regionalismen Regionalisierungen mit einem "Entweder-Oder" verknüpft werden. Damit ist gemeint, daß ein bestimmtes Territorium ausschließlich für eine bestimmte Bevölkerungsgruppe unter Ausschluß der übrigen gefordert wird. Diese Form von Regionalisierung wird häufig unter Ausschaltung demokratischer Entscheidungsfindung auf Kosten von Menschenleben erzwungen. Krieg wird dabei nicht selten als Fortführung der Politik mit anderen Mitteln im Sinne von Clausewitz gesehen.

Aufgabe sozialgeographischer Forschung sollte es nun werden, "die Fortsetzung der Politik mit friedlichen Mitteln zu ermöglichen" (Hartke 1962, 115), das "Entweder-Oder" durch ein "Und" ersetzbar zu machen, wie sich der Soziologe Beck (1993b) ausdrückt. Damit ist gemeint, daß die Sozialgeographie dazu beitragen sollte, für politische Regionalisierungen Alternativen zu völkisch inspirierten Ausschlußszenarien verfügbar zu machen. Dies impliziert, die Integration der verschiedenen Formen von Regionalisierungen, die wir alltäglich über unsere Lebensformen im globalen Kontext und über globalisierende Handlungsweisen vollziehen, zu rekonstruieren und sinnvoll aufeinander abzustimmen. Um diese Abstimmungen zu ermöglichen, ist aber zuerst ein vertieftes Verständnis der verschiedenen Formen von Regionalisierungen sowie die Bereitstellung der entsprechenden theoretischen Grundlagen bzw. der erforderlichen Analysekategorien notwendig.

Hier zeigt sich in aller Schärfe, daß eine sinnvolle und leistungsfähige Forschungsmethodologie in jeder Beziehung auf die ontologischen Besonderheiten der untersuchten Gegebenheiten Bezug zu nehmen hat. So ist es ebensowenig sinnvoll, zur Erfüllung bestimmter traditioneller Vorstellungen von Wissenschaftlichkeit, für die Sozial- und Kulturgeographie eine naturwissenschaftliche oder gar geomorphologische Methodologie fordern zu wollen, wie die Forderung einer hermeneutischen Naturwissenschaft ernst genommen werden kann. Eine raumwissenschaftliche oder raumzentrierte Forschungsperspektive kann in diesem Sinne auch keinen Zugang zu den Phänomenen der verschiedenen Formen von Regionalisierungen liefern. Die Bezugnahme auf physisch-geographische oder – besser – physisch-materielle Gegebenheiten zur Regionalisierung der sozial-kulturellen Welt – der Forschungspraxis traditioneller Geographie entsprechend – ist mit dieser Forderung der Berücksichtigung der ontologischen Besonderheiten in keiner Hinsicht zu vereinbaren. Da alltägliche Regionalisierungen über die Handlungen der Subjekte verwirklicht werden, hat der geographische Anspruch auf wissenschaftliche Regionalisierung auch auf diese Bezug zu nehmen. Die sozialgeographische Forschungsmethodologie hat eine Methodologie der Handlungs- und nicht jene einer Raum- oder gar Naturwissenschaft zu sein. Die Forderung der Abstimmung der Methodologie auf die ontologischen Besonderheiten der Untersuchungseinheit bedeutet natürlich auch, daß zuvor deren ontologischer Status abzuklären ist.

Der größte Teil der bisherigen theoretischen und methodologischen Voraussetzungen in Gesellschaftswissenschaften und Sozialgeographie leidet unter der Schwäche einer nicht ausreichenden Durchdringung des Verhältnisses von "Gesellschaft" und "Raum". Auf der Seite der traditionellen Sozialgeographie fehlt zunächst eine systematische und differenzierte Gesellschaftskonzeption. Derart ist man daher auch nicht in der Lage, eine präzise Bestimmung des Gesellschaft-Raum-Verhältnisses anzubieten. Zudem ist auch keine Sensibilität für die sozial-weltlichen Konsequenzen vorhanden, die sich aus der Verwendung räumlicher Kategorien für soziale Typisierungen ergeben. Zusammengenommen ergeben sie eine weitere wichtige Voraussetzung für die weitgehende Verständnislosigkeit, mit der man Phänomenen wie "Regionalismus" begegnet.

Im Vergleich zur übrigen Sozialgeographie – inklusive der angelsächsischen Fachtradition – wird in der handlungstheoretischen Sozialgeographie eine wesentlich differenziertere Gesellschaftskonzeption angeboten. In der Tradition von Weber wird von der Gesellschaftskonzeption des sogenannten methodologischen Individualismus ausgegangen. Der angesprochene Abklärungsbedarf besteht nun darin, daß diese Position in bezug auf konkurrierende Konstruktionen nicht spezifiziert wird. Daraus ergibt sich das Problem, daß gerade bei sozialen Phänomenen wie "Regionalismus" oder "Nationalismus" auf die problematischen sozial-weltlichen Konsequenzen dieser Gesellschaft-Raum-Kombinationen nicht eingegangen werden kann. Wir bedürfen einer präziseren Bestimmung der Gesellschaftskonzeption des methodologischen Individualismus und deren Besonderheiten in bezug auf konkurrierende Konzepte. *Kapitel I* soll einen Beitrag dazu leisten. Damit soll nicht zuletzt auch die Voraussetzung dafür geschaffen werden, daß man auf die jeweiligen sozial-weltlichen Konsequenzen der Anwendung räumlicher Begrifflichkeit auf Soziales aufmerksam werden kann. Zudem ist diese Differenzierung auch im Hinblick auf die Abklärung der sozialen Implikationen verschiedener Raumkonzeptionen bedeutsam.

Auf der sozialwissenschaftlichen Seite ist es vor allem der britische Soziologe Anthony Giddens, der im Rahmen seiner Strukturationstheorie um eine Klärung des Gesellschaft-Raum-Verhältnisses bemüht ist. Nicht zuletzt deswegen ist die Strukturationstheorie zu einem zentralen Gegenstand der humangeographischen Theoriediskussion im angelsächsischen Sprachbereich geworden. In dieser Diskussion zeigen sich jedoch deutlich jene Probleme, die entstehen, wenn ohne radikale Revision des geographischen Raumverständnisses soziologische Gesellschaftstheorien bloß verräumlicht werden,[2] nicht aber konsequent die räumliche Komponente sozialen Lebens in sozialen Kategorien neu durchdacht wird. Hier werden nicht zuletzt die problematischen Konsequenzen des Fehlens einer explizit ausformulierten Gesellschaftskonzeption offensichtlich.

Wenn etwa Pred (1985) in diesem Zusammenhang schreibt, daß das Gesellschaftliche das Räumliche und das Räumliche das Gesellschaftliche wird, dann fällt man damit genau in jene Probleme zurück, die von der Landschaftsgeographie in die Disziplin eingebracht wurden, seither ein tieferes Gesellschaftsverständnis behindern und auch der problematischen Logik von Nationalismus und Regionalismus zugrunde liegen. Damit sei darauf hingewiesen, daß sich jede gesellschaftswissenschaftlich relevantere Geographie nicht bloß damit begnügen kann, Sozialtheorien auf den Raum anzuwenden. Vielmehr geht es darum, die räumliche Komponente systematisch in die Gesellschaftstheorie einzubauen und das Räumliche in sozialen Kategorien neu zu durchdenken.

Der zweite Aspekt der Frage nach der Ontologie bezieht sich auf die Klärung der Besonderheiten zeitgenössischer Gesellschaften im Verhältnis zu traditionellen. Dies ist insbesondere auch im Hinblick auf die Entwicklung einer angemessenen sozialgeographischen Forschungskonzeption im Verhältnis zum traditionellen Geographieverständnis von größter Bedeu-

2 Vgl. dazu ausführlicher Band 2 und die dort ausgeführte Kritik dieser Strategie bei Buttimer (1969; 1974; 1976); Gregory (1981; 1982; 1985b; 1987; 1994); Pred (1977; 1981; 1984; 1985; 1986); Thrift (1983; 1985; 1990; 1991; 1993b) sowie in der deutschsprachigen Debatte um eine neue Regionalgeographie.

tung. Oder in anderen Worten ausgedrückt: Die Entwicklung einer angemessenen Forschungskonzeption für die "Sozialgeographie der Regionalisierung" bedarf in sozial-weltlicher Hinsicht einer doppelten Abklärung. Neben der Bestimmung der zentralen Forschungseinheiten im prinzipiellen Sinne sind für die verschiedenen Gesellschaftsformen auch die je spezifischen Besonderheiten abzuklären, auf die dann die wissenschaftliche Forschung angemessenen Bezug zu nehmen hat. Mit dieser Thematik beschäftigt sich das *zweite Kapitel.*

Klärung von "Ontologie" meint in diesem Zusammenhang soviel wie die Darstellung der sozialen Seinsweise der handelnden Subjekte im Rahmen von traditionellen und spät-modernen Gesellschaften. Oder mit anderen Worten ausgedrückt: Im ersten Kapitel wird nach einer Antwort auf die Frage nach der Seinsweise des Sozialen, der sozialen Tatsachen im prinzipiellen Sinne Ausschau gehalten, und im zweiten Kapitel geht es um die Abklärung der faktischen Bedingungen des Handelns in verschiedenen Kontexten. Freilich ist diese Abklärung im Rahmen der vorliegenden Untersuchung nicht im Detail möglich. Es handelt sich vielmehr darum, auf jene Aspekte aufmerksam zu machen, die hinsichtlich der räumlich-zeitlichen Bedingungen sozialen Handelns in diesen beiden gesellschaftlichen Kontexten die größte Relevanz aufweisen. Dafür müssen freilich auch Verallgemeinerungen in Kauf genommen werden.

Trotz diesen Verallgemeinerungen sollte dieser Klärungsversuch aber darüber hinaus auch Anregungen bzw. einen Dispositionsfonds sinnvoller Hypothesen für eine sozial- und kulturgeographisch orientierte Historische Geographie abgeben, einer Historischen Geographie, welche die hier postulierten Zusammenhänge einer differenzierten empirischen Überprüfung unterwirft. Unter Umständen könnten diese Beschreibungen auch hilfreich sein, einen tieferen Einblick in jene Schwierigkeiten zu vermitteln, die ent- und bestehen, wenn "westliche" Kalkulation auf (vielfältige) traditionelle Lebensformen treffen.

Die hier vorgenommene Darstellung von traditionellen, das heißt prämodernen, und spät-modernen Gesellschafts- und Lebensformen ist jedenfalls als idealtypische Konstruktion mit Modellcharakter zu verstehen. Sie beansprucht keine durchgängig exakte, empirisch immer und überall zu bestätigende Beschreibung zu sein, wohl aber ausreichende empirische Evidenz zu enthalten, so daß sie ihre heuristische Funktion in weiterführenden empirischen Forschungen dieser "neuen" Historischen Geographie erfüllen kann.

Die Hauptthese, die in bezug auf die Auseinandersetzung mit der Klärung der Ontologie traditioneller und spät-moderner Gesellschaften erörtert wird, bezieht sich auf den bereits angesprochenen Zusammenhang: Traditionelle Gesellschaften zeichnen sich durch eine hohe räumlich-zeitliche Stabilität aus, was von Giddens mit dem Ausdruck "embeddedness" ("Verankerung") bezeichnet wird: Kulturelle und soziale Ausdrucksformen sind weitgehend auf den lokalen und regionalen Maßstab beschränkt. Zeitgenössische Gesellschaften hingegen zeichnen sich durch eine räumlich-zeitliche "disembeddedness" ("Entankerung") aus: Sozial-kulturelle Gegebenheiten, räumliche Bedingungen und zeitliche Abläufe sind in hohem Maße getrennt und werden über einzelne Handlungen auf je spezifische und vielfältigste Weise immer wieder neu kombiniert. Räumliche Gegebenheiten können immer wieder verschiedenste Bedeutungen annehmen. Das Leben in zeitgenössischen Gesellschaften erfordert demgemäß ein hohes Maß an Bewußtheit und Selbststeuerung. Oder mit anderen Worten ausgedrückt: Es erfordert eine ständige Erneuerung des Wissens und ein hohes Maß an persönlicher Entscheidungsfähigkeit. Diesen sozialontologischen Unterschieden hat eine zeitgemäße sozialgeographische Forschungskonzeption Rechnung zu tragen.

Aufgrund der raumzeitlichen Entankerung moderner Lebensformen sind viele Kritiker der Geographie zur Ansicht gelangt, daß Geographie früher einmal bedeutsam gewesen, heute aber nicht mehr von Belang sei. Es gibt aber auch gute Gründe für eine andere Folgerung: Weil noch nie so viele Menschen gegenseitig voneinander abhängig waren wie heute und ständig von Entscheidungen und Ereignissen betroffen sind, die zum Teil weit von ihnen entfernt stattgefunden haben oder stattfinden, ist Geographie – und insbesondere Sozialgeographie – heute wichtiger denn je. Unter den heutigen Bedingungen ist es erforderlich, über globale Zusammenhänge ebenso Bescheid zu wissen wie über den eigenen Wohnort. Dazu ist aufgrund der zuvor genannten Gründe Bezug zu nehmen auf das Handeln der Subjekte, und nicht mehr primär auf "Raum".

Auf diesem Hintergrund erfolgt in den letzten beiden Kapitel die Auseinandersetzung mit der Ontologie von "Raum". Auf den ersten Blick mag diese Thematik mit dem Spannungsfeld "traditionelle versus spät-moderne Gesellschaften" nichts gemeinsam haben. Doch aus einer sozialgeographischen Perspektive, welche die menschlichen Handlungen ins Zentrum des wissenschaftlichen Aufmerksamkeitfeldes stellt, sieht dies anders aus. Denn die Geschichte der verschiedenen Raumkonzeptionen läßt eine Bruchstelle zwischen voraufgeklärten und aufgeklärten bzw. prä-modernen und modernen Konzeptionen erkennen. In gewissem Sinne kann diese Unterscheidung analog zu den Gesellschaftskonzeptionen getroffen werden.

Wird nun für die Sozialgeographie postuliert, daß die Handlungen der Subjekte die zentrale Gegebenheit bilden, auf die sich die geographische Sozialforschung beziehen solle, dann bekommt die Frage nach der Ontologie des Raums eine besondere Relevanz. Diese Frage richtet sich zwar nicht mehr nach dem Raum als Forschungsgegenstand, sondern nach seiner Bedeutung für die menschlichen Handlungen und zwar in bezug auf die angemessene Berücksichtigung der räumlichen Dimension für die Handlungserklärung. Diese Abklärung impliziert eben auch die Frage nach der Ontologie des Raums. Die Hauptfragen, die in diesem Zusammenhang bedeutsam sind, können wie folgt umschrieben werden: Was ist "Raum" oder besser: Was kann unter "Raum" verstanden werden? Welche Bedeutung weist "Raum" für die Erklärung von Handlungen auf? Welche Konsequenzen weisen ontologische Qualifikationen von "Raum" für die Konstitution des Sozialen auf? Welche Gesellschafts- und Raumkonzeptionen können methodologisch kohärent aufeinander bezogen werden?

Die Nachzeichnung der Argumente, die zur Entwicklung und Aufrechterhaltung eines gegenständlichen Raums führten – von dem auch die Geographie bis in die Gegenwart hinein immer wieder beherrscht wird –, ist, wie bereits gesagt, für die post-raumwissenschaftliche Sozialgeographie nicht im Hinblick auf die Frage von Interesse, ob es vielleicht nicht doch einen solchen Raum geben könnte. Die Argumente sollen vielmehr rekonstruiert werden, um die Implikationen eines solchen Raumkonzeptes in sozial-weltlicher Hinsicht aufzudecken. Denn erst wenn wir wissen, was zur Verteidigung eines solchen Konzeptes führte, können wir auch differenziert auf eine handlungsverträgliche Raumkonzeption hinarbeiten. Eine gegenständliche Raumkonzeption ist mit der Vorstellung handelnder Subjekte deshalb nicht zu vereinbaren, weil dann auch dem Raum – selbst für den sozial-weltlichen Bereich – eine *eigenständige* Wirkkraft zugemessen werden müßte. Da gemäß der handlungstheoretischen Betrachtungsweise letztlich nur bewußtseinsfähigen Subjekten eine Handlungsfähigkeit zukommt, ist ein substantialistischer Raum mit kausaler Wirkkraft mit der Handlungstheorie nicht verträglich.

Das Ziel dieser Auseinandersetzung besteht zwar in der Ausarbeitung einer Raumkonzeption, die mit einer handlungstheoretischen Sichtweise widerspruchslos zu vereinbaren ist. Das allein kann jedoch die Ausführlichkeit der Analyse nicht rechtfertigen. Zusätzlich sollen die bisherigen Bezugnahmen der Geographen auf klassische Raumkonzeptionen einer kritischen Beurteilung zugänglich gemacht werden. Deshalb wird auch der thematische Kontext ausgeleuchtet, in dem "Raum" für die verschiedenen Philosophen steht. Damit wird auf deren Wirklichkeitsverständnis verwiesen. Auf dieser Basis können dann schließlich die metatheoretischen Grundlegungen der wissenschaftlichen Geographie oder spezieller Forschungsansätze, die sich auf implizite oder explizite Weise auf die hier analysierten Raumkonzeptionen beziehen, beurteilt werden. Dies betrifft sowohl den raumwissenschaftlichen (Hettner, Bartels u.a.) als auch den hermeneutischen (Pohl u.a.) Diskurs sowie den phänomenologischen im Rahmen der angelsächsischen Debatte (Pickles u.a.).

Ein wichtiges Ergebnis der Auseinandersetzung mit den gegenständlichen, prä-modernen Raumkonzepten von Aristoteles, Descartes und Newton in *Kapitel III* kann wie folgt zusammengefaßt werden: Auf "Was-ist-Fragen" nach dem Raum folgen in aller Regel substantialistische Realdefinitionen, und diese täuschen die Existenz eines gegenständlichen Raumes vor. Doch gäbe es den Raum als gegenständliches Forschungsobjekt, dann müßte man in der Lage sein, den Ort des Raumes im Raum zu bestimmen. Dies ist aber offensichtlich nicht möglich. Trotzdem hielt sich in Philosophie- und Physikgeschichte die Konzeption eines substantialistischen Raumes sehr lange. Leibniz' relationale Raumkonzeption, welche im letzten Teil dieses Kapitels vorgestellt wird, ist der erste Gegenentwurf zur substantialistischen. Sie ist deshalb von Interesse, weil er im Streit mit Newtons Schüler Clarke davon ausgeht, daß die zentrale Einheit des Universums die belebten Monaden wären, durch die allein Gott wirken würde. Ohne uns auf eine theologische Diskussion einlassen zu wollen, ist diese Behauptung vor allem deshalb interessant, weil sie eine kausale Wirkkraft des Raumes strikte leugnet. In dieser Auseinandersetzung wird zumindest der "Kampf" zwischen einer absolutistisch-deterministischen Raumkonzeption und einem Weltbild, in dem menschliche Entscheidungen möglich und wirksam sind, geführt.

Nachdem die wichtigsten Argumente für einen substantialistischen Raum unter Berücksichtigung des jeweiligen philosophischen Kontextes differenziert rekonstruiert werden, theoretisiert *Kapitel IV* die Analyse der modernen Raumkonzeptionen. Zuerst wird auf die Vorstellung von Kants Lösung der Raumproblematik eingegangen. Er löst den Streit zwischen absoluter und relationaler Konzeption damit, daß er beide als unhaltbar taxiert und beiden eine erkenntnistheoretische Lösung entgegenstellt. Sein Vorschlag, daß "Raum" weder gegenständlich noch relational sei, sondern Bedingung jeder menschlichen Erkenntnis, hat insbesondere für die Geographie radikale Konsequenzen. Damit gerät jede Geographieauffassung, die als Wissenschaft des Räumlichen angelegt ist, in arge Bedrängnis. Da "Raum" und räumliche Kategorien als jeder Erfahrung vorgängig betrachtet werden, ergibt sich daraus als Konsequenz, daß diese Geographie nicht eine Wissenschaft sein kann, sondern lediglich Wissenschafts-Propädeutik.

Im letzten Teil des vierten Kapitels werden schließlich die Konsequenzen dieser Raumdebatte für eine handlungszentrierte "Sozialgeographie der Regionalisierung" diskutiert. Dabei soll bestimmt werden, was unter Raum verstanden werden kann, wenn die Handlungen als zentrale Forschungseinheit der Sozialgeographie definiert werden. Die zentrale These, die dabei zu begründen versucht wird, lautet wie folgt: Wissenschaftliche Geographie ist auch ohne Forschungsobjekt "Raum" denk- und praktizierbar, ohne dabei in eine Legitimationskrise zu fallen. Wenn menschliche Handlungen – unter besonderer Berücksichtigung der Körperlichkeit der Handelnden – zum zentralen Forschungsgegenstand gemacht werden, wird offensichtlich, daß "Raum" zwar ein Begriff ist, der auf Erfahrung beruht, aber nicht ein Begriff, der den Gegenstand "Raum" bezeichnet, sondern auf der Erfahrung der eigenen Körperlichkeit im handlungsvermittelten Umgang mit anderen körperlichen Dingen beruht. Die Sozialgeographie kann in diesem Sinne als eine Handlungswissenschaft verstanden werden, deren Interesse sich auf jene Handlungsprobleme bezieht, die sich aus der Räumlichkeit der Handlungskontexte und deren Konsequenzen für das gesellschaftliche Leben ergeben. Damit wird das Kerninteresse vom Raum auf die Handlung verschoben bzw. von "Region" auf die Prozesse alltäglicher Regionalisierungen.

In *Band 2* wird – auf der Basis der hier entwickelten Grundlagen und Ausgangsbedingungen – eine Alternative zur traditionellen und raumwissenschaftlichen Geographie vorgestellt: das Forschungsfeld einer handlungs- und subjektzentrierten "Sozialgeographie alltäglicher Regionalisierungen". Sie sollte unter anderem auch in der Lage sein, die aktuelle Regionalgeographie mindestens sinnvoll zu ergänzen. Es geht somit um die Frage, mit welcher geographischen Forschungskonzeption wir den aktuellen gesellschaftlichen Bedingungen gerecht werden und ein Wissen produzieren können, welches für spät-moderne Gesellschaften eine sinnvolle Orientierungshilfe abgibt. Damit der vorliegende Band in bezug auf die Fortsetzung richtig situiert bzw. interpretiert werden kann, soll hier ein knapper Überblick über das vermittelt werden, was dort Gegenstand der Analyse und entsprechender Argumentation ist.

Die "Sozialgeographie alltäglicher Regionalisierungen" ist als eine konsequente Weiterführung des Projektes "Handlungstheoretische Sozialgeographie" und nicht als regionale Handlungsforschung zu verstehen. Um dieses Projekt disziplinhistorisch lokalisieren zu können, folgt im Anschluß an die Vorstellung von Hartkes noch rudimentärer Konzeption vom "Geographie-Machen" eine ausführliche Auseinandersetzung mit den traditionellen, raumwissenschaftlichen und handlungstheoretischen Forschungskonzeptionen. Bei den ersten beiden stehen vor allem die jeweiligen Formen wissenschaftlicher Regionalisierung im Vordergrund, bei der handlungstheoretischen Sozialgeographie das Verhältnis zwischen alltäglichem und wissenschaftlichem Geographie-Machen im Rahmen spät-moderner Bedingungen. Anschließend daran werden die jüngsten Debatten zur Entwicklung einer "neuen" Regionalgeographie in der deutsch- und englischsprachigen Geographie systematisch rekonstruiert und kritisch analysiert.

Seitdem sich abzuzeichnen begann, daß die Resultate der raumwissenschaftlichen Geographie zumindest in bezug auf die eigenen Ansprüche äußerst bescheiden ausfallen werden, wurden die Stimmen, die eine Rehabilitation der Regionalgeographie forderten, immer lauter. Dies ist sowohl im deutsch- wie im englischsprachigen Kontext der Fall. Neben konservativen Fachvertretern, die nach der Fortschreibung der traditionellen Länderkunde riefen, werden aber auch Vorschläge in die Diskussion eingebracht, die von einem expliziten Bezug zu allgemeineren Gesellschaftstheorien ausgehen. Entsprechend wird eine "neue", eine rekonstruierte moderne Regionalgeographie verlangt. Es wird gewissermaßen eine Regionalgeographie gefordert, welche die Ergebnisse der Theoriediskussion miteinbezieht. Mehr auf implizite als auf explizite Weise wird auch nach einer Regionalgeographie verlangt, die besser auf die zeitgenössische Sozialontologie abgestimmt ist. Diese zweite Form beschränkt sich allerdings weitgehend auf den englischsprachigen Bereich.

Dort ist ein wesentlich differenzierterer und in gewisser Hinsicht auch konsequenterer Bezug auf verschiedene Gesellschaftstheorien feststellbar. Ausgangspunkte der Debatte waren die phänomenologische Position, vertreten durch Buttimer und Ley, sowie die strukturationstheoretische Position, vertreten insbesondere durch Gregory, Pred und Thrift. Auf diese beiden bezieht sich denn auch die vorliegende Auseinandersetzung. Marxistisch und strukturalistisch begründete Positionen bleiben ausgeklammert. Besondere Aufmerksamkeit erhält hingegen die Frage, ob nicht eher die Entwicklung einer "Sozialgeographie der Regionalisierung" mit der Strukturationstheorie zu vereinbaren wäre, als die Entwicklung einer "neuen" Regionalgeographie.

Im nächsten Schritt werden dann entsprechende handlungsspezifische sozial-weltliche Kategorien ausdifferenziert, auf denen die empirische Erforschung der "Sozialgeographie alltäglicher Regionalisierungen" im Rahmen spät-moderner Gesellschaften aufbauen kann. Diese Kategorien sind vor allem auch so zu konzipieren, daß sie zeitgenössischen Gesellschaften gerecht werden können. Dies verlangt demgemäß nach einer handlungskompatiblen Integration von "Raum" und "Zeit" in die allgemeine Gesellschaftstheorie. Auch hier wird der Strukturationstheorie besondere Beachtung zuteil werden, und zwar in dem Sinne, daß die Handlungstheorie systematisch um die Idee der Strukturation ergänzt bzw. strukturellen Aspekten der sozialen Welt auf neue Weise stärkere Beachtung geschenkt wird. Doch dies kommt nicht einer simplen Übernahme eines bereits verfügbaren Konzeptes gleich.

Gemäß den Ergebnissen der Kapitel drei und vier des vorliegenden Bandes ist die Erfahrung von "Raum" und "Räumlichkeit" und deren Konfrontation in Handlungszusammenhängen in enger Verbindung mit dem Körper der Handelnden in körpervermittelten Aktivitäten zu sehen. In diesem Sinne gehe ich auch davon aus, daß die von Giddens selbst entwickelte interne Logik der Strukturationstheorie neu zu überdenken ist. Zahlreiche seiner Kommentatoren, Kritiker und Interpreten haben die überragende Bedeutung von "Raum" und "Zeit", auf welche Giddens selbst immer wieder aufmerksam macht, in seiner Theorie verkannt oder dann mittels vielfältigen Reifikationen fehlgedeutet, wie dies von Seiten angelsächsischer Geographen wie Soja (1989), Gregory, Thrift, Pred u.a. geschehen ist: Unabhängig davon, ob man zu einer positiven oder negativen Beurteilung der Bedeutung der Strukturationstheorie für die Kultur- und Sozialgeographie gelangt ist, hat man in der Geographie zu einer simplen Verräumlichung der Strukturationstheorie gegriffen und damit deren zentralen Argumentationsstrang nicht angemessen zur Kenntnis genommen. Um diesen Schwierigkeiten aus dem Weg zu gehen, werden in Band 2 die thematischen Hauptlinien der Theorie neu auf die Kategorien "Raum" und "Zeit" ausgerichtet. Dies verlangt nach der zuvor angesprochenen Rekonstruktion der Strukturationstheorie.

In den drei abschließenden Kapiteln wird die Konzeption der "Sozialgeographie alltäglicher Regionalisierungen" im Hinblick auf das empirische Forschungsfeld präzisiert. Freilich kann es hier nicht darum gehen, einen fein ausdifferenzierten und in empirischer Forschung ausführlich auf seine Leistungsfähigkeit getesteten Orientierungsrahmen anzubieten. Das kann keine theoretische Abhandlung auf Anhieb leisten. Vielmehr wird angestrebt, eine Alternative zu raumzentrierter geographischer Forschung anzubieten, die sich nicht mit dem Status der Wissenschaftspropädeutik zufrieden gibt noch nach Raumgesetzen suchen muß, um den Status der Wissenschaftlichkeit vortäuschen zu können, aber auch nicht auf der Stufe der Deskription von mehr oder weniger beliebigen Gegebenheiten zu verharren hat. Im wesentlichen weist dieses Programm drei Hauptbereiche auf, die unmittelbar aus der handlungstheoretischen Sozialgeographie und dem Strukturbegriff der Strukturationstheorie abgeleitet sind. Mit ihnen soll ein Beitrag dazu geleistet werden, daß die Geographie wieder besser in die Lage kommt, den "gesunden Menschenverstand aufzuhellen" (Kant, 1802, 15), und zwar in bezug auf die spät-modernen Lebensbedingungen, die spät-modernen Bedingungen der handelnden Subjekte.

I

Ontologie gesellschaftlicher Tatsachen

Eines der wichtigsten Merkmale der sozialen Welt ist wohl die Vielfalt ihrer Ausprägungsformen in den unterschiedlichsten Kontexten. Deshalb ist es auch wenig erstaunlich, daß sozialwissenschaftliche, sozialgeographische und alltägliche Erklärungsmuster sozialer Prozesse ein hohes Maß an Heterogenität aufweisen und daß in diesen Bereichen auch die verschiedensten Konzeptionen sozialer Wirklichkeiten anzutreffen sind, die häufig allerdings nur sehr verdeckt zum Ausdruck kommen. Es gibt allerdings auch Situationen, in denen die Grundannahmen der Konzeptionen sozialer Wirklichkeit nicht nur aufgedeckt, sondern auch der radikalen Überprüfung ausgesetzt werden. Die Verhältnisse Anfang der neunziger Jahre in Osteuropa können durchaus als Ausdruck einer solchen Situation begriffen werden. Hier wurden nicht nur die gestaltenden Kräfte der sozialen Welt erkennbar, sondern auch der reflexive Charakter sozialphilosophischer und sozialwissenschaftlicher Konstruktionen. Diese bleiben, im Gegensatz zu jenen der Naturwissenschaften, dem Objekt des Nachdenkens und Forschens nicht etwas Äußerliches. Sie werden vielmehr selbst zum Medium der immer wieder reproduzierten oder in revolutionären Situationen neu entworfenen Konstitutionen der sozialen Wirklichkeit. So gesehen bezieht sich die Auseinandersetzung mit diesem Themenbereich in gleichem Maße auf die sozialwissenschaftlichen und sozialpolitischen Grundlagen.

Die Auseinandersetzungen mit verschiedenen Gesellschaftskonzeptionen und mit der Frage nach dem ontologischen Status "gesellschaftlicher Tatsachen"[1] werden auf wissenschaftlicher Ebene in aller Regel in Zusammenhang mit ideologischen und politischen Überzeugungen, spezifischen Inhalten und Arten angemessener sozialer Erklärungen geführt. Bei allen

1 Vgl. Mandelbaum, 1955, 305ff.

Bemühungen, diesen Eklektizismus zu überwinden, werden Unterscheidungen zwischen holistischen und individualistischen Konzeptionen gemacht, woraus jeweils höchst unterschiedliche Argumentationslinien abgeleitet werden.

So behaupten etwa Holisten, daß die Gesellschaft mehr wäre als die Summe der Individuen und daß das, was die Individuen tun könnten, nichts anderes wäre, als der Ausdruck ihrer gesellschaftlichen Bedingungen. Produktionsbedingungen, soziale Strukturen, "die Macht" oder schlicht "das System" wären demzufolge allein für das verantwortlich, was einzelne Personen in bestimmten Kontexten tun könnten oder tun. Soziale Erklärungen hätten demgemäß auf überindividuelle Gegebenheiten Bezug zu nehmen. Individualisten hingegen verneinen dies und betonen die Entscheidungsfreiheit und Gestaltungsfähigkeit der Individuen im gesellschaftlichen Kontext.

Extreme Individualisten gehen sogar soweit, daß sie das Bestehen der Gesellschaft strikt leugnen und die menschliche Geschichte als nichts anderes als den Ausdruck des Werkes einzelner "großer Persönlichkeiten", historischer Figuren eben, interpretieren. Für sie gibt es nichts anderes als Individuen. Die "Wissenschaften vom Menschen" sollen demgemäß auf die Erforschung der Individuen ausgerichtet werden.

Dies alles mag auf den ersten Blick die sozialgeographische Fragestellung – wenn überhaupt – nur am Rande zu beschäftigen. Traditionelle Geographen könnten darauf hinweisen, daß man sich schließlich mit "Raum" beschäftige und nur in zweiter Linie mit "Gesellschaft". Selbst wenn dies zutreffen sollte, und unabhängig davon, ob man dies als eine sinnvolle Position betrachtet oder nicht, sind in jeder Art der Beschreibung von Gesellschaft-Raum-Verhältnissen Grundannahmen über die soziale Wirklichkeit enthalten. Denn es ist durchaus nicht unwichtig, in bezug auf welche Konzeption sozialer Wirklichkeit – und daraus abgeleiteter Analysekategorien – die sogenannten räumlichen Gegebenheiten erforscht und wiedergegeben werden.

Der zweite Grund, sich mit verschiedenen Gesellschaftskonzeptionen aus sozialgeographischem Standpunkt auseinanderzusetzen, bezieht sich gewissermaßen auf die andere Seite des Gesellschaft-Raum-Verhältnisses. Damit ist gemeint, daß man erst dann in differenzierter Form auf die Konsequenzen der räumlichen Betrachtung gesellschaftlicher Tatsachen aufmerksam werden kann, wenn man zuvor abgeklärt hat, wie man auf angemessene Weise von "Gesellschaft" sprechen kann. Wie man bei den aktuellen, weltweit feststellbaren Regionalismen beobachten kann, treten diese immer zusammen mit holistischen Konzeptionen des Gesellschaftlichen auf. Man spricht etwa vom "Volk" oder der "Nation", als ob es sich dabei um Meta-Akteure handle.

Eine der zentralen Thesen, im Hinblick auf welche die folgende Untersuchung der Ontologie der Gesellschaft durchgeführt wird, kann wie folgt umschrieben werden: Die räumliche Betrachtungsweise sozial-weltlicher Gegebenheiten impliziert eine holistische Gesellschaftskonzeption. Um die entsprechenden Konsequenzen abschätzen zu können, ist zuerst eine differenzierte Analyse der verschiedenen Gesellschaftskonzeptionen notwendig. Und diese wiederum sollen im Hinblick auf ihre analytische Leistungsfähigkeit beurteilt werden.

In der Strukturationstheorie von Giddens wird sowohl die räumliche Komponente der gesellschaftlichen Wirklichkeit berücksichtigt, als auch eine differenzierte Auseinandersetzung zur Entwicklung einer angemessenen Gesellschaftskonzeption geführt. Gleichzeitig bildet sie – wie bereits angedeutet – im angelsächsischen Bereich der wohl einflußreichste gesellschaftstheoretische Bezugsrahmen humangeographischer Forschung. Alle drei Aspekte zusammen machen eine Diskussion verschiedener Gesellschaftskonzeptionen entlang der strukturationstheoretischen Argumentation sinnvoll. Die handlungstheoretische Sichtweise soll dementsprechend in diesem ersten Kapitel in Konfrontation mit strukturationstheoretischen Auffassungen entwickelt werden.

Gemäß der hier vertretenen Auffassung kann eine handlungstheoretische Sozialgeographie am besten im Rahmen der Prämissen des methodologischen Individualismus sinnvoll praktiziert werden. Giddens hingegen scheint den methodologischen Individualismus abzulehnen. Die Frage, die demzufolge ausführlicher zu behandeln ist, lautet: Worin liegt dieser Dissens begründet, und gibt es eine Möglichkeit, diesen in der einen oder anderen Richtung zu überwinden? Diese Auseinandersetzung umfaßt den Hauptteil der folgenden Erörterungen.

Zuerst werde ich zur besseren Klärung der Begrifflichkeit auf verschiedene Auffassungen von "Ontologie" eingehen, bevor die Hauptmerkmale holistischer und individualistischer Gesellschaftskonzepte herausgearbeitet und deren sozialphilosophische Hintergrund ausgeleuchtet werden. Im vierten Abschnitt wird eine alternative Fassung des methodologischen Individualismus vorgestellt, die schließlich mit Elsters' "Analytischem Marxismus" und Giddens' Konzeption vergleichend diskutiert wird. Abschließend erfolgt eine kritische Auseinandersetzung mit dem zuvor skizzierten revidierten methodologischen Individualismus zur Entwicklung einer möglichst widerspruchsfreien Basis für die empirische Forschung im Rahmen der "Sozialgeographie alltäglicher Regionalisierung".

1.1 Unterschiedliche Auffassungen von Ontologie

In Sozialphilosophie und Sozialwissenschaft spielen ontologische Fragen eine bedeutende Rolle. Bisweilen wird aber nicht klar differenziert, in welchem Sinne jeweils von Ontologie die Rede ist. In allgemeinster Hinsicht ist zwischen den Verwendungsweisen der Analytischen Philosophie und jener der Existenzialphilosphie in der Tradition von Heidegger zu unterscheiden. Im allgemeinsten Sinne heißt "Ontologie" soviel wie "Seinsweise". Im Rahmen der Analytischen Philosophie verwendet Popper (1973) "Ontologie" zur Unterscheidung der unterschiedlichen Seinsweise von materiellen, mentalen und sozial-kulturellen Gegebenheiten. "Ontologie" im Heideggerschen Sinne meint jedoch vielmehr das "Sein" im Sinne der menschlichen Existenz. "Seinsweise" bezieht sich dementsprechend auf die menschliche Existenzweise.

Wenn nun die "Ontologie des Gesellschaftlichen" geklärt werden soll, kann dieses Unternehmen konsequenterweise in zwei Richtungen zielen. Die erste Bedeutung bezieht sich auf die Klärung des ontologischen Status des Gesellschaftlichen in der Tradition der Analytischen Philosophie. Dabei steht die Frage im Zentrum, worin sich soziale Tatsachen von materiellen und mentalen Gegebenheiten unterscheiden und welche Konzeption der sozialen Welt mit dem entsprechenden ontologischen Status am angemessensten zu vereinbaren ist. Wissenschaftliche Sozialforschung setzt voraus, daß man über eine klare Konzeption des Gesellschaftlichen verfügt. Denn mit ihr werden nicht nur die zu verwendenden Analysekategorien bestimmt, sondern auch die zu untersuchenden Gegebenheiten im weitesten Sinn festgelegt. Eine Mißachtung dieser Voraussetzungen führt leicht zu logisch inkonsistenten Argumentations- und Erklärungsmustern. Was für die Sozialforschung im allgemeinen gilt, hat selbstverständlich auch für die sozial- und kulturgeographische Gesellschaftsanalyse Gültigkeit. Zudem sind sozial-weltliche Konzeptionen auch in politischer Hinsicht äußerst bedeutsam. Sie finden nicht nur in den Schlagwörtern "Kapitalismus" und "Sozialismus" ihren Ausdruck, sondern auch bei anderen "-ismen" wie "Nationalismus", "Regionalismus" oder "Individualismus".

Die zweite Bedeutung von "Ontologie" bezieht sich – wie angedeutet – auf "menschliche Existenzweise". Formulierungen wie "Ontologie der Moderne" von Giddens (1990a; 1991a; 1992b) meinen dann konsequenterweise soviel wie "die menschliche Existenzweise im Rahmen moderner Gesellschaften". Oder allgemeiner: Unter der "Ontologie des Sozialen" ist zweitens die menschliche Existenzweise in sozialer Hinsicht zu verstehen.

Nun dürfte offensichtlich sein, daß sich die Verwendungsweise des Begriffs "Ontologie" bei Heidegger (1986a; 1986b) und Popper nur bedingt gegenseitig auszuschließen brauchen. Denn auch bei Popper (1973; 1981; 1992) heißt "Ontologie" in gewissem Sinne "Existenzweise", allerdings nicht bloß "menschliche Existenzweise". Er fragt vielmehr im umfassenderen Sinne nach den Unterschieden der Existenzweise der verschiedenen Teilbereiche der Wirklichkeit oder besser: der verschiedenen Wirklichkeitsbereiche. Seine Frage lautet: Was unterscheidet eine mentale Gegebenheit von einer physisch-materiellen oder einer gesellschaftlichen? Und vor allem fragt er auch nach den Bestimmungsverhältnissen der drei untereinander. In dieser Sichtweise ist dann zu klären, auf welche Weise die gesellschaftlichen Tatsachen existieren und wie sie auf angemessene Weise wissenschaftlich untersucht werden sollen. Ist die Gesellschaft bloß Ausdruck mentaler Gegebenheiten und kann demgemäß jede soziale Tatsache psychologisch erklärt werden? Oder ist sie bloß Ausdruck der materiellen Bedingungen, so daß zur Veränderung der Gesellschaft die Veränderung der materiellen Basis ausreicht?

Das heißt gleichzeitig, daß Poppers Form der ontologischen Frage von einem erkenntnistheoretischen Standpunkt aus formuliert wird, der existentialistische Standpunkt jedoch nicht auf die Erkenntnistheorie gerichtet ist. Es geht vielmehr um die Erforschung der sozialen Existenzbedingungen der Menschen im Rahmen unterschiedlicher Gesellschaftsformen.

Die folgende Untersuchung geht von der These aus, daß die Beantwortung der Frage nach der Seinsweise des Gesellschaftlichen zuerst geklärt werden muß, bevor man sich der Erforschung der sozialen Existenzbedingungen der Menschen im Rahmen unterschiedlicher Gesellschaftsformen zuwenden kann. Dies ist der erste Grund, weshalb auch auf die Auseinandersetzung mit der Bestimmung der Ontologie des Sozialen einzugehen ist. Dabei handelt es sich darum, den Status des Sozialen in einem weiteren sozialphilosophischen Kontext zu lokalisieren. Gleichzeitig ist auch die Strukturationstheorie in diesen Kontext einzuordnen. Der zweite Grund bezieht sich auf das Verhältnis von Strukturationstheorie und handlungstheoretischer Sozialgeographie im Hinblick auf die Entwicklung einer "Sozialgeographie der Regionalisierung". Wie bereits angedeutet, teilt Giddens (1988a) die Position des methodologischen Individualismus nicht. Ich habe jedoch in bezug auf die handlungstheoretische Sozialgeographie die These aufgestellt, daß jede Handlungstheorie eigentlich nur innerhalb der Prämissen des methodologischen Individualismus vorstellbar wäre.[2] Dieser Dissens ist nun für die "Sozialgeographie der Regionalisierung" zu klären.

1.2 Holismus vs. Individualismus

Die Diskussion um die Seinsweise des Gesellschaftlichen wird traditionellerweise entlang der Unterscheidung zwischen Holismus und Individualismus geführt. Da diese Debatte den Gesamtbereich der Sozialwissenschaften betrifft, ist es vorteilhaft, bei dessen Behandlung auf Versuche zurückzugreifen, denen daran liegt, diese Dichotomie zu überwinden. Derart können die jeweils kritischen Punkte herausgearbeitet werden. Die wichtigsten Vorschläge stellen diesbezüglich Anthony Giddens' Strukturationstheorie und Jon Elsters Analytischer Marxismus dar. Da Giddens' gesellschaftstheoretischer Vorschlag zudem die räumliche Dimension einzubeziehen versucht, wird diesem die größere Aufmerksamkeit geschenkt und gleichzeitig die neuere Theoriediskussion der Sozialgeographie – in handlungstheoretischer Perspektive – im Verlaufe der Auseinandersetzung miteinbezogen.

Unter Bezugnahme auf die aktuelle (sozialphilosophische) Diskussion erläutert Giddens zuerst sein Verständnis von der strukturellen Konzeption und dann jenes vom methodologischen Individualismus. Anschließend stellt er Überlegungen zu einem "dritten Weg" an. Die Auseinandersetzung mit diesem Thema ist zum Kernbereich der Strukturationstheorie zu zählen und ist damit auch ein zentraler Punkt in der Klärung des "Gesellschaft-

2 Vgl. dazu Werlen, 1988a, 45ff.

Raum-Verhältnisses".[3] Zuerst sollen die ersten beiden Positionen kurz vorgestellt werden, bevor sie mit alternativen Auffassungen zu konfrontieren sind. Dabei geht es mir primär um die genaue und kritische Überprüfung von Giddens' Aussage: "Ich akzeptiere keinen Standpunkt, der dem methodologischen Individualismus nahesteht" (1988a, 41).

1.2.1 Basispostulate holistischer Positionen[4]

Der Holismus ist eng mit der Entstehungsgeschichte der Soziologie als wissenschaftlicher Disziplin verbunden und bleibt bis heute – in Form der marxistischen, funktionalistischen, struktur- und systemtheoretischen Ansätze – in der aktuellen Theoriediskussion erhalten. Freilich hatten diese theoretischen Gebäude jeweils einen großen sozialpolitischen Einfluß, wobei hier die ideologischen Aspekte gegenüber den methodologischen dominierend sind. Holistische Konzepte werden insbesondere im Rahmen nationalistischer, stalinistischer und faschistischer[5] Ideologien als zentrale Denkmuster wirksam und sind insgesamt mit einer deterministischen Konzeption sozialer Prozesse verknüpft. Die folgenden Aussagen sollen die wissenschaftlichen Argumentationsstrukturen illustrieren:

> "Die Geschichte aller bisherigen Gesellschaft ist die Geschichte von Klassenkämpfen" (K. Marx).

> "Weit davon entfernt ein Erzeugnis unseres Willens zu sein bestimmen soziale Tatsachen unseren Willen von außen her (...). Sie bestehen gewissermaßen aus Gußformen, in die wir unsere Handlungen gießen müssen" (E. Durkheim).

> "The structure of the relations of production determines the places and functions occupied and adopted by agents of production, who are never anything more than the occupants of these places, insofar as they are supports (Träger) of these functions. The true 'subjects' (...) are therefore not these (...) 'concrete individuals', 'real men', but the definition and distribution of these places and functions" (L. Althusser/E. Balibar).

3 Ausführlicher wird auf die Strukturationstheorie im zweiten Kapitel und schließlich auch in Band 2 eingegangen.
4 Vgl. Giddens, 1988a, 263ff.
5 Vgl. Lukes, 1990, 48.

Zur Darstellung der funktionalistisch-strukturtheoretischen Position bezieht sich Giddens auf Durkheim und Blau (1977). Seine Rekonstruktion kann wie folgt zusammengefaßt werden:

a_1 Gesellschaften sind mehr als die Summe der sie konstituierenden Mitglieder.
a_2 Strukturmomente wirken allein einschränkend auf die Handelnden und sind "über-individuell".
a_3 Strukturen sollen ohne Bezug auf die Zwecksetzungen und Eigenschaften der Individuen analysiert werden.

Der neuere, für die aktuelle strukturtheoretische Soziologie repräsentative Vorschlag von Blau (1977) verbindet die Strukturanalyse nicht mehr mit einem geheimnisvollen Einfluß der Gesellschaft auf die Handelnden und differenziert den Strukturbegriff und das Forschungsziel wie folgt:

a_4 Der Strukturbegriff bezieht sich auf soziale Positionen und Beziehungen zwischen sozialen Positionen; die Hauptaufgabe besteht darin, die Verteilung der Bevölkerung auf die verschiedenen Positionen und die Beziehungen zwischen diesen zu erforschen sowie die Ergebnisse schließlich in einer deduktiven Theorie der Sozialstruktur darzustellen.

Giddens verwirft diese Grundannahmen und das aus ihnen abgeleitete Forschungsprogramm, weil sie mit den Grundlinien der Strukturationstheorie nicht zu vereinbaren sind. Im einzelnen sind es die folgenden Gründe, die zur Ablehnung führen:

Erstens: Strukturen werden nur als Zwänge erkannt, die kausal auf die Handelnden wirken und derart deren Tätigkeiten determinieren.

Zweitens: Variationen der Strukturmomente von Gesellschaften sollen ohne Bezugnahme auf die subjektiven Aspekte des Handelns (Einstellungen, Überzeugungen, Motive usw.) erklärt werden, und die Individuen werden nicht als kompetente Laien akzeptiert.

Drittens: Die Charakteristik der Dualität von Struktur, das heißt ihr Begrenzungs- und Ermöglichungscharakter für Handlungen und die Mechanismen der sozialen Reproduktion der Strukturen, wird nicht beachtet.

Giddens (1988a, 268) könnte dieses Forschungskonzept allerdings unter der Bedingung akzeptieren, daß der Wissenschaftler bestimmte typische Motive des Handelnden hypothetisch annimmt, diese aber gewissermaßen einklammert (sie aber jederzeit explizit machen kann), und sich dann unter dieser Voraussetzung der Erforschung der sozialen Strukturen zuwendet. Die Frage ist nun, ob im Rahmen der Postulate des methodologischen Individualismus ein angemessener Zugang zur Erforschung der Dualität von Strukturen möglich ist.

1.2.2 Basispostulate individualistischer Positionen[6]

Die individualistischen Konzeptionen weisen innerhalb der Philosophie und Ethik die längste Tradition auf. Hier sind sie aufs engste mit Fragen nach der Würde und Autonomie des Menschen einerseits, der Privatheit, Selbstentwicklung und Verantwortlichkeit andererseits verbunden.[7] Auf wissenschaftlicher Ebene treten sie meist im Rahmen historischer Forschung, der klassischen und neo-klassischen Ökonomie (ökonomischer Individualismus), der liberalistischen Tradition politischer Theorie und Praxis, der Rechtsprechung sowie der psychologischen – insbesondere der behavioristischen – Theorie auf. Die meisten dieser Konzepte sind in eine voluntaristische Philosophie eingebunden. Die folgenden Zitate sollen die entsprechenden Argumentationsmuster illustrieren:

> "Für die (...) Soziologie sind diese Gebilde ("Staat", "Genossenschaft", "Aktiengesellschaft"...) lediglich Abläufe und Zusammenhänge spezifischen Handelns einzelner Menschen, da diese allein für uns verständliche Träger von sinnhaft orientiertem Handeln sind" (M. Weber).

> "Alle sozialen Phänomene sind Phänomene der menschlichen Natur. Alle Gesetze der Phänomene der Gesellschaft sind Gesetze der individuellen menschlichen Natur. Menschen die zusammengebracht werden, verwandeln sich nicht in eine Substanz anderer Art" (J. St. Mill).

> "So etwas wie Gesellschaft existiert gar nicht; es gibt nur das Individuum und die Familie" (M. Thatcher).

6 Vgl. Giddens, 1979, 94–95; 1982a, 527–539; 1984a, 74f.; 1987a, 132–134, und 1988a, 270–279.
7 Vgl. Lukes, 1990, 43ff.

Zur Darstellung des methodologischen Individualismus bezieht sich Giddens auf Lukes (1974; 1977) und Watkins (1959). Seine Rekonstruktion kann wie folgt zusammengefaßt werden:

b_1 Soziale Phänomene können ausschließlich unter Bezugnahme auf die Analyse des Verhaltens von Individuen erklärt werden. Demgemäß können nur Individuen handeln, nicht aber Kollektive.
b_2 Nur Individuen sind real.
b_3 Aussagen über soziale Phänomene lassen sich ausnahmslos ohne Bedeutungsverlust auf Beschreibungen der Eigenschaften von Individuen (Dispositionen, Bedürfnisse, Ressourcen usw.) zurückführen.
b_4 Sozialwissenschaftliche Gesetze kann es nur insofern geben, als es sich bei ihnen um Aussagen über psychische Dispositionen von Individuen handelt.

Die Postulate b_2–b_4 hält Giddens unter Bezugnahme auf Lukes aus den folgenden Gründen für falsch:

Erstens: Sollte b_2 zum Ausdruck bringen, daß nur Individuen beobachtbar sind, dann ist es selbst auch dann falsch, wenn mit "Beobachtung" nicht die an Sinnesorgane gebundene Wahrnehmung gemeint ist. Auch soziale Aspekte können real sein.

Zweitens: Bei den Eigenschaften der Individuen handelt es sich um organische Bedürfnisse und psychische Dispositionen. Da es bisher nicht gelungen ist, soziale Phänomene auf physiologische Merkmale oder auf psychische Dispositionen zu reduzieren, ist diese These bis auf weiteres hinfällig.

Drittens: Es ist damit auch sinnlos, sozialwissenschaftliche Verallgemeinerungen auf individuelle Eigenschaften beziehen zu wollen.

Den ersten Teil der Behauptung b_1 hält Giddens mit Lukes für trivial, dem zweiten Teil stimmt er zu und hält ihn für ein wichtiges Argument gegen die funktionalistischen, struktur- und systemtheoretischen Positionen. Dies stellt Giddens (1979, 7) mit dem Hinweis klar, daß "Systeme" gemäß der Strukturationstheorie im Gegensatz zu menschlichen Individuen (!) keine Ziele, Gründe oder Bedürfnisse hätten. Entsprechend ist jede Erklärung sozialer Produktion, welche "Systemen" eine (eigene) Teleologie zuschreibt, für ungültig zu erklären.[8]

Unter dieser Voraussetzung will Giddens eine Konzeption erarbeiten,[9] welche die positiven Aspekte der strukturtheoretischen als auch der individualistischen Position in sich vereinigen kann. Ihre jetzigen traditionellen Formen lehnt er ab. Beide Positionen stellen für ihn nicht Alternativen in dem Sinne dar, daß die Annahme der einen die Verwerfung der anderen impliziert. Vielmehr sind beide im Hinblick auf die Erfordernisse der Strukturationstheorie zu klären und im Sinne eines "dritten Weges", über den bisher erreichten Stand hinaus, weiterzuentwickeln.

In bezug auf den methodologischen Individualismus bedeutet dies, daß Giddens eine Weiterentwicklung jener Spielformen ins Auge faßt, die insbesondere die Behauptung b_3 ablehnen und die individuellen Eigenschaften als sozial (bzw. strukturell) bestimmt auffassen. Vom methodologischen Individualismus können nach Giddens die folgenden Einsichten übernommen werden:

1. "daß 'soziale Kräfte' niemals etwas anderes sind als Mischungen von beabsichtigten und unbeabsichtigten Folgen von Handlungen, die (allein von Individuen, denen eine körperliche Existenz zukommt) in bestimmten Kontexten ausgeführt werden" (Giddens, 1988a, 277) und
2. daß – entgegen der strukturtheoretischen Position – die Bewußtheit der Akteure jederzeit in Rechnung zu stellen ist.[10]

Soweit die knapp zusammengefaßte Auseinandersetzung von Giddens mit dem methodologischen Individualismus. Bevor seine Überlegungen in bezug auf die zuvor erwähnten Fragen diskutiert werden, sollen zuerst zwei differenziertere Darstellungen des Verhältnisses von Holismus und Individualismus vorgestellt werden, um derart fruchtbare Kriterien des Vergleichs und (möglicherweise) der Kritik gewinnen zu können. Mit dieser Auseinandersetzung sollen einerseits einzelne sozialphilosophische Implikationen holistischer und individualistischer Konzeptionen sozialer Wirk-

8 Vgl. dazu Giddens, 1979, 7.

9 Vgl. Giddens, 1984a, 74ff.

10 Diese Forderung impliziert, daß es nicht mehr um den Vergleich bestimmter Eigenschaften von Individuen gehen kann, sondern um die Präzisierung der Modelle von Handelnden; vgl. Giddens, 1988a, 91ff.

lichkeit klarer offengelegt, anderseits die Voraussetzungen für eine differenzierte Behandlung des Gesellschaft-Raum-Verhältnisses geschaffen werden, die dann schließlich einen differenzierteren Vergleich verschiedener Rekonstruktionen und Definitionen des Gesellschaftlichen ermöglichen sollten.

1.3 Sozialphilosophischer Kontext

Nach Agassi (1960, 244f.) kann man die sozialphilosophische Diskussion um Holismus und Individualismus zusammenfassen, wie dies in der folgenden Übersicht zum Ausdruck gebracht wird.

Übersicht 1: Basisannahmen von Holismus und Individualismus

	a) Holismus	*b) Individualismus*
1.	*These des Holismus:* Die Gesellschaft ist ein Ganzes, das mehr ist als seine Teile.	*These des Individualismus:* Nur Individuen können Ziele und Interessen haben.
2.	*These des Kollektivismus:* Die 'Gesellschaft' wirkt auf die Ziele der Individuen.	*These des Rationalitätsprinzips*: Individuen handeln unter gegebenen Bedingungen in Übereinstimmung mit ihren Zielen.
3.	*These der institutionellen Analyse:* Die soziale Gliederung beeinflußt und begrenzt das Verhalten der Individuen.	*These der institutionellen Reform:* Die soziale Gliederung ist das Ergebnis individueller Handlungen, und sie ist somit veränderbar.

Anhand dieser traditionellerweise angeführten Postulate wird einsichtig, daß es sich hier um zwei unterschiedliche Positionen handelt, die sich in dieser Form aber nicht auszuschließen brauchen. Genauer betrachtet weigern sich Individualisten aber, die Existenz sozialer Ganzheiten anzunehmen, weil sie davon ausgehen, daß allein Individuen Ziele haben können. Holisten behaupten hingegen, daß es so etwas wie nationale Ziele oder Klasseninteressen gebe. Deshalb ist für beide Positionen eine weitere Behauptung explizit in den Thesenkatalog aufzunehmen, die meist nur implizit enthalten ist. Sie lautet nach Agassi (1960, 245):

"4. Wenn 'Ganzheiten' existieren, dann haben sie eigene und besondere Ziele und Interessen."

Mit der Explizierung dieser Behauptung 4 wird, unabhängig davon, ob wir sie als wahr oder falsch akzeptieren, offensichtlich, daß sich in ihrem Lichte 1_a und 1_b gegenseitig ausschließen, und daß die Behauptungen 2 und 3 reinterpretiert werden müssen. Diese Reinterpretation nimmt folgende Formen an:

Individualismus

(2_a) Die Ziele von ego können zwar durch jene von alter ego beeinflußt werden, sie können aber nicht unter Bezugnahme auf das "soziale Ziel" erklärt werden.

(3_a) Individuelles Handeln wird zwar durch soziale Zwänge begrenzt, aber nur in dem Sinne, daß es sich dabei um Ergebnisse von Entscheidungen anderer Individuen handelt.

Holismus

(2_b) Die Handlungen einzelner können rational sein, sie sind aber durch die Ziele der sozialen Gruppe bestimmt.

(3_b) Institutionelle Reform ist dann unmöglich, wenn mit der sozialen Gliederung die Gesellschaft selbst oder die (überindividuellen) sozialen Ziele und Bestimmungen gemeint sind.

Gemäß dem Holismus sind somit die Individuen nicht nur in existierende soziale Interessen eingebunden, sondern werden zudem von den Zielen sozialer Ganzheiten dominiert. Gemäß dem Individualismus hingegen existieren nur Individuen, und nur diese können Ziele haben. Mit diesen Reinterpretationen wird gleichzeitig auch offensichtlich, daß die bloße Unterscheidung zwischen Holismus und Individualismus im Vergleich zu denkbaren Postulaten und tatsächlich feststellbaren gesellschaftswissenschaftlichen Positionen ein zu grobes Set von Unterscheidungskategorien darstellt. Zunächst ist klar zu unterscheiden zwischen der Behauptung, daß jeder Individualismus psychologistische Züge aufweist, und der Verwechslung von Individualismus mit Psychologismus. Unter 'Psychologismus' ist nämlich eine Doktrin zu verstehen, die alle sozialen Gegebenheiten anhand psychologischer Theorien für erklärbar hält. Vertreter der ersten Position würden der Behauptung zustimmen, daß nur Individuen über Ziele verfügen können, wobei neben den psychischen Aspekten aber auch die Bedeutung der institutionellen Bedingungen betont werden kann. Letztere Position würde jedoch nur die Behauptung zulassen, daß für die Ziele allein die psychischen Bedingungen der Individuen ausschlaggebend sind.

Auf der holistischen Seite sind unter Berücksichtigung von These 4 ebenso Differenzierungen notwendig. Denn es ist möglich, daß man behaupten kann, die Ziele der Individuen würden allein von einem kollektiven Bewußtsein bestimmt. Daneben kann These 4 aber auch in dem wesentlich verbreiteteren Sinne interpretiert werden, nämlich daß Individuen selbst über keine eigenen Ziele verfügen und nur soziale Ganzheiten (Kollektive, Klassen) Ziele haben und mithin handeln können.[11]

Das heißt somit, daß These 4 die Unterscheidung zwischen Individualismus und Holismus durch die Kategorien "Psychologismus" und "Institutionalismus" erfordert, was zu der Differenzierung führt, wie sie in der folgenden Übersicht zum Ausdruck gebracht wird:

Übersicht 2: Erste Differenzierung von Holismus und Individualismus

	Holismus	Individualismus
Psychologismus	(a)	(b)
Institutionalismus	(c)	(d)

(a) Psychologistischer Holismus: Es besteht ein kollektives Bewußtsein, das jenes der Individuen beherrscht. Soziale Phänomene sind als Abbildung kollektiver mentaler Strukturen aufzufassen (Beispiel: "Theorie des kollektiven Gedächtnis" von Halbwachs, 1967).

(b) Psychologistischer Individualismus: Nur Individuen verfügen über Ziele, und das sogenannte "Soziale" ist nichts anderes als Ausdruck individueller Bewußtseinszustände und Bedürfnisse (Beispiele: Kognitive Verhaltenstheorien, Behavioral Geography, jene neo-klassische Öko-

11 Vgl. dazu Melucci, 1989, 17ff. Er weist darauf hin, daß die theoretischen Konzeptionen zur Charakterisierung sozialer Bewegungen, die im 19. Jahrhundert entworfen wurden, alle davon ausgingen, daß soziale Bewegungen "Persönlichkeiten" wären und daß kollektive Handlungen eine einheitliche empirische Entität darstellten, deren 'tiefere' Bedeutung aufgedeckt werden könnte.

nomie, die den homo oeconomicus nicht bloß als methodisches Konzept bzw. Modell interpretiert).

(c) Institutionalistischer Holismus: Soziale Ganzheiten (Strukturen der Institutionen, Klassen) determinieren die Individuen, weshalb letztere bei der Gesellschaftsanalyse und -politik keiner besonderen Berücksichtigung bedürfen (Beispiele: Funktionalismus, Strukturalismus, Historischer Materialismus).

(d) Institutionalistischer Individualismus: Nur Individuen können Ziele haben, wobei ihr Bewußtsein (subjektiver Sinn) zwar bedeutsam ist, aber nicht bedeutender als der institutionelle Kontext. (Die methodologischen Überlegungen M. Webers kommen dieser Position recht nahe.)

Bei genauer Betrachtung ist unter der Voraussetzung, daß man die Behauptung 4 als wahr akzeptiert, die Position des institutionalistischen Individualismus nicht möglich. Der entscheidende Punkt ist nun aber, daß sie von einem handlungstheoretischen Standpunkt aus nicht vollumfänglich akzeptiert werden kann. Würde man ihr voll zustimmen, hieße dies, daß man allen Behauptungen über soziale Ganzheiten ohne Einschränkung zustimmt (Holismus) oder daß man alle diese Behauptungen für bloße Kurzbeschreibungen für eine Mehrzahl von Individuen hält (psychologistischer Individualismus[12]). Demgegenüber geht die institutionalistisch-individualistische Position davon aus, daß soziale Ganzheiten existieren, wenn auch nicht auf dieselbe Weise wie Individuen. Sie verfügen aber über keine anderen Ziele als die, die Individuen haben können.

Diese Kategorien ermöglichen bereits eine bessere Beurteilung von Giddens' Argumentation, bleiben aber letztlich zu undifferenziert. Es wird zwar offensichtlich, daß Giddens' Beschreibung des methodologischen Individualismus der oben vorgestellten psychologistischen Variante näher steht als dem institutionalistischen Individualismus. Aber eine exakte Zuordnung des von ihm diskutierten methodologischen Individualismus ist anhand dieser Kategorien noch nicht möglich. Zudem sind auch Agassis Kategorien zu wenig aussagekräftig, um eine klare Einordnung der marxistischen Standpunkte von Thompson (1980), Althusser/Balibar (1970) und Anderson (1980), die von Giddens (1988a, 274ff.) in bezug auf den methodologischen Individualismus diskutiert werden, vorzunehmen. Außerdem

12 Vgl. dazu die Argumentation von Lukes und Giddens in Abschnitt 1.2.

wird bei der Diskussion von Behauptung 4 in bezug auf den institutionellen Individualismus offensichtlich, daß wir über einen anderen Referenzrahmen verfügen müssen, um eindeutige Abgrenzungen vornehmen zu können. Die Unterscheidung zwischen Psychologismus und Institutionalismus kann nicht recht plausibel machen, warum die Behauptung 4 nur teilweise anerkannt werden kann.

Der Vorschlag von Jarvie (1974), der auf Agassi aufbaut, stellt demgegenüber ein differenzierteres Instrumentarium zur Verfügung und kann die Teilzustimmung zu Behauptung 4 plausibel machen, denn er behält zwar die allgemeine Unterscheidung zwischen Holismus und Individualismus bei, führt aber statt der Kategorien "Institutionalismus" und "Psychologismus" die Kategorien "Ontologie" und "Methodologie" ein. Mit diesem Wechsel ist es – wie wir gleich ausführlicher sehen werden – möglich, den ontologischen Gehalt von Behauptung 4, der sich in der Verbindung von "Ganzheiten" mit besonderen Zielen äußert, offensichtlich zu machen. Ohne diese Verbindung ist es zwar immer noch möglich, von Ganzheiten zu sprechen. Man braucht aber nicht gleichzeitig zu behaupten, diese hätten im Vergleich zu Individuen besondere Ziele. Diese "Ganzheiten" können einerseits "Merkmalsklassen" bilden, denen Individuen unter bestimmten Gesichtspunkten zugeordnet werden können, oder sie können soziale Gebilde sein, denen Individuen aufgrund erworbener oder zugewiesener Mitgliedschaft angehören können. Essentialistische Unterscheidungen werden somit durch nominalistische ersetzt. Dies ermöglicht zusätzliche Klarstellungen und die Unterscheidung zwischen ontologischem und methodologischem Holismus sowie zwischen ontologischem und methodologischem Individualismus.

Übersicht 3: Zweite Differenzierung von Holismus und Individualismus

	Holismus	Individualismus
ontologischer	(a)	(c)
methodologischer	(b)	(d)

Diese vier Positionen sind wie folgt zu charakterisieren:

a) Der ontologische Holist...
geht davon aus, daß Ganzheiten eine andere Seinsweise haben als Individuen, daß Ganzheiten die einzig relevanten Entitäten der Gesellschaft sind und daß diese das Individuum bestimmen. Die Gesellschaft ist demgemäß wesensmäßig (ontologisch) etwas anderes als eine Vielzahl von Individuen, und deshalb könne die Gesellschaftswissenschaft die Individuen vernachlässigen. Durkheim baut seine Soziologie auf diesen Grundannahmen auf, und ebenso gehen die traditionellen Funktionalisten wie Malinowski sowie der extreme Flügel der strukturtheoretischen Soziologie u.a. von diesen Postulaten aus.

b) Der methodologische Holist...
ist der Auffassung, daß sich die Makroeigenschaften von den Eigenschaften der Individuen unterscheiden. "Überdies sei diese makrosoziologische Ebene diejenige, auf der sich soziologische Probleme stellen und auf der sich Erklärungen, Gesetze und Theorien finden lassen" (Jarvie, 1974, 240). Zudem geht er davon aus, daß das Ganze mehr als die Summe seiner Teile sei, daß sich gesellschaftliche Faktoren auf die Ziele der Individuen auswirken und die Zielverwirklichung beeinflussen. Er bestreitet somit nicht die Bedeutung der Individuen für das Gesellschaftliche, geht aber davon aus, daß es methodologisch notwendig ist, von der Ganzheit und nicht vom Individuum auszugehen. Empirisch arbeitende Struktur-Funktionalisten und die Position von Blau sind am ehesten mit dieser Konzeption zu vereinbaren.[13]

c) Der ontologische Individualist...
behauptet, daß "die einzigen wirklichen Entitäten in der Gesellschaft individuelle Personen seien; daß Sozialstruktur und Sozialorganisation Muster der wechselseitigen Bezogenheit zwischen Personen seien und nicht über Personen ständen" (Jarvie, 1974, 240). Institutionen werden demgemäß als unwirkliche Abstraktionen ausgewiesen. Jede vollständige Erklärung von sozialen Aspekten ist erst dann zu leisten, wenn sie

13 Man könnte leicht den Eindruck gewinnen, daß alle ontologischen Holisten auch methodologische Holisten wären. Das ist aber nicht allgemein der Fall, selbst wenn einzelne Vertreter beide Positionen verwenden. So ist Marx im größten Teil seines Werkes ein ontologischer Holist, andere Schriften – vor allem jene des jungen Marx – sind aber eher mit dem methodologischen Holismus zu vereinbaren.

auf physiologische oder/und psychologische Aspekte (Eigenschaften des Individuums) Bezug nimmt. Diese Postulate entsprechen jenen des psychologistischen Individualismus und Behaviorismus.

d) Der methodologische Individualist...
hingegen "braucht die Wirklichkeit gesellschaftlicher Umstände nicht zu bestreiten, wenn er betont, daß Gesellschaften und gesellschaftliche Entitäten aus individuellen Personen, ihren Handlungen und Beziehungen bestehen, daß nur Individuen Ziele und Interessen haben, daß individuelle Handlungen als Versuche zu verstehen sind, unter gegebenen Umständen Ziele zu verwirklichen, und daß die Umstände sich aufgrund individueller Handlungen verändern können" (Jarvie, 1974, 241). Die Besonderheit des methodologischen Individualismus ist darin zu sehen, daß er sich aus methodologischen Gründen auf die Handlungen einzelner bezieht.

Diese Konzeption des methodologischen Individualismus bildet die Basis zur Entwicklung einer angemessenen Konzeption der sozialen Welt für eine "Sozialgeographie der Regionalisierung". Im folgenden soll sie im Hinblick auf die Diskussion des möglichen Dissenses mit Giddens' Strukturationstheorie erweitert und radikalisiert werden. Zudem soll sie in ihrem Gesamtzusammenhang ausführlicher vorgestellt werden. Die Radikalisierung besteht im wesentlichen darin, daß sie darauf ausgerichtet ist – im Gegensatz zu zahlreichen Publikationen, in denen eine Auseinandersetzung mit dem "methodologischen" Individualismus versprochen wird –, einen Rückfall in den ontologischen Individualismus zu vermeiden. Aus diesen Diskussionen werden nur jene Überlegungen übernommen, die mit der hier vorzuschlagenden Konzeption vereinbar sind. Diese Position wird vorläufig "revidierter methodologischer Individualismus" genannt.

1.4 Revidierter methodologischer Individualismus

Die Basisprämisse des revidierten methodologischen Individualismus geht davon aus, daß soziale Phänomene, insbesondere soziale Institutionen, das Resultat der Entscheidungen, Handlungen, Einstellungen usw. von Akteuren im Sinne von Einzelpersonen sind: Nur Individuen können Akteure sein. Diese Grundprämisse impliziert aber nicht, daß die Annahme des revidierten methodologischen Individualismus der Ablehnung des Bestehens sozialer Kollektive und Institutionen gleichkommt. Sie verlangt auch nicht die Zustimmung zur Behauptung, daß eine Gesellschaft nicht mehr sei als die Summe der Individuen, die ihr angehören. Und ebensowenig wird mit ihr die These unterstützt, daß die Gesellschaft auf die Psyche der einzelnen Akteure reduziert werden könne. Denn der revidierte methodologische Individualismus impliziert "überhaupt keine Reduktion, sondern ein Leugnen der Möglichkeit, Nicht-Individuen wie 'Wirtschaft', 'Proletariat', 'Kirche', 'Außenministerium', 'Industrie' usw. Ziele und mithin Handlungen zuschreiben zu können" (Jarvie, 1974, 15).

Vom Standpunkt des revidierten methodologischen Individualismus aus ist somit das sogenannte "Handeln von Gruppen (nur) mit Hilfe der Handlungen von Personen in Gruppen" (Brodbeck, 1975, 192) der sozialwissenschaftlichen Forschung zugänglich. Wie dies bereits Weber (1980, 6ff.) formulierte, können Kollektive als Gesamtheiten, die aus Einzelnen, ihren Absichten, Entscheidungen, Handlungen und den daraus resultierenden Folgen bestehen, verstanden werden. Und die Folgen sind als "mehr" zu betrachten als die Summe der Intentionen der einzelnen Handlungen der Akteure. Denn einerseits beziehen sich die Handlungen gegenseitig aufeinander, andererseits werden die Resultate früherer Handlungen – als Bedingungen und Mittel/Medien aktuellen Handelns – für weitere Handlungen bedeutsam, und zudem können diese Resultate auch unbeabsichtigte Handlungsfolgen darstellen.

Gemäß dieser Auffassung des revidierten methodologischen Individualismus ist somit die Existenz von Kollektiven nicht zu leugnen. Hingegen ist damit gemeint, daß die einzig sinnvolle Methodologie der Gesellschaftsforschung darin bestehen kann, die Gesellschaft anhand der Handlungen zu untersuchen. Es sind letztlich immer Akteure im genannten Sinne, die unter bestimmten Umständen – vor allem jenen, die durch Institutionen definiert sind – Ziele formulieren und Entscheidungen treffen. Dieses Postulat des revidierten methodologischen Individualismus erlaubt denn auch durchaus die Zustimmung zu Marx' Feststellung, daß die Menschen ihre eigene Geschichte – und man kann hinzufügen: ihre eigene Geographie – machen,[14] aber daß sie dies "nicht unter selbstgewählten, sondern unter unmittelbar vorgefundenen, gegebenen und überlieferten Umständen machen" (MEW,

14 Vgl. Berger, 1971, 35–41.

1956ff., Bd. 8, 115). Allerdings unter der Voraussetzung, daß man die sozialen Umstände als das Ergebnis jener Handlungen betrachtet, die zu einem früheren Zeitpunkt und unter bestimmten institutionellen Gegebenheiten stattgefunden haben. Und es ist gemäß diesem Postulat des revidierten methodologischen Individualismus auch nicht ein "Staat", der entscheidet, sondern jene Akteure, die aufgrund vorangehender Entscheidungen von einer Mehrheit von Personen dafür legitimiert sind oder die sich dafür die entsprechende Verfügungsmacht gewaltsam zugesichert haben.

Auf diese Weise lassen sich soziale Institutionen "gewissermaßen teilweise, aber nicht kollektiv, auf die Intentionen einzelner und die entsprechenden Konsequenzen" (Jarvie, 1974, 15) zurückführen. Denn in Situationen, in denen Akteure handeln, sind neben den rein subjektiven Voraussetzungen insbesondere auch immer der soziale Aspekt und ebenso die physisch-materiellen Bedingungen zu beachten und in die sozialwissenschaftliche Erklärung miteinzubeziehen. Das Akzeptieren der bisher diskutierten Postulate des revidierten methodologischen Individualismus – im Sinne eines Forschungsprinzips der Sozialwissenschaften – führt somit auch nicht dazu, daß man die Handelnden und deren Handlungen in ein soziales Vakuum hineinmanövriert. Denn die Ziele der Handlungen sind immer auch Ausdruck des sozialen Kontextes bzw. der Ergebnisse früherer Handlungen anderer. Insbesondere das dem Akteur zum Zeitpunkt des Handelns verfügbare Wissen ist in jedem Fall als zum größten Teil sozialisiertes Wissen zu betrachten. Auf dieser Grundlage wird es dem Akteur möglich, seine Ziele so zu formulieren und die Interpretationen der Handlungssituationen derart vorzunehmen, daß sie mit dem sozialen Kontext mindestens potentiell zur Interpenetration gebracht oder bewußt – im Hinblick auf Veränderung – gegen diesen gerichtet werden können, und daß er sich auf Situationen anderer Akteure beziehen kann.

Dabei ist auch darauf hinzuweisen, daß insbesondere die von Akteuren angenommenen Einstellungen zu und Vorstellungen von Institutionen und Kollektiven für deren Handlungen stark prägend sein können. Wie Knorr-Cetina (1984, 47f.) zeigt, kann es in der Wirkung durchaus einen Unterschied ausmachen, ob man beispielsweise von der "Regierung" spricht oder ob man die Namen der einzelnen Regierungsmitglieder aufzählt und sagt: "Die Herren xy haben beschlossen...". Wie Melucci (1989) und Urry (1985) darauf hinweisen, ist das Entwickeln einer "kollektiven Identität" in Zusammenhang mit dem Namen einer sozialen Bewegung oft von größter

Wichtigkeit für deren Erfolg. Mit anderen Worten: Die Verwendung von Kollektivbezeichnungen kann strategisch belangreich und die von Subjekten angenommenen Einstellungen zu und Vorstellungen von ihnen können für die Handlungen einzelner von entscheidender Bedeutung sein.

Dies reicht dann allerdings nicht aus, um daraus ein ontologisches Urteil über die gesellschaftliche Wirklichkeit im Sinne des ontologischen Holismus abzuleiten. Man kann von dieser Position aus zwar dem Epigramm von Marx zustimmen, gemäß dem es nicht das Bewußtsein der Menschen ist, "das ihr Sein, sondern umgekehrt ihr gesellschaftliches Sein, das ihr Bewußtsein bestimmt" (Marx, 1978). Aber die Handlungen der Akteure können trotzdem nicht vollkommen von einem Kollektiv oder dem sozialen Kontext determiniert sein. Die Akteure, die mit ihren Handlungen an einem Kollektiv, einer Gruppe, zum Beispiel einer Gewerkschaft oder einer anderen sozialen Bewegung partizipieren, können wohl gemeinsam ein und dasselbe Ziel verfolgen. Die Gemeinsamkeit des Ziels mag unter Umständen auch der einzige Grund ihrer Verbindung sein.[15] Denn jedes einzelne Mitglied kann möglicherweise eingesehen haben, daß es sein persönliches Ziel gemeinsam mit anderen leichter und besser verwirklichen und daß das Auftreten unter einer Kollektivbezeichnung wirksamer sein kann. Oder die Teilhabe an einer sozialen Bewegung kann in modernen Gesellschaften ein Ziel für sich sein, was im Hinblick auf die soziale und persönliche Identität von nicht zu unterschätzender Bedeutung sein kann.[16] So gesehen kann man nicht behaupten, daß die Gruppe "als solche" das Ziel ihrer Mitglieder bestimmt. Einfluß darauf können bestenfalls die Handlungen anderer Subjekte als Gruppenmitglieder sowie der institutionelle Kontext (die Statuten

15 Vgl. dazu ausführlicher Olson, 1971, 2f., 60ff. und 98ff., der sich vor allem mit 'egoistischen' und 'altruistischen' Einstellungen und der Anteilhabe von Gruppenmitgliedern am produzierten kollektiven Gut beschäftigt. Zudem untersucht er die internen Entscheidungslogiken von Klein- und Großgruppen sowie die Beurteilung der Rationalität von Entscheidungen, Organisationen beizutreten oder fern zu bleiben, die ein öffentliches Gut produzieren, von dem das entscheidende Subjekt profitieren kann; mit anderen Worten: Es geht um die Rationalität des "Trittbrettfahrers". Insgesamt bleibt aber Olsons Analyse ebenso eindimensional wie jene, die er kritisiert: die marxistische Darstellung sozialer Bewegungen im Sinne von Klassenkampf. Beide bleiben zu ökonomistisch.

16 Nach Meluccis (1989, 206f.) Untersuchungen von sozialen Bewegungen in Mailand ist dies für zahlreiche Akteure sogar der wichtigste Grund, sich politisch zu engagieren.

eines Vereins, das "Set up" einer Organisation usw.) im Sinne von Handlungsergebnis und -mittel haben.

"Kollektive Handlungen" sind in diesem Sinne zu verstehen als das koordinierte Handeln mehrerer Akteure im Hinblick auf eine mehr oder weniger geteilte gemeinsame Vorstellung, wie die soziale Welt sein sollte, aber nicht als das Handeln eines Kollektivs an sich.[17] Der Ausdruck "kollektive Handlungen" im Sinne einer handelnden Gruppe, Organisation, Klasse, eines Staates oder eines Betriebes ist irreführend. Denn man kann leicht der metaphysischen Vorstellung verfallen, daß "Gruppen", "Organisationen", "Klassen", der "Staat" usw. an sich handeln könnten. In die gleiche Richtung weisen die Redensarten von den Handlungen "der" Frauen-, Friedens-, Jugend- oder Ökobewegung. Auch damit wird der Eindruck erweckt, es handle sich bei ihnen um lebende Subjekte, die als Einheiten handeln würden.

Formulierungen wie "group behavior" (Olson, 1971, 8) "the capacity of a group to act in its group interest" (Olson, 1971, 45), "fields in which society acts upon itself" (Melucci, 1989, 207) oder die zuvor genannten Ausdrücke sind bestenfalls aber nur als Kurzformeln für die Handlungsweisen von Subjekten in spezifischen sozialen Situationen zu begreifen.[18] Um den irreführenden Gehalt zu überwinden, ist die Idee der kollektiven Handlung als einheitliches Datum zu verwerfen. Nur dann können wir auf die Vielfalt der Perspektiven, Meinungen und Beziehungen aufmerksam werden, welche zu "kollektivem Handeln" verschmelzen. "Kollektive Handlungen" sind zu begreifen als das Produkt zweckorientierten Handelns, das in einem

17 Wie wir später ausfürlicher sehen werden, ist die Analyse dieser Zusammenhänge insbesondere für die Bearbeitung regionaler Bewegungen und des Regionalismus insgesamt wichtig.

18 Für Olson (1971) ist klar, daß prinzipiell nur einzelne Akteure handlungsfähig sind, die sich mit anderen Akteuren zu einer Gruppe, Organisation usw. zusammenschließen, um ein kollektives Gut zu produzieren bzw. um ein gemeinsames Ziel leichter oder überhaupt erreichen zu können. Dies steht im krassen Gegensatz zu Touraines Konzeption. Für Touraine (1965; 1980) sind kollektive Handlungen – im Rahmen seiner holistischen Gesellschaftskonzeption – das Ergebnis einer sozialen Bewegung im Sinne einer "Persönlichkeit". Soziale Bewegungen als Kollektive werden demgemäß an sich für handlungsfähig gehalten. "Kollektive Handlung" meint dann die Handlung des Kollektivs an sich und nicht die koordinierten Handlungen der einzelnen Akteure als Mitglied einer sozialen Bewegung und im Namen der übrigen Mitglieder. Zur Kritik der von Touraine vorgeschlagenen Methodologie vgl. Werlen, 1983, und 1988a, 257, sowie Melucci, 1989, 200 ff.

Feld von Möglichkeiten und Zwängen verwirklicht wird. "Individuals acting collectively construct their action by defining in cognitive terms these possibilities and limits, while at the same time interacting with others in order to organize their common behaviour. (...) Whatever unity exists should be considered the result and not the starting point, a fact to be explained rather than assumed" (Melucci, 1989, 25f.).

"Soziale Bewegungen",[19] die über lange Zeit hinweg ausschließlich in holistischen Kategorien analysiert wurden, können ebenfalls als Ausdruck der Handlungen mehrerer Subjekte begriffen werden, nicht aber als ein einheitliches "Subjekt". Sie bilden ein Netzwerk von Handlungen, deren Mittel, Ziele und Formen von Solidarität stark voneinander abweichen können, aber trotzdem eine mehr oder weniger stabile Organisation aufweisen. Nach Melucci (1989, 193) zeichnen sich die komplexen und dynamischen sozialen Beziehungen, in deren Feld sich soziale Bewegungen (über die Handlungen der Partizipierenden) konstituieren und über die sie operieren, durch die drei folgenden Merkmale aus:

- ein vorgegebenes soziales Problem;
- die Entwicklung eines gemeinsam geteilten Interesses unter den beteiligten Subjekten und
- ein kollektives Handeln.

Dabei ist es ihm wichtig, darauf hinzuweisen, daß objektive soziale Probleme nicht an sich bestehen, sondern erst über die Situationsdefinitionen durch die Subjekte bewußt konstituiert werden. Das heißt also, daß die Ba-

19 Wie Kean/Mier (1989, 1) darauf hinweisen, sind die wichtigsten Formen "kollektiven Handelns" in den siebziger und achtziger Jahren nicht mehr im Bereich des ökonomischen Feldes zu finden, sondern als Opposition zu Geschäftsorganisationen, Gewerkschaftshierarchien, politischen Parteien und der Staatsbürokratie. Sie beziehen sich auf soziale Bewegungen im Sinne von Bürgerrechts-, Jugend-, Studenten-, Friedens-, Feminismus- und Ökobewegungen. Das Besondere daran ist, daß sie sich quer durch politische Lager und regionale Grenzen und unterhalb staatlicher Institutionen bilden und behaupten. Allzu häufig wird dieser Ausdruck aber auf reifizierende und zu vereinheitlichende Weise verwendet. Melucci (1989, 203) schlägt demgegenüber vor, diesen Ausdruck nur als Kommunikationsmittel ('communicational tool'), als Kurzformel für die Vielfalt der damit verbundenen, außerparlamentarischen, politisch-oppositionellen Handlungsweisen zu verwenden. Dies ist eine Konzeption, die mit der hier vorgestellten Konzeption der sozialen Welt zu vereinbaren ist.

sis sozialer Bewegungen die kognitiven und interaktiven Fähigkeiten der partizipierenden Akteure bilden und nicht irgendwelche – wie auch immer (von Wissenschaftlern und Philosophen) definierte – objektiven sozialen Verhältnisse. Soziale Bewegungen sind somit nicht ausschließlich als das Produkt geheimnisvoller gesellschaftlicher Mächte zu betrachten, und sie führen auch nicht einen Windmühlenkampf gegen "das" System, sondern für die Veränderung der als problematisch definierten Aspekte der Situationen des Handelns.

An einer sozialen Bewegung teilzuhaben, kann von großer Bedeutung für die persönliche Identität sein, die sich schließlich gleichzeitig über die sogenannte "kollektive Identität" ausbilden kann. Die "kollektive Identität" – gelegentlich auch Gruppenbewußtsein oder "interne Solidarität" genannt – ist häufig von zentraler Bedeutung für den Erfolg sozialer Bewegungen und das Überdauern bis zur Erreichung des Ziels; genau in dem Sinne wie dies von Knorr-Cetina (1984) angesprochen wird. "Kollektive Identität" ist dabei in jedem Fall als das Ergebnis sozialer Prozesse und nicht als die unkritisch vorausgesetzte Vorbedingung sozialer Bewegungen zu begreifen. Im Sinne von Melucci (1989, 34) handelt es sich dabei um eine interaktive und gemeinsam geteilte Definition, hergestellt durch mehrere verbal interagierende Subjekte, welche ebensosehr die Orientierung ihres Handelns als auch das Feld der Möglichkeiten und Zwänge betrifft, in welchem deren Handeln stattfindet.

Doch dies darf wiederum nicht dahingehend interpretiert werden, daß eine Gruppe oder eine soziale Bewegung an sich handeln kann. Die soziale Konstruktion erzeugt ihre Wirkung erst über die Handlungen der einzelnen Subjekte, die unter Umständen allein aus dem Bewußtsein des Zusammengehörens heraus konstituiert werden können. Das heißt aber nicht, daß die Konstruktion als solche wirksam ist. Sie ist vielmehr ein sozial-strategisches Mittel, ein Medium, um die Handlungen der Akteure so zu koordinieren, daß ein kollektives Handeln möglich und politisch erfolgreich sein kann. Anstatt reifizierenden Argumentationsmustern zu folgen, wäre es wichtiger, nach den Bedingungen des Zustandekommens interner Solidarität und nach deren Bedeutung für die Koordination von politisch wirksamen Handlungen zu fragen.

Dies schließt selbstverständlich die Frage mit ein, warum einzelne Subjekte anfangen, sich als Einheit zu begreifen und welche Konsequenzen diese gewonnene Einstellung für jeden einzelnen Akteur hat. Dabei könnte es sich erweisen, daß sich die Solidarität aus dem gemeinsamen Ziel und der entsprechenden Handlung, dieses gemeinsam mit anderen zu erreichen, ergibt oder als bloßes Nebenergebnis lang andauernder intensiver Interaktionen, Verhandlungen und Konflikte mit einer Vielzahl unterschiedlichster Akteure.[20]

Die "kollektive Identität" ist jedenfalls viel eher als eine zuerst zu schaffende und notwendig erforderliche Voraussetzung koordinierten Handelns zu betrachten, der aber ebensowenig eine eigene Handlungsfähigkeit zukommt wie dem Kollektiv selbst. Urrys (1985, 43) Einschätzung, daß die Entstehung und Erhaltung solcher Identitäten auf einer besonderen zeitlichen und räumlichen Strukturierung der Gesellschaft beruhe, bedarf jedenfalls kritischer Analyse. Denn bei "regionalen Bewegungen" beispielsweise können "räumliche" Bedingungen zwar wichtige Voraussetzungen zur Erlangung und Aufrechterhaltung kollektiver Identität bilden, aber auch diesen ist keine eigene Handlungsfähigkeit zuzuweisen; unter anderem auch deshalb nicht, weil es keine räumlich strukturierten sozialen Gegebenheiten geben kann, wohl aber (über Handlungen) sozial definierte räumliche Gegebenheiten.

Ein wichtiger Punkt in diesem Zusammenhang ist das Verhältnis zwischen dem im Namen des Kollektivs sprechenden Subjekt und den anderen Mitgliedern einer sozialen Einheit als identitätsstiftendes Moment. Bourdieu (1985, 37) nennt dies das "Geheimnis des Transsubstantiationsprozesses, worin der Wortführer die Gruppe wird, für die er spricht", und das es zu analysieren gilt. Dieses "Mysterium des Ministeriums" kann nach Bourdieu nur aufgebrochen werden, wenn man den historischen Prozeß rekonstruiert, in dem der Wortführer zur "Repräsentation, kraft deren der Repräsentant die Gruppe darzustellen (legitimiert wird), die ihn erstellt" (Bourdieu, 1985, 37f.). Oder in anderen Worten ausgedrückt: Wir müssen analysieren, wie jemand sich das Recht erwerben kann, im Namen der Gruppe zu sprechen, und zudem müssen wir abklären, welche sozialen

20 Melucci (1989, 35) hält für die Konstitution kollektiver Identität drei Aspekte für zentral: "Considering as a process, collective identity involves at least three fundamental dimensions which are in reality closely interwoven: first, formulating cognitive frameworks concerning the goals, means and environment of action; second, activating relationships among actors, who communicate, negotiate and make decisions; and third, making emotional investments, which enable individuals to recognize themselves in each other"; vgl. zudem auch Melucci, 1989, 217.

Konsequenzen die Tatsache in sich birgt, wenn jemand im Namen der Gruppe, eines Kollektivs, einer sozialen Bewegung spricht und handelt.

Für Bourdieu ist nun entscheidend, daß der Wortführer für die Gruppe steht, diese repräsentiert und die Gruppe "nur dank dieser Bevollmächtigung Dasein hat. (...) Die Gruppe wird durch den erstellt, der in ihrem Namen spricht" (1985, 38). Die Idee der Gruppe als Einheit überlebt demgemäß aufgrund der Personifikation des Repräsentanten als die Gruppe selbst. Mittels dieser Form von fiktiver Repräsentation wird es der Gruppe ermöglicht, wie "ein Mann" zu sprechen und zu handeln, und damit entreißt sie jedes einzelne Mitglied "dem Zustand von isolierten Individuen. (...) Dafür ist ihm (dem Repräsentanten, B. W.) das Recht übertragen, sich für die Gruppe zu halten, so zu sprechen und zu handeln, als sei er die menschgewordene Gruppe: 'L'Etat c'est moi', 'die Gewerkschaft meint daß...'" (Bourdieu, 1985, 38).

Das Geheimnis hat somit darin seinen Ursprung, daß sich ein Subjekt, eine Person, im Rahmen einer sozialen Konstruktion in etwas verwandelt, was es oder sie gar nicht sein kann. Ein Einzelner wird als Repräsentant (Minister, Abgeordneter usw.) zu dem, was er repräsentiert (Staat, Partei usw.), weil er damit von denen, die er vertritt, identifiziert wird. Und was er repräsentiert, erlangt seine Existenz als Einheit nur durch den Akt der Repräsentation. "Seinen Höhepunkt hat das 'Mysterium' dann erreicht, wenn die Gruppe nur durch den Akt der Delegation an eine Person existieren kann, diese ihr Dasein verleiht, indem er für sie spricht: für sie und an ihrer Stelle" (Bourdieu, 1985, 38). Damit schließt sich der magische Zirkel: Die Gruppe besteht als Einheit durch den, "der in ihrem Namen spricht und darin zugleich als Fundament der Macht erscheint, die er über die ausübt, auf welche diese Macht doch tatsächlich zurückgeht. In dieser zirkulären Beziehung wurzelt die charismatische Illusion, die bewirkt, daß am Ende der Wortführer als causa sui erscheint: in den Augen der anderen wie in den eigenen" (Bourdieu, 1985, 38).

Und in diesem Transsubstantiationsprozeß von Repräsentant und Repräsentiertem liegt denn auch häufig der Grund für die Fetischisierung der sozialen Welt anhand von Kollektiven als handlungsfähige Subjekte. Die dem Repräsentanten zugeordneten Eigenschaften erscheinen im Charisma gleichzeitig als objektive Fähigkeit der repräsentierenden Person, als "namenloses Geheimnis", wie sich Bourdieu ausdrückt.

Bourdieus Argumentation trägt also dazu bei, den Prozeß der Identitätsstiftung im Rahmen sozialer Bewegungen mindestens hypothetisch besser auszuleuchten. In bezug auf regionale Bewegungen bleibt aber dann noch genauer abzuklären, auf welche Argumente sich die Sprecher beziehen und in welcher Form die regionalistische Argumentation identitätsstiftend wirken kann.

Aufgrund der bisher vorgestellten Argumentation besteht die Gesellschaft aus Handlungsfolgen, und nur Individuen im Sinne von Akteuren, nicht aber Gruppen, soziale Bewegungen oder soziale Klassen als solche können über Ziele verfügen. In diesem Sinne bilden Handlungen und Handlungsergebnisse die primär zu erforschenden Gegebenheiten handlungsorientierter Sozialwissenschaften. "Strukturen" oder "Kollektive" können aus methodologischen Überlegungen als (sekundäre) Forschungsobjekte betrachtet werden. Ihnen kann aber keine eigene Wirkkraft beigemessen werden. Eine generative Kraft kommt nur den Handlungen zu. Und Handlungen weisen immer mindestens eine sozial-kulturelle (insbesondere institutionelle), eine subjektive und eine physisch-biologische (körperliche) Komponente auf.

Damit wird die Existenz des Gesellschaftlichen nicht bestritten, aber dieses wird als das unintendierte/intendierte Ergebnis der Handlungen betrachtet, die von Akteuren zu einem früheren Zeitpunkt mit bestimmten Intentionen und unter den damaligen spezifischen sozialen Bedingungen vollbracht wurden. Und diese Handlungsfolgen sind gleichsam die Bedingungen und Mittel aktuellen Handelns in Form von Wissen, institutionellen und organisatorischen Gegebenheiten sowie materiellen Artefakten. Insbesondere die über institutionelle Positionen an Positionsinhaber gerichteten Erwartungen sind von großem (begrenzendem und ermöglichendem) Einfluß für alle in diesem Kontext von einzelnen Subjekten hervorgebrachten Handlungen.

Aber es sind nicht die Positionen, die handeln, wie dies Althusser/Balibar (1970, 180) mindestens implizit behaupten. Im Gegenteil, die Definitionen der Positionen sind Folgen von Handlungen, die von Akteuren zu einem früheren Zeitpunkt mit bestimmten Absichten unter bestimmten Bedingungen unternommen wurden, und wie jede Handlungsfolge können auch diese einen quasi-objektiven Status erlangen und sind in den meisten Fällen nur sehr schwierig zu verändern. Aber sie sind veränderbar! Die jüngste (ost-)europäische Geschichte ist wohl das eindrucksvollste Beispiel dafür. Hier gestalteten die Aktivitäten der Mitglieder sozialer Bewegungen die soziale Wirklichkeit auf radikale Weise um.

Andere (außerparlamentarische, politische usw.) Aktivitäten haben weniger spektakuläre Ergebnisse zur Folge. Das heißt aber nicht, daß die "Logik" der Produktion und Reproduktion sozialer Wirklichkeit eine andere ist. Oder mit den Worten von Melucci (1989, 208f.) ausgedrückt: "In complex societies (...) actors become aware that changes in everyday life have institutional effects (...). (Social) reality in complex societies is the resultant of powerful organizations which attempt to define the meaning of reality and actors and networks of actors who use the resources of these same organizations to define reality in novel ways."

Mit dem revidierten methodologischen Individualismus wird grundsätzlich auch die Auffassung vertreten, daß empirisch gehaltvolle makroanalytische Aussagen der Sozialwissenschaften auf Aussagen über Handlungsregelmäßigkeiten und deren Folgen zurückführbar sein müssen. Strenger formuliert: Hypothesen über gesamtgesellschaftliche Regelmäßigkeiten können nur dann einen Wahrheitsgehalt aufweisen, wenn ihnen auf der Mikro-Ebene Regelmäßigkeiten des Handelns und dessen ebenso regelmäßige (unbeabsichtigte/beabsichtigte) Folgen entsprechen. Trifft dies nicht zu, so können die makro-analytischen Aussagen, wie etwa jene der Nationalökonomie, der strukturtheoretischen Soziologie usw., konsequenterweise nur Aussagen über Kollektiv-Subjekte machen.

Solange diese Forschungen aber den Grundprinzipien des revidierten methodologischen Individualismus verpflichtet bleiben, das heißt in den Kategorien der Handlungstheorie betrieben werden und ihre Einheiten als statistische Aggregierungen, nicht aber als hypostasierte Ganzheiten mit eigenen Zielen betrachtet werden, kann dagegen gemäß der hier vertretenen Auffassung nichts eingewendet werden. In diesem Sinne ist denn auch die Redeweise vom "Staat", der "Weltbank" usw. zu rechtfertigen, wenn diese Begriffe jeweils als eine Art (diskursives) Kommunikations-"Kürzel" für ein typisches Set von Zielen, Handlungen, die unter bestimmten typischen sozialen Gegebenheiten zu verwirklichen versucht werden, und Handlungsfolgen gemeint sind. Wenn damit aber eine besondere soziale Entität mit eigenem beziehungsweise besonderem Bewußtsein und entsprechender Handlungsfähigkeit gemeint sein sollte, dann sind diese Ausdrücke allerdings nicht haltbar. Was dementsprechend auch nicht akzeptiert werden kann, ist die Behauptung, daß gesellschaftliche Prozesse allein von "makroskopischen Aspekten" (Brodbeck, 1975, 216) abhängen, wie das die holistische Argumentation immer wieder vorgibt, empirisch bisher aber nicht nachweisen konnte. Ebensowenig ist die Behauptung haltbar, daß soziale Kollektive die Ziele der Handlungen im kausalistischen Sinne völlig determinieren. Akzeptiert man die Postulate des revidierten methodologischen Individualismus als allgemeine Forschungsprinzipien, dann stellen die Handlungen von Individuen, deren beabsichtigten und unbeabsichtigten Folgen sowie die daraus resultierenden Problemsituationen die zu erklärenden Sachverhalte der Sozialwissenschaften dar. In die Erklärung eingeschlossen wird der Einfluß der Institutionen auf Handlungen, der ebenso zum objektiven Zwang werden kann, wie alle weiteren Makro-Aspekte der Gesellschaft.

Hinsichtlich der von Lukes und Giddens formulierten Kritik am sogenannten "methodologischen" Individualismus, sind nun nach Aufarbeitung des Hintergrundes und der Explizierung der zentralen Postulate des revidierten methodologischen Individualismus differenzierte Vergleichskriterien verfügbar. Die Ergebnisse des darauf aufbauenden Vergleichs können wie folgt dargestellt werden:

ad b1 Dem Postulat – nur Individuen können handeln – kann, wie es auch Giddens tut, weiterhin zugestimmt werden. Es ist das einzige Postulat, das tatsächlich mit dem revidierten methodologischen Individualismus in Übereinstimmung zu bringen ist und somit keine Verwechslung mit dem ontologischen Individualismus im oben erläuterten Sinne darstellt.

ad b2 Gemäß dem revidierten methodologischen Individualismus sind nicht nur Individuen im Sinne von Akteuren real – wie dies der traditionelle methodologische Individualismus postuliert –, sondern ebenso soziale Institutionen und Kollektive. Lukes Behauptung stellt das zentrale Postulat des ontologischen, nicht aber des methodologischen Individualismus dar. Die Kritik von Giddens wird damit hinfällig.

ad b3 Aussagen über soziale Phänomene lassen sich gemäß der revidierten Fassung nicht ohne Bedeutungsverlust auf psychische oder physiologische Eigenschaften von Individuen zurückführen, sondern vielmehr auf Eigenschaften von Handlungen, die aber jeweils unter bestimmten sozialen und physischen Bedingungen hervorgebracht werden. Und Handlungen weisen immer mindestens eine sozio-kulturelle, subjektive und physische Komponente auf. Der besondere Charakter des revidierten methodologischen Individualismus bezieht sich denn auch auf die Berücksichtigung dieser drei Aspekte. Da die Existenz der sozialen Welt nicht geleugnet wird, kann man auch betonen, daß Handlungen von Akteuren immer auch vom Sozialen beeinflußt werden, und zwar meistens in der Form von unbeabsichtigten/beabsichtigen Folgen von Handlungen, die Einzelne zu einem früheren Zeitpunkt und dessen spezifischen sozialen Bedingungen hervorgebracht haben. Die Kritik von Giddens am "methodologischen" Individualismus wird somit auch in diesem Punkt hinfällig, weil sie sich bei genauerer Betrachtung ebenfalls auf den ontologischen Individualismus bezieht.

ad b4 Sozialwissenschaftliche Gesetze, falls sie im Sinne von naturwissenschaftlichen Gesetzen definiert sein sollten, können im Sinne des revidierten methodologischen Individualismus gar nicht aufgedeckt werden, weil die soziale Welt auf andere Weise konstituiert ist, als die (unbelebte) Natur. Da behauptet wird, daß die soziale Welt aus nichts anderem besteht als aus beabsichtigten und unbeabsichtigten Handlungsfolgen und menschliches Handeln als im kausalistischen Sinne indeterminiert begriffen wird, kann man nicht gleichzeitig behaupten, daß kausale Gesetzmäßigkeiten aufgedeckt werden könnten. Die soziale Welt wird vielmehr – und ganz im Sinne von Giddens – als eine vorinterpretierte Welt begriffen.

Was man demgegenüber für auffindbar hält, sind soziale Regelmäßigkeiten. Diese Möglichkeit wird aber nicht von psychischen Dispositionen abhängig gemacht, wie das für den ontologischen Individualismus charakteristisch ist, sondern von dem Vorhandensein von Regelmäßigkeiten des Handelns unter bestimmten sozialen und physischen Bedingungen. Und die Existenz von Handlungsregelmäßigkeiten wird damit begründet, daß die Akteure größtenteils im Rahmen von sozialen Institutionen handeln und ihr Bewußtsein ebenso wie ihr Wissen von der sozialen Welt geprägt beziehungsweise sozialisiert ist. Der Vorwurf des Reduktionismus ist somit für den ontologischen, nicht aber für den revidierten methodologischen Individualismus berechtigt.

Damit dürfte die Kritik von Lukes und Giddens in einen angemesseneren Zusammenhang gestellt sein: Die negativen Aspekte betreffen, im Sinne der hier vorgestellten Argumentation, allein den ontologischen, nicht aber den revidierten methodologischen Individualismus. Die Aussage von Giddens: "Ich vertrete nicht den Standpunkt, der dem methodologischen Individualismus nahesteht" ist gemäß der hier geführten Argumentation abzuändern. Seine Ablehnung bezieht sich eigentlich gar nicht auf den *methodologischen* Individualismus im hier verstandenen Sinne. Sie richtet sich vielmehr gegen den *ontologischen* Individualismus!

1.5 Analytischer Marxismus

Mit "Analytischem Marxismus" wird jener sozialwissenschaftliche Ansatz bezeichnet, dem es darum geht, der marxistischen Analyse eine neue Basis zu gebe. Ziel ist es, die von Marx angesprochenen Themen mit analytischen Mitteln zu untersuchen, um so die methodologischen Widersprüche, wie zum Beispiel jene besonderen (problematischen) Erklärungen, bei denen Folgen angeführt werden, um Ursachen zu erklären, die funktionalistischen Schwächen und historizistischen Kurzschlüsse des traditionellen Marxismus überwinden zu können.[21]

Der revidierte methodologische Individualismus scheint auf den ersten Blick mit jener Konzeption von John Elster (1982; 1985; 1988; 1989a; 1989b) im Rahmen seines Analytischen Marxismus deckungsgleich zu sein. Denn Elster (1988, 22) versteht unter methodologischem Individualismus eine Sicht der Gesellschaft, dergemäß alle Institutionen, Verhaltensmuster und soziale Prozesse prinzipiell nur durch Individuen, deren Handeln, Eigenschaften und Beziehungen in Form eines Reduktionismus erklärt werden können: "It is a form of reductionism, which is to say that it enjoins us to explain complex phenomena in term of their simpler components" (Elster, 1988, 22). Oder noch deutlicher: "By methodological individualism I mean the doctrine that all social phenomena (their structure and their change) are in principle explicable only in terms of individuals – their properties, goals and beliefs" (Elster, 1982, 453).

21 Vgl. dazu Cohen, G.A., 1989, 88; Callinicos, 1989, 2ff.; Elster, 1982, 453ff. und 1989b, 49ff.

Aus diesen Definitionen leitet er schließlich die These ab, daß alle haltbaren Behauptungen von Marx mittels spieltheoretischen Kategorien, die auf jenen des methodologischen Individualismus – wenn auch in besonderer Weise – aufbauen, reformuliert und der ökonomischen wie politischen Praxis zugänglich gemacht werden können. Bei genauerer Betrachtung ergeben sich aber im Vergleich zur bisherigen Darstellung des methodologischen Individualismus zwei wichtige Abweichungen.

Die Formulierung "only in terms of individuals..." ist von einem handlungstheoretischen Standpunkt aus mindestens als irreführend zu betrachten. Denn hier werden zwei zu differenzierende Behauptungen gleichgesetzt: die Behauptung nämlich, daß nur Individuen handeln können und die Behauptung, daß Handlungen in individuellen Kategorien ausreichend beschrieben und erklärt werden können. Der ersten Behauptung kann im Rahmen der hier vertretenen Argumentation unter der Voraussetzung vollständig zugestimmt werden, daß Individuen als Akteure, als Handelnde begriffen werden. Dies impliziert aber nicht eine Zustimmung zur zweiten Behauptung.

Freilich ist bei den meisten Handlungen der subjektive Aspekt von Bedeutung. Aber bereits die Tatsache, daß das subjektiv verfügbare Wissen, das Handlungen zugrunde liegt, zum größten Teil sozialisiertes Wissen ist, reicht zur Ablehnung der zweiten Behauptung von Elster ebenso aus wie Taylors (1971, 32) Kritik, daß es keiner Form des methodologischen Individualismus gelingen könne, "intersubjektives Wissen" angemessen zu konzeptualisieren, weil es in dessen Kategorien nie möglich wäre, von einem Subjekt auszugehen, das ebensosehr ein "wir" wie ein "Ich" sein kann. Diese These und Giddens' (1982a, 534) Zustimmung zu ihr ist nur dann plausibel, wenn man mit "methodologischem Individualismus" einen "ontologischen Individualismus" im Sinne von Jarvie meint.

Das sozialisierte Wissen ermöglicht es nämlich, intersubjektiv gültige Konstitutionen der sozialen Wirklichkeit vorzunehmen, was mit der hier vorgestellten Fassung des revidierten methodologischen Individualismus nicht in Widerspruch steht. Denn es kann nur dann betont werden, daß der institutionelle Kontext für die Handlungserklärungen von zentraler Bedeutung ist, wenn man gleichzeitig ein intersubjektives Wissen von ihnen voraussetzt. Und die Sozialisierung von Wissen setzt keine sozialen Totalitäten voraus, sondern vielmehr Subjekte, die miteinander interagieren und sich dabei auf einen allgemeineren sozialen Kontext im Sinne eines Wissens- und Erfahrungsschatzes beziehen, der selbst – zu einem früheren Zeitpunkt – von Akteuren als beabsichtigte und unbeabsichtigte Handlungsfolgen generiert wurde. So gesehen würde der "methodologische Individualismus" nur dann einen Reduktionismus implizieren, wenn man im Rahmen dieser Konzeption Handlungen allein unter Bezugnahme auf individuelle Komponenten erklären wollte und die sozialen Komponenten außer acht lassen würde.

Im hier verstandenen, revidierten Sinne, ist mit ihm aber kein Reduktionismus verbunden, weil er allein als eine methodologische Entscheidung zu verstehen ist, die natürlich auch Urteile über die Ontologie der sozialen Wirklichkeit enthält, aber nicht in dem Sinne, daß Gesellschaft allein in individuellen Begriffen beschrieben und erklärt werden kann. Elsters These, daß es der methodologische Individualismus erlaubt, "komplexe Phänomene in Form ihrer einfacheren Komponenten zu erklären", wird damit hinfällig.

Berücksichtigt man nämlich nicht nur die individuellen Aspekte – was auch zu völlig unangemessenen Erklärungen führen würde –, dann sind die Handlungen nicht in jedem Falle als die "einfacheren Komponenten" von etwas "Komplizierteren" zu betrachten. In ihnen findet das soziale Universum ihren Ausdruck. Unter Bezugnahme auf Handlungen kann das Soziale transparent gemacht werden, ohne daß man damit einem unhaltbaren Reduktionismus verfallen muß. "Handlungen" sind als "Fokussierungen" der mannigfaltigen Wirklichkeiten der sozialen Welt zu begreifen. Und so kann auch davon ausgegangen werden, daß in ihnen und über sie die soziale Wirklichkeit ihren Ausdruck findet.

Die Folgerung aus der zweiten Behauptung schließlich, daß der Marxismus (und konsequenterweise auch alle makro-analytischen Ansätze der Gesellschaftsforschung) auf die Spieltheorie reduziert werden können, ist demgemäß auch nicht haltbar. Denn die Kategorien der Spieltheorie sind zu begrenzt, um der Vielfalt der sozialen Wirklichkeit gerecht zu werden.[22] Zwar weist der spieltheoretische Ansatz gegenüber funktionalistischen, strukturalistischen, historisch-materialistischen und anderen holistischen Konzeptionen der sozialen Wirklichkeit zahlreiche Vorteile auf.[23] Die drei wichtigsten sind wohl, daß erstens die Bedeutung von Handlungen für die

22 Damit wird natürlich auch nicht gleichzeitig behauptet, daß die marxistischen Kategorien in jeder Beziehung die angemessenen wären.

23 Vgl. dazu Giddens, 1982a, 532.

soziale Welt betont wird; zweitens, daß die Subjekte nicht als Spielbälle von Kräften gesehen werden, die jederzeit völlig außerhalb ihrer Reichweite liegen und schließlich drittens, daß man in der Lage ist, intendierte von unintendierten Folgen des Handelns zu unterscheiden und gleichzeitig betonen kann, daß die unbeabsichtigten Folgen in verschiedenster Beziehung zu den beabsichtigten stehen können.

Doch Elster scheint zu übersehen, daß der spieltheoretische Ansatz in der Tradition des zweckrationalen Handlungsmodells steht und damit weitgehend dessen Schwächen teilt, wenn man es im Horizont eines umfassenderen Verständnisses der Handlungstheorie beurteilt. Zwar weist die spieltheoretische Variante gegenüber der entscheidungstheoretischen Variante – die ebenfalls aus den Kategorien des zweckrationalen Modells heraus entwickelt wurde[24] – den Vorteil auf, daß interaktive Bezüge stärker berücksichtigt werden. Allerdings werden diese dann allein in strategischen Kategorien "fruchtbar" gemacht.[25] Daneben bleiben aber alle Schwächen des zweckrationalen Modells bestehen:[26] Normen und Sinnkonstruktionen werden beim zweckrationalen Eingreifen in die soziale Welt unbefragt vorausgesetzt. Oder wie es Giddens (1982a, 535) etwas vage formuliert, sind solche Handlungskonzeptualisierungen ebenso beschränkt wie jene Situationen, für welche die spieltheoretischen Modelle eine gewisse Relevanz haben. Das sind meist solche Kontexte, in welchen (potentielle) Abläufe des Handelns bewußt abgewägt und strategische Entscheidungen zwischen diesen getroffen werden können.[27]

In spieltheoretischen Modellen – so kann die Kritik zusammengefaßt werden – wird die soziale Welt vorausgesetzt, zum Bereich der Intervention in ingenieurwissenschaftlicher Manier,[28] zum Feld "instrumentellen Aktivismus" (Lyotard, 1986, 142) erklärt und nur extrem selektiv zum Thema gemacht. So gesehen führt Elsters Interpretation schließlich zur Verstärkung des Ökonomismus innerhalb der Marxschen Lehre und kann lediglich den Tendenzen des ontologischen Holismus und der damit verbundenen finalistisch-deterministischen Geschichtsauffassung Gegensteuer geben.

24 Vgl. Werlen, 1988a, 116–122.
25 Vgl. Habermas, 1981, 127, 131f. und Höffe, 1984; 1980, 21ff.
26 Vgl. ausführlicher Werlen, 1988a, 122–130.
27 Vgl. dazu Giddens, 1982a, 535.
28 Vgl. Werlen, 1988b.

In bezug auf die Rationalitätsthese[29] ist zudem genau zu beachten, daß Subjekte im empirischen Sinne nicht immer rational handeln können, sondern bloß im formalen Sinne, das heißt, daß sie auf logisch gültige Weise von ihrem allgemeineren Wissen und in bezug auf ihr Ziel des Handelns auf die Besonderheiten der Situation schließen. Dieses Rationalitätsprinzip ist – als idealtypische Annahme – in das Modell des Handelnden aufzunehmen. Um aber sozialwissenschaftlich der sozialen Wirklichkeit gerecht werden zu können, darf sich das Rationalitätsprinzip nicht nur auf strategisch relevante Gegebenheiten beziehen.[30]

In bezug auf das Verhältnis von Mikro- und Makroanalyse stellt Roemer (1982, 513ff.) die Frage, welche Bedeutung Klassenkämpfen im Rahmen der Erklärung sozialer Prozesse beizumessen ist. Für Marx bildet der Klassenkampf in Verbindung mit sogenannten historischen Gesetzen bekanntlich das Kernstück seiner historisch-materialistischen Transformationstheorie der sozialen Welt.

Roemer geht nun in seiner Diskussion vom sozialen bzw. "historischen Wandel" davon aus, daß eine Aufrechterhaltung dieser Konzeption neben der Klärung des Klassenbegriffs vor allem auch einer Erläuterung des Bedeutungsgehalts des Ausdrucks "historische Gesetze" bedarf. Der methodologische Individualimus ist für Roemer (1982, 156) in diesem Zusammenhang von höchster Bedeutung. Denn unser Verständnis von historischen Gesetzen ist nicht ausreichend genau, um historische Erklärungen unabhängig vom Verlaufsmuster von Tätigkeiten postulieren zu können. Und die Erklärung von Ablaufsmustern setzt eine mikro-analytische Theorie der Interaktionen handelnder Subjekte voraus.[31]

Sind die Prinzipien der Interaktions- und Handlungsweisen sowie deren Bedingungen bekannt, dann kann hypothetisch wohl von einer gegebenen

29 Vgl. Agassis Gegenüberstellung von Holismus und Individualismus in Abschnitt 1.3. Die dort formulierte These der Rationalität wird in der Spieltheorie so interpretiert, daß Akteure im empirischen Sinne rational handeln (vgl. dazu ausführlicher Elster, 1981, 244ff. und 1982, 463ff.). Das empirische Rationalitätspostulat ist aber scharf von der formalen Rationalität zu unterscheiden. "Empirisch rational" würde bedeuten, daß nicht nur ein logisch korrekter Schluß vollzogen wird, sondern daß zusätzlich auch die Ausgangsprämisse empirisch gültig bzw. eine perfekte Information verfügbar wäre. Es dürfte klar sein, daß diese zweite Bedingung sehr häufig nicht gegeben ist.

30 Vgl. dazu ausführlicher Popper, 1967, 143ff.

31 Vgl. dazu Roemer, 1982, 516.

Situation aus auch auf zu erwartende Entwicklungen geschlossen werden. Dann noch von "historischen Gesetzen" sprechen zu wollen, ist aber wenig sinnvoll, weil "Gesetz" ja letztlich immer eine kausalistisch-deterministische Konnotation aufweist und deshalb nicht nur dem Ausdruck "historisch" widerspricht, sondern insgesamt als irreführender Begriff auszuweisen ist. Im Sinne der hier vorgeschlagenen Konzeption wäre es angemessener, von Handlungsregelmäßigkeiten unter bestimmten historischen Bedingungen zu sprechen. So kann die Suche nach allgemeinen Prinzipien des Handelns gerechtfertigt werden. Die Handlungsverwirklichungen ihrerseits können dann je nach den historischen Bedingungen des Handelns durchaus Variationen erfahren.

Es würde sicher zu weit führen, hier den marxistischen Klassenbegriff ausführlich analysieren und besprechen zu wollen,[32] nicht zuletzt auch deshalb, weil Marx nirgends eine formale Definition dieses Begriffs liefert und dementsprechend die gesamte Diskussion dieses Konzeptes höchst kontrovers geführt wird. Doch sollen in bezug auf den Gesamtzusammenhang der hier geführten Auseinandersetzung einige allgemeine Überlegungen erlaubt sein.

Bekanntlich stellt gemäß Marx' normalem Sprachgebrauch eine "Klasse" eine Anzahl von Personen dar, die im Rahmen der kapitalistischen Produktionsbedingungen dasselbe Verhältnis zu den Produktionsmitteln aufweist: als produktionsmittel-besitzende oder -besitzlose "Gruppe", unabhängig davon, ob die der Klasse angehörenden Personen sich ihrer ökonomischen Situation bewußt sind oder nicht und ob sie ein Interesse daran haben, diese zu verändern und entsprechend handeln oder nicht. Dies nannte Marx bekanntlich die "Klasse an sich".

Soweit ist dieses Verfahren der Gesellschaftsanalyse nichts anderes als ein analytisches Klassierungsverfahren anhand der Kategorien "Produktionsmittel" und "Besitz". Dies ist aber eine Kategorisierung im Rahmen einer "objektiven Perspektive",[33] das heißt allein unter Bezugnahme auf die objektiven Bedingungen der ökonomischen Situation des Handelns und insbesondere ohne Bezugnahme auf die subjektiven Sinnkonstitutionen durch die Akteure. Mit anderen Worten: Eine vom Wissenschaftler der sozialen Welt auferlegte Klassifizierung im Hinblick auf bestimmte analyti-

32 Vgl. dazu beispielsweise die zusammenfassende Darstellung und Diskussion in Giddens, 1984b, 25–119.

33 Vgl. dazu Werlen, 1988a, 36ff.

sche Zwecke. Für Raymond Aron (1965, 15) heißt das, daß die Klasse nichts als Objekt für einen anderen und somit reine Repräsentation ist.[34]

Doch es ist ebenso bekannt, daß Marx einen Schritt weiter ging und diese "sozialen Kategorien"[35] nur dann für wirkliche Klassen in seinem Sinne hält, wenn diese sich ihrer Situation in bezug auf die Produktionsverhältnisse bewußt sind, ein gemeinsames Interesse zu ihrer Veränderung vorhanden ist und schließlich im Sinne des Klassenkampfes eine Veränderung bewirkt wird, zu einer klassenlosen Gesellschaft. Die Klasse existiert in diesem Sinne "für sich". Die Behauptung: "Die Geschichte aller bisherigen Gesellschaft ist die Geschichte von Klassenkämpfen" (MEW, Bd. 4, 462), ist schließlich auch im Lichte dieser Konstruktion zu interpretieren. Nur Klassen, die "für sich" existieren, sind in der Lage, ein Bewußtsein aufzuweisen, das die Voraussetzung für die (revolutionäre) Veränderung der gesellschaftlichen Situation bildet: Die Klasse existiert gemäß Aron als Wesen an sich oder als Wille![36]

Von der analytischen Kategorisierung ausgehend, das heißt von einer Unterscheidung von Akteurgruppen – in bezug auf deren ökonomische Situation – im objektiven Sinne, wird diese in einem weiteren Schritt mit mindestens einer der zwei folgenden Behauptungen verbunden: Entweder, daß erstens diese Akteure genau das Bewußtsein von der Situation hätten, das sie gemäß der Theorie haben sollten, bzw. daß ihr Bewußtsein von der objektiven Situation induziert wird; oder zweitens, daß diese sozialen Kategorien Kollektive darstellen, die als solche "für sich" handeln können.

Das Kollektiv, die Klasse, wird so zu einem eigenständigen Ding, zu einer quasi-autonomen Entität, was einem Reifikationsprozeß kollektiver Handlung gleichkommt. Nicht einzelne Subjekte handeln zur Erreichung eines gemeinsamen Ziels usw. und können hinsichtlich dieser Handlungen mit einer gemeinsamen Bezeichnung versehen werden ("Proletariat" usw.), sondern die Konstruktion soll dann "für sich" Handlungsfähigkeit erlangen. Wenn dies zutreffend wäre, dann müßte das Kollektiv zwar "für sich" handeln können, die Akteure aber, aus denen das Kollektiv besteht, wären

34 Die Referenzstelle weist foldenden Wortlaut auf: "La classe n'est comme objet pour un autre, donc elle n'est comme représentation" (Aron, 1965, 15).

35 Vgl. dazu ausführlicher Werlen, 1993g.

36 Der Referenztext lautet wie folgt: "La classe (existe) en tant qu'être ou en tant que volonté" (Aron, 1965, 15).

selbst nicht handlungsfähig. Die "Handlung des Kollektivs" wird von Akteuren ohne eigene Handlungsfähigkeit generiert!

Der "Übergang" von logisch-analytischer zu handlungsfähiger Klasse im Sinne von Marx blieb – obwohl zahlreiche politische Praktiken eigentlich nur aufgrund der Gültigkeit dieses Schrittes legitimiert werden könnten – analytisch immer unbegründbar. Von Wittgenstein (1984, BGM, § 36) wird – wenn auch in einem anderen Zusammenhang formuliert – der Grund für die Unannehmbarkeit dieser Konstruktion anhand der folgenden Analogie offensichtlich gemacht: "Die Klasse der Löwen ist doch nicht ein Löwe, die Klasse der Klassen aber eine Klasse". Damit werden die Implikationen zum Ausdruck gebracht, die dieses Umschlagen in der Interpretation gesellschaftlicher Verhältnisse mit sich bringt: Es verlangt nach einer Hypostasierung einer analytischen Kategorie, mit der implizit behauptet wird, daß eine Kategorie – Besitz bzw. Besitzlosigkeit von Produktionsmitteln – alle übrigen Eigenschaften von Akteuren determiniert und daß die Zugehörigkeit zu einer Klasse die Ziele der jeweiligen Mitglieder bestimmt. Oder wie sich Touraine (1965, 48) in "Sociologie de l'action" ausdrückt: "Le pouvoir de classe s'exerce sur l'homme plus encore que sur son activité et le produit de son travail".[37]

Zusammenfassend kann festgehalten werden: Soziales existiert in Handlungen und als Handlungsfolgen. Handeln können zwar nur Individuen im Sinne von Akteuren, aber deren Handlungen sind nicht nur Ausdruck individueller organischer und psychischer Merkmale und Fähigkeiten. Handlungen sind immer – wenn auch nicht im kausalistisch-deterministischen Sinne oder im Sinne historischer Gesetze – Ausdruck der bestimmten vorgegebenen sozialen, ökonomischen und physisch-weltlichen Bedingungen, unter denen sie hervorgebracht werden.

Den historischen Wandel in der Perspektive des revidierten methodologischen Individualismus begreifen zu wollen, bedeutet zunächst einmal, ihn als das Ergebnis der Auseinandersetzung der Akteure mit ihren Bedingungen des Handelns und im Zusammenhang mit deren Lebensvorstellungen zu interpretieren.

37 "Die Macht der Klasse wirkt noch mehr auf den Menschen als auf seine Tätigkeit und das Produkt seiner Arbeit." Übersetzung von B.W.

1.6 Handlungtheoretische Gesellschaftskonzeption

Die Vorschläge, die Giddens im Hinblick auf den "dritten Weg" macht[38] und die sich im wesentlichen auf die Betonung der Kompetenz der Laien beziehen, und die Auffassung, daß holistische Formulierungen im Sinne von "Die Regierung hat beschlossen ...", als kürzelhafte Darstellungen zu verstehen sind, sind alle Bestandteil der vorgestellten revidierten Fassung des methodologischen Individualismus. In dieser Hinsicht kann die vorgestellte Fassung des methodologischen Individualismus den Anforderungen des von Giddens ins Auge gefaßten "dritten Weges" sicher genügen. Ob es in Anbetracht der starken Besetzung des Ausdrucks "methodologischer Individualismus" im Sinne von ontologischem Individualismus weiterhin angebracht ist, von einem revidierten methodologischen Individualismus zu sprechen, ist allerdings eine andere Frage. Da Lukes' und Giddens' Verwendung dieses Ausdrucks – wie auch Elsters Beitrag zeigt – für die aktuelle angelsächsische Diskussion durchaus repräsentativ ist und von der deutschsprachigen immer mehr in diesem (irreführenden) Sinne übernommen wird,[39] scheint es, um zusätzlichen Verwechslungen zu entgehen, angebracht, dafür die Bezeichnung "Methodologischer Dualismus" vorzuschlagen. Mit ihr soll eine handlungstheoretische Gesellschaftskonzeption umschrieben werden.

Für Giddens (1979, 95) bleiben vor allem die Ausdrücke "Individuum" und "Kollektiv" problematisch. In bezug auf "Individuum" kritisiert er vor allem, daß in der gesamten themenrelevanten Literatur so getan wird, als ob dieser Begriff keiner weiteren Erläuterung bedürfte. Dem wäre aber nur so, solange man unter "Individuum" nichts anderes verstehe, als den menschlichen Organismus. Für das Projekt "Handlungstheorie" wäre dies aber kein haltbares Vorgehen: "Formulating a theory of action in the social sciences demands theorizing the human agent" (Giddens, 1982a, 535).

Dieser Einwand ist zwar für die hier vorgestellte Fassung nicht mehr relevant, weil im Vergleich zu den übrigen Positionen ein radikaler Blickwechsel vom "Individuum" zu "Handlungen" postuliert wird. Demgemäß wird Gesellschaftliches, die soziale Welt, nicht mehr als die Summe der Individuen begriffen, sondern als jene der Handlungen und deren (beabsich-

38 Vgl. Giddens, 1988a, 277–279.

39 Vgl. dazu als jüngstes Beispiel Treibel, 1994, 87ff., sowie vor allem auch Opp, 1979.

tigten/unbeabsichtigten) Folgen, die dann zu (beachteten/unbeachteten) Bedingungen des Handelns werden. Das, was traditionsgemäß als "individuell" bezeichnet wird, findet in der vorgestellten Konzeption als der subjektive Aspekt der Handlung Berücksichtigung. Für angemessene soziale Erklärungen ist aber nicht nur auf ihn Bezug zu nehmen. Giddens' Einwand verliert aber solange nicht vollständig seine Berechtigung, als in der Bezeichnung des Ansatzes der Ausdruck "Individualismus" bestehen bleibt. Denn es ist tatsächlich so, daß "Individuum" in aller Regel mit dem menschlichen Organismus zusammengedacht wird, so daß darin, mindestens implizit, ein mechanischer – oder eben organismischer – Atomismus konzeptionell und vorstellungsmäßig enthalten bleibt.

Ein Beispiel aus dem Werk eines prominenten Vertreters des methodologischen Individualismus soll diese Tendenz illustrieren. Obwohl Jarvie über weite Strecken scharf gegen den ontologischen Individualismus argumentiert, fällt er gelegentlich in dessen Kategorien zurück: "'Army' is merely a plural of soldier and all statements about the Army can be reduced to statements about the particular soldiers comprising the Army" (1959, 57). Dies ist genau ein Ausdruck des Reduktionismus, den Jarvie an anderer Stelle kritisiert und der das Resultat der Konzentrierung auf das Individuum und nicht auf die Handlungen individueller Akteure in Vergangenheit und Gegenwart ist. Der Reduktionismus klammert insbesondere die sozial-kulturelle Komponente der Handlungen aus und ist seinerseits Ausdruck des Gefangenseins in den Kategorien der mechanistischen Teil-Ganzes-Ideologie. Wie irreführend dies schließlich ist, kann damit zum Ausdruck gebracht werden, daß man Jarvies Argumentation auf den Kopf stellt und damit eine ebenbürtige Darstellung gewinnt. Man könnte nämlich mit ebenso gutem Grund behaupten, daß es nur aufgrund des Bestehens von Armeen möglich ist, von Soldaten zu sprechen.[40] Dies verweist zumindest auf die Bedeutung des sozialen Kontextes für jede einzelne Handlung innerhalb von Institutionen und Organisationen, die mit der Reduktion auf Individuen ausgeblendet wird.

Die Unterscheidung zwischen "Individualismus" und "Holismus" ist so gesehen in der marxistischen, funktionalistischen und strukturalistischen Diskussion ebensosehr wie in der behavioristischen und ökonomistischen als ein kaum haltbares Überbleibsel physikalistisch orientierter Vorstellun-

40 Vgl. dazu Lukes, 1977, 181.

gen der Sozialwissenschaften zu betrachten. Nach James (1984, 13ff.) ist der traditionelle Individualismus, im Bestreben dem Kriterium der Einfachheit von Theorien zu genügen, darum bemüht, den Nachweis einer Reduktionsmöglichkeit des komplexeren Sozialen (des Ganzen) auf das transparentere Individuelle (die Teile) zu erbringen.[41] Individuelle (organische und psychische) Dispositionen werden dabei als Reduktionsregeln und Erklärungsvariablen betrachtet. Nach dem Leitbild der Physik und dem Carnapschen Motto: "Weil die Sprache der Physik die Sprache der Wissenschaft ist, wird die gesamte Wissenschaft zur Physik" (Carnap, 1928, 101), wird angestrebt, die Eigenschaften von Körpern über die exakte Analyse der Atome erklären zu können.

Dieses Bestreben reicht historisch gesehen hinter den naiven und logischen Positivismus zurück und ist Ausdruck der mechanistischen Tradition der Sozialwissenschaften, die dem Vorbild der Naturwissenschaften zu folgen versuchen. Eigentlich ist dieses Postulat nichts anderes als die Weiterführung von Hobbes' (1839) methodologischen Überlegungen, die wie folgt lauten: "It is necessary that we know the things that are to be compounded before we can know the whole compound" (1839, 67) for "everything is best understood by its constitutive causes" (1839, xiv) and "the causes of the social compound (are) residing in men" (1839, 109). Oder wie es Watkins (1959, 505) ausdrückt: "The ultimate constituents of the social world are individual people."

James' Beobachtung ist in bezug auf die technischen Aspekte der Theoriebildung sicher zutreffend. Denn es dürfte tatsächlich so sein, daß erst im Rahmen des logischen Positivismus des Wienerkreises die Mittel verfügbar waren, ein solches Projekt ins Auge zu fassen, das heißt ein Projekt zu konzeptualisieren, in dem die Sozialwissenschaften dazu aufgefordert werden, dem Beispiel der Naturwissenschaften zu folgen. Daß aber gerade das Individuum dazu ausgewählt wurde, als "Atom" des Gesellschaftlichen betrachtet zu werden, muß tieferliegende Gründe haben. Denn wie bereits angedeutet, reicht diese Form des Individualismus historisch gesehen weit

41 Für James ist dies allerdings ein Erbe der analytischen Philosophie im Sinne von positivistischer Philosophie. Da es aber auch eine nicht-positivistische Analytische Philosophie gibt, greift diese Unterscheidung einerseits zu kurz und trifft andererseits nicht den Kern des Problems. Als unmittelbarer Ausdruck der neo-positivistischen Konzeption ist aber jedenfalls Hayeks (1952) Auseinandersetzung mit Holismus und Individualismus zu betrachten, die eine unmittelbare Übertragung der physikalischen Reduktionstheorie auf die soziale Welt darstellt.

hinter den Neopositivismus des Wienerkreises zurück. Um diesen Zusammenhang besser ausleuchten zu können, ist deshalb zuerst ausführlicher auf die Implikationen der Bezugnahme auf das Individuum als "Atom" des Gesellschaftlichen einzugehen.

Wenn man sich auf das Individuum als "Atom" der Sozialanalyse bezieht, bzw. der Teil-Ganzes-Dichotomie folgt, dann bedient man sich einer physikalisch-biologischen, nicht aber einer sozialen Kategorie, wie es für diesen Bereich eigentlich allein angemessen wäre. Die mechanistisch-biologistische Tradition der Sozialwissenschaften – von Mill über Comte, Durkheim bis zum Struktur-Funktionalismus – ist aber in bejahender oder ablehnender Haltung auf den Körper des Subjekts fixiert, um per se soziale Differenzierungen vorzunehmen. Hier liegt der Kern des reduktionistischen Gehaltes sowohl des ontologischen Individualismus wie des ontologischen Holismus. Wie kommt es nun aber, daß gerade das Individuum zur Basis der Konzeptualisierung der subjektiven Komponente menschlicher Tätigkeiten oder – genauer ausgedrückt – zum Gegenpol des Gesellschaftlichen erhoben wird?

Wie die Studien von Freud (1923) und Lacan (1978) zur Entwicklung des "Ich" darlegen, kommt dem Körper in der Ausbildung des Selbstbewußtseins, das schließlich jeder Form des Individualismus zu Grunde liegt, im Rahmen einer spezifischen "Organismus-Analogie" eine zentrale Bedeutung zu.[42] "Das Ich ist vor allem ein körperliches, es ist nicht nur ein Oberflächenwesen, sondern selbst die Projektion einer Oberfläche" (Freud, 1923, 253). Damit ist gemeint, daß sich das Selbstbewußtsein im Zusammenhang mit der Entdeckung der eigenen Körperlichkeit konstituiert, und zwar derart, daß von der Abgrenzbarkeit des Körpers auf die Abgrenzbarkeit des Bewußtseins geschlossen wird.

Lacan (1978) beschreibt dies in "Das Spiegelstadium als Bildner der Ich-Funktion", wobei er auf die psychoanalytische Entwicklungslehre zurückgreift. Die Ursprünge der Ich-Funktion werden dabei im frühesten Kindesalter (6.–18. Monat) festgelegt. Das in den Spiegel schauende Kind entwirft dabei – gemäß dieser Darstellung – "ein imaginäres Bild von der Gestalt seines Körpers. Es antizipiert eine somatische Einheit und identifiziert sich mit dieser, obwohl seine körperliche Kompetenz in diesem Stadium noch sehr mangelhaft (...) ist" (Pagel, 1989, 25). Das bewußtseinsmä-

42 Vgl. dazu auch Brennan, 1989 und 1993.

ßige Ich und die Ich-Identität sind demgemäß als eine Projektion der Wahrnehmung der Einmaligkeit des eigenen Körpers zu begreifen. Die Ich-Identität konstituiert sich so unter Bezugnahme auf den eigenen, sich selbst vorgestellten Körper. “Im faszinierenden Spiel zwischen Leib und imaginierter Leiblichkeit entwirft das Subjekt sein Ich als psychische Einheit” (Pagel, 1989, 26).

Die Wiedergabe dieser psychologischen Argumentation ist nicht als Basis für eine psychologistische Erklärung menschlicher Handlungen zu begreifen, sondern als eine Illustration, wie die Körperlichkeit der Akteure implizit zur Individualisierung ihres Selbstverständnisses und dessen häufigen Überbetonung in sozialen Erklärungsmustern führt. Wie später ausführlicher gezeigt wird, stellt die Körperlichkeit der Subjekte bei der Ausbildung des Bewußtseins – über die Sinnesgebundenheit der Wahrnehmungen – tatsächlich einen zentralen differenzierenden Aspekt dar. Doch es wäre ein verkürzender Fehlschluß, in diesem Zusammenhang davon auszugehen, daß Handlungen allein unter Bezugnahme auf diese individualisierende Komponente angemessen erklärt werden könnten.

Die Organismus-Analogie in der Ausbildung der psychischen Einheit könnte aber ein Grund für die Bezugnahme auf das Individuum im Hinblick auf die Gesellschaftsanalyse darstellen. Die ontologischen Individualisten, so könnte man überspitzt formulieren, gehen der eigenen Spiegelungstechnik auf den Leim und übertragen dieses Konzept dann auf die Gesellschaftsanalyse. J. St. Mills Behauptung: “Alle Gesetze der Phänomene der Gesellschaft sind Gesetze der individuellen menschlichen Natur. Menschen die zusammengebracht werden, verwandeln sich nicht in eine Substanz anderer Art”, kann in diesem Zusammenhang ebenso einer differenzierten Kritik zugänglich gemacht werden wie Thatchers Ausflug in die Sozialphilosophie, der nicht ohne Bezug zu ihren politischen Maximen ist: “So etwas wie Gesellschaft existiert gar nicht; es gibt nur das Individuum und die Familie.”[43]

Beide Postulate sind als Ausdruck eines mechanistisch-atomistischen Reduktionismus zu begreifen. Es fällt bei beiden auf, daß sie das Gesellschaftliche mit biologisch-organismischen Kategorien konfrontieren und dann feststellen, daß es auf dieser Ebene nichts anderes gäbe als Indivi-

43 Der interne Widerspruch in dieser Aussage – daß zwar die Familie, nicht aber die Gesellschaft bestehen kann – soll hier lediglich erwähnt, nicht aber weiter besprochen werden.

duen. Bei Mill kommt dies besonders deutlich zum Ausdruck, weil für ihn der gültige Nachweis des Gesellschaftlichen quasi das Gelingen eines biochemischen Experimentes verlangt: Aus dem Zusammenbringen von Körpern (Menschen) müßte auf der biologischen Ebene ein aus allen Einzelteilen zusammengesetztes, neues Wesen entstehen, oder es müßte sich mindestens die "menschliche Natur" verändern. Beides ist offensichtlich nie der Fall. Der von Mill zur Anwendung gebrachte Trick ist somit leicht erkennbar: Zuerst reduziert er das Gesellschaftliche auf die menschliche Natur bzw. auf die Biologie und behauptet dann folgerichtig, daß im Rahmen biologischer Kategorien Gesellschaft nicht auffindbar wäre. Dabei übersieht er aber, daß der erste Schritt – die Reduktion des Gesellschaftlichen auf Biologie – nicht zulässig ist. Dies ist ein eindrückliches Beispiel dafür, wie untauglich organismusbezogene Kategorien zur Thematisierung des Gesellschaftlichen sind.

Dasselbe gilt für Thatchers Postulat, obwohl hier die Konstruktion weniger differenziert und somit auch verdeckter ausfällt. Eigentlich stellt es nichts anderes dar als die Aneinanderreihung von zwei Dogmen, die implizit wiederum auf mechanistisch-organismische Kategorien Bezug nehmen. Die Behauptung, daß es nur Individuen und somit keine Gesellschaft geben könne, kann nur für jemanden plausibel sein, der von der individuellen Körperlichkeit der Akteure ausgehend reduktionistisch darauf schließt, daß auch deren Bewußtsein und deren Handlungen ausschließlich individueller Art sind, und daß das Gesellschaftliche mittels biologischer Kategorien erfaßbar ist. Handlungen sind aber nicht nur der Ausdruck körperlicher, physisch-materieller und mentaler Gegebenheiten, sondern auch des sozialkulturellen und somit auch des ökonomischen Kontextes.

Die Hauptschwäche der primären oder ausschließlichen Bezugnahme auf das Individuum, die vor allem auf einem Rekurs auf die Körperlichkeit beruht, besteht neben der übertriebenen Individualisierung insbesondere in der damit verbundenen Reduktion. Diese Reduktion wird häufig neben der Individualisierung – aufgrund ihrer Unangemessenheit – strategisch auch für eine übertriebene Homogenisierung der sozial-kulturellen Welt eingesetzt. Wie Sexismus und Rassismus zeigen, werden dabei beide Komponenten kombiniert zum Einsatz gebracht. Der erste Schritt besteht darin, aufgrund körperlich-biologischer Merkmale (Geschlecht: weiblich/männlich; Hautfarbe: schwarz/weiß usw.) Klassen bzw. zu unterscheidende Kategorien von Individuen zu bilden. Im zweiten Schritt werden diese dann nicht nur als körperlich-biologische Kategorien – nur dies sind sie eigentlich – betrachtet, sondern gleichzeitig auch als soziale Kategorien. Drittens wird dann schließlich so argumentiert, daß die Zugehörigkeit zu einer dieser organismischen Kategorien den sozial-kulturellen Kontext dieser Akteure an sich deterministisch konstituiert, so daß man angeblich zurecht jede soziale Erwartung und Typisierung ausschließlich mit einem biologischen Merkmal verknüpfen könne.

Dabei wird aber nicht beachtet, daß diese Unterscheidungen allein das Ergebnis sozialer Definitionen sind, die allerdings an körperlich-biologischen Kategorien festgemacht werden. Doch diese Kategorien an sich haben keine soziale "Kraft". Sexistische wie rassistische Urteile ignorieren aber genau diesen Unterschied. Mit ihnen wird implizit erstens davon ausgegangen, daß allein die Zugehörigkeit zu einer körperlich-biologischen Kategorie ausreichend sei, um alle Aspekte des sozial-kulturellen Kontextes angemessen erschließen zu können. Zweitens wird schließlich den biologischen Merkmalen eine generative Kraft per se zugemessen, obwohl eigentlich leicht nachweisbar wäre, daß in der sozialen Praxis – wenn häufig auch unbeabsichtigt – genau umgekehrt operiert wird: Die differenzierende biologische Kategorisierung wird in sozialer Hinsicht strategisch eingesetzt, um soziale Ungleichheiten der argumentativen Begründung zu entziehen. Darauf kann hier jedoch nicht weiter eingegangen werden.

Im Hinblick auf die weitere Auseinandersetzung ist aber der Hinweis wichtig, daß die Bezugnahme auf körperlich-biologische Kategorien in sozialer Hinsicht sowohl eine individualisierende wie auch eine (mindestens innerhalb bestimmter Kategorien) homogenisierende Komponente aufweist. Beide Aspekte sind als Ausdruck der unangemessenen Reduktion des subjektiven und sozial-kulturellen Kontextes zu interpretieren, sobald mittels physisch-weltlicher Kategorien versucht wird, diese Bereiche zu erschließen. Soziale Bewegungen gegen Sexismus und Rassismus können in diesem Kontext als Kampf gegen die Illegitimität bzw. die Unangemessenheit dieser reduktionistischen Implikationen für den sozial-kulturellen Kontext der davon betroffenen Akteure aufgefaßt werden.

In bezug auf die Bezeichnung "methodologischer Individualismus" bleibt somit das Problem bestehen, daß "Individualismus" letztlich immer auf eine organismusbezogene Differenzierungskategorie verweist. Dies steht im Widerspruch zu den Intentionen, die mit dieser Konzeption verbunden sind und trägt in starkem Maße zur Verwirrung bei. Denn es kann der Eindruck entstehen, daß man aus methodologischen Gründen der Reduktion des Gesellschaftlichen auf die biologische Komponente des Individuums zustimmt. Es geht aber weder darum, das Gesellschaftliche in individuellen Kategorien zu untersuchen, noch darum, irgendwelchem unhaltbaren Reduktionismus zu huldigen. Es geht einzig und allein darum, darauf hinzuweisen, daß soziale Ganzheiten oder Strukturen an sich – im Gegensatz zu Marx', Durkheims oder Althussers Behauptungen – nicht handeln können, sondern allein (individuelle) Akteure. Die Akteure sind demgemäß auch nicht nur Ausdruck der Strukturen (Durkheim) oder die Träger der Funktionen, die von den Strukturen definiert werden (Althusser), denn den Akteuren ist auch eine eigene Interpretationsfähigkeit der sozialen Umstände zuzugestehen, wie das in der Sozialgeschichte anhand zahlreicher Beispiele nachgewiesen werden kann. Aber nicht die Akteure, sondern deren Handlungen sollen den Forschungsgegenstand der Sozialwissenschaften abgeben.

Obwohl dem Körper in der Erfahrung der Mitwelt eine zentrale Rolle zukommt und somit im Hinblick auf die Ausprägung des dem Akteur verfügbaren Wissens immer eine differenzierende Instanz darstellt, kommt die alleinige Bezugnahme auf das Individuum – im Hinblick auf soziale Erklärungen – einer Überstrapazierung der organismuszentrierten Komponente gleich. Denn Handlungen setzen zwar in einer bestimmten Form immer einen Körper voraus. Doch die Sinngehalte, Zielsetzungen, Abläufe und Folgen der Handlungen sind nicht primär vom Körper und auch nicht allein von der Ausprägung des Selbstbewußtseins (als Ergebnis körpergebundener "Spiegelungen") abhängig. Deshalb ist jede "Atomanalogie" im Carnapschen Sinne, die sich auf den Körper des Individuums als Abgrenzungskriterium bezieht, als irreleitend zu qualifizieren und sollte somit vermieden werden.

Wenn die "Atomanalogie" im sozialen Bereich überhaupt zulässig ist, dann kann im Sinne eines didaktischen Hilfsgriffs darauf hingewiesen werden, daß nicht die Individuen die "Atome" des Gesellschaftlichen sind, sondern die Handlungen. Und wie bereits angedeutet wurde, weisen Handlungen nicht nur eine individuelle bzw. subjektive Komponente auf, sondern zusätzlich auch eine sozial-kulturelle und physisch-materielle. Materielles bleibt ohne subjektive Bewußtseins- und Tätigkeitsvollzüge bedeutungslos, und Bewußtseins- und Tätigkeitsvollzüge sind ohne materielle Basis – die Körperlichkeit der Handelnden – unmöglich. Im Handlungsakt sind beide Aspekte aufgehoben. "Was" und "wie" gedacht wird, bleibt nicht unabhängig vom sozial-kulturellen Kontext.

Im Sinne einer radikalen Formulierung kann dieser Gedankengang wie folgt zusammengefaßt werden: Nur Individuen können Akteure sein. Aber es gibt keine Handlungen, die ausschließlich individuell sind. Denn keine Handlung kann auf empirisch angemessene Weise ausschließlich als individuell charakterisiert werden, weil Handlungen immer auch Ausdruck des jeweiligen sozial-kulturellen Kontextes sind; allerdings nur insofern, als sich die Akteure bewußt, im Rahmen des praktischen Bewußtseins, oder unbewußt in ihrem Handeln auf diesen beziehen. In den Worten von Bourdieu (1979, 189) formuliert: Der "'persönliche'[44] Stil, dies besondere Kennzeichen, das alle Erzeugnisse (...), alle Handlungen und Werke tragen, ist niemals mehr als eine (...) Abweichung gegenüber dem einer Epoche oder einer (sozialen) Klasse[45] eigentümlichen Stil, so daß er nicht nur durch die Konformität (...), sondern auch durch den Unterschied (...) auf den gemeinsamen Stil (des Handelns) verweist."

Falls die bisher vorgestellte Rekonstruktion des revidierten methodologischen Individualismus zutreffend ist, bedeutet dies, daß man sich bei der Handlungs- bzw. Gesellschaftsanalyse nicht bloß auf den physischen, subjektiven oder sozialen Aspekt beschränken kann. Damit soll angedeutet sein, daß einseitige Auflösungen dieses Problems zu Verzerrungen und Reduktionen führen. Das Maß der Verzerrung variiert natürlich, je nachdem ob man sich allein für den physischen, subjektiven oder sozialen Aspekt entscheidet.

Die ausschließliche Bezugnahme auf den physischen Aspekt führt konsequenterweise zu einem deterministischen Materialismus; jene auf die psychische zu einem zirkulären Psychologismus und die alleinige Bezugnahme auf den sozialen Kontext zu einem Sozialdeterminismus. Damit sollte auch klar geworden sein, daß die Art der Beziehung zwischen diesen verschiedenen Handlungsaspekten und deren Gewichtung im Rahmen sozialwissenschaftlicher Erklärungen von zentraler Bedeutung sind.

Und hier liegt denn auch der weiterhin irreführende Charakter der Bezeichnung "methodologischer Individualismus", dem mit dem Zusatz "revidiert" nur schwer beizukommen ist. Vom traditionellen Individualismus

44 Hier ist 'persönlich' im Sinne von 'individuell' zu verstehen; vgl. Bourdieu, 1979, 184ff.

45 Vgl. dazu Bourdieu, 1985, 37ff.

wird eigentlich nur die These übernommen, daß nur Individuen Akteure sein können. Der methodologische Aspekt des "methodologischen Individualismus" besteht vor allem in der Aufrechterhaltung des Postulates, daß sich soziale Phänomene am angemessensten unter Bezugnahme auf Handlungen erforschen lassen. Somit müßte der Titel dieses Programms stärker die "Handlungen" als die "Individuen" betonen. Die Verwirrung, die aus der bisherigen Bezeichnung resultiert, scheint neben Agassi und Jarvie allen übrigen Verteidigern des methodologischen Individualismus entgangen zu sein.[46] Im Hinblick auf eine transparentere Diskussion ist dieser Mangel aber zu überwinden.

Die neue Umschreibung sollte einerseits verstärkt auf die Dualität zwischen institutionell-strukturellen Aspekten und den jeweils vorhandenen subjektiven Gehalten der Handlungen aufmerksam machen und andererseits den methodologischen und nicht ontologischen Charakter dieses Zugangs zur sozialen Wirklichkeit hervorheben. In diesem Sinne soll für "revidierter methodologischer Individualismus" die Bezeichnung "methodologischer Dualismus" vorgeschlagen werden. Die damit verbundene Konzeption sozialer Wirklichkeit ist als eine Welt der Handlungen und des Handelns zu verstehen. In jeder Handlung sind sowohl die institutionell-strukturellen als auch die subjektiven Gehalte im Sinne einer Dualität gleichzeitig "aufgehoben". Methodologisch sind wir aber zu einer differenzierteren Erforschung angehalten, so daß auf der *Forschungsebene* nicht mehr von einer Dualität, sondern nur von einer Komplementarität von Struktur- und Handlungsanalyse die Rede sein kann.

1.7 Konsequenzen für die Sozialgeographie alltäglicher Regionalisierungen

Die Tatsache, daß in menschlichen Tätigkeiten physisch-materielle, sozialkulturelle und mentale Komponenten aufgehoben sind, erlaubt bei der Analyse menschlicher Handlungen nicht, diese Unterschiede unberücksichtigt zu lassen. Da diese Bereiche eine je unterschiedliche Seinsweise aufweisen, können sie auch nicht mit einem einzigen Analyseraster erfaßt

46 Vgl. Lukes, 1977; er hält insgesamt 25 verschiedene explizite Definitionen des methodologischen Individualismus fest. Wenn man die implizit variierenden Konzeptionen dazu zählen würde, käme man wohl auf eine noch größere Zahl.

werden. Eine Vernachlässigung dieser Unterschiede führt zu unhaltbaren Reduktionen. Das Verzerrungsmaß der Erklärungen variiert, je nachdem ob man sich ausschließlich für einen dieser Aspekte entscheidet.

Die Unterscheidung zwischen physischer und mentaler Welt entspricht der kartesianischen Leib-Seele-Dichotomie.[47] In handlungstheoretischer Perspektive sind aber zwei Aspekte besonders hervorzuheben. Erstens ist zu betonen, daß die *Bedeutungen* der materiellen Gegebenheiten nicht unabhängig von den Bewußtseinszuständen der Subjekte bestehen. Und zweitens ist darauf hinzuweisen, daß die Körper der Handelnden sowohl das Zentrum der unmittelbaren Erfahrungen, Medium der Handlungsakte und differenzierendes Ausdrucksfeld von Bedeutungen im Rahmen unmittelbarer Interaktionen darstellen. Zudem können die subjektiven Bewußtseinszustände auch nicht losgelöst vom sozial-kulturellen Kontext betrachtet werden. Denn das Bewußtsein der Subjekte ist immer auch – wenn auch nicht vollständig – Ausdruck des sozial-kulturellen Kontextes, in den Subjekte über Sozialisationsprozesse eingeführt oder durch Handlungen einbezogen werden.

Die materielle Welt weist eine physische Seinsweise auf und umfaßt alle physisch-materiellen Gegenstände und Zustände der Wirklichkeit, inklusive die Körper der Handelnden und materielle Artefakte. Die materiellen Gegebenheiten bestehen unabhängig von den Bewußtseinszuständen der Subjekte. Dies schließt allerdings nicht die Behauptung aus, daß deren Bedeutungen erst in Handlungsvollzügen konstituiert werden.

Der mentale Bereich umfaßt das verfügbare Wissen und den Erfahrungsschatz eines Subjekts. Neben dem reflexiven Wissen sind ebenso das Unbewußte und das praktische Wissen ("tacit knowledge") dazuzuzählen. Mit dem letzteren sind jene Wissenselemente gemeint, die Akteure in praktischen Handlungen zwar kompetent zur Anwendung bringen, ohne aber sich über sie sprachlich äußern zu können.

Sozial-kulturelle Gegebenheiten sind ontologisch weder mit dem physisch-materiellen, noch mit dem mentalen Bereich identisch, noch können sie als ein Gemisch aus beiden betrachtet werden. Zur sozial-kulturellen Welt sind neben sozialen Normen und kulturellen Werten die institutionellen Handlungsmuster wirtschaftlicher, rechtlicher, religiöser und anderer Art zu zählen. Da die sozial-kulturelle Welt durch nicht-materielle Gege-

47 Vgl. dazu ausführlicher Kapitel III, insbesondere die Abschnitte 3.2.2 und 3.3.

benheiten konstituiert ist und die mentale Welt der Subjekte transzendiert – sie besteht, im Gegensatz zur mentalen Welt beispielsweise, vor der Geburt und nach dem Tode eines Subjektes –, ist ihr auch ein besonderer ontologischer Status zuzuweisen. Sie ist als die Welt der intersubjektiv gültigen, symbolischen Seinsweise zu bezeichnen.

Erklärungsmuster menschlicher Tätigkeiten können als unterschiedliche Beziehungsverhältnisse dieser verschiedenen Bereiche betrachtet werden. Bezieht sich die Erklärung menschlicher Handlungen einseitig auf die physisch-materielle Komponente, dann verfällt man entweder einem Natur-/ Geodeterminismus, Behaviorismus, einem vulgären Materialismus oder verwandten Formen. In den harmloseren Varianten resultiert aus diesem Vorgehen, wie etwa bei der Aktionsraumforschung oder der Zeitgeographie, eine wenig informative Sozial-Physik. Bezieht man sich ausschließlich auf die subjektive Seite, vertritt man ein Argumentationsmuster, das für einen radikalen Idealismus, einen Solipsismus oder einen Psychologismus und für alle Formen des ontologischen Individualismus typisch ist. Und strebt man eine Erklärung allein von der sozial-weltlichen Seite an, dann gerät man leicht ins Fahrwasser eines sozialen oder ökonomischen Determinismus, wie er beispielsweise im Rahmen des sozial-anthropologischen und soziologischen Strukturalismus oder in bestimmten Formen des Marxismus und anderen holistischen Konzeptionen der sozialen Wirklichkeit anzutreffen ist. In diesen holistischen Argumentationsmustern wird die Kompetenz der handelnden Subjekte vollständig negiert, sie werden sozusagen als “Trottel” betrachtet, die zwar die Illusion hätten, in ihrem Leben gewisse Dinge selbst entscheiden zu können, deren Tätigkeiten aber nichts anderes seien als Funktionen sozial-ökonomischer Strukturen. Insbesondere diese letztere Implikation steht in Widerspruch zur hier vorgestellten Konzeption der sozialen Welt.

Mit der Akzeptierung der These, daß letztlich nur Subjekte handeln können, wird festgelegt, daß sich Handlungserklärungen nicht auf einen der drei Aspekte beschränken können, sondern alle drei in Betracht ziehen müßen. Da die Materialität per se keine Handlungsfähigkeit und keine eigene Sinnstruktur aufweist, kann ihr für Handlungen an sich keine dominierende Erklärungskraft zugeschrieben werden. Sie erlangt erst über bestimmte Sinnattribuierungen im Kontext bestimmter Handlungsvollzüge und der Körperlichkeit der Handelnden eine Bedeutung. So bleiben die subjektive und soziale Welt als privilegierte Ansatzpunkte der Handlungserklärung –

und somit konsequenterweise auch der sozialen Welt – übrig. Damit ist aber nicht gemeint, daß diese Privilegierung den völligen Ausschluß der materiellen Komponente aus dem Erklärungsmuster rechtfertigen kann.

Die Erklärungskraft sozialer und subjektiver Aspekte ist als komplementär zu betrachten. Das Soziale kann außerhalb von Handlungen der Subjekte einerseits nicht wirksam werden und die sozial-kulturelle Welt kann in handlungstheoretischer Perspektive – wie bereits mehrfach betont – als nichts anderes betrachtet werden, als das Ergebnis von unbeabsichtigten und beabsichtigten Folgen der Handlungen einzelner Akteure. Andererseits sind die subjektiven Handlungskontexte jederzeit und überall von sozial-kulturellen Gehalten durchdrungen, so daß man sich nicht nur auf das Subjektive allein beziehen kann, sondern mindestens auch den sozial-kulturellen Kontext in der Form berücksichtigen muß, wie er dem Subjekt zum Zeitpunkt des Handelns vertraut war. Diese Zusammenhänge sind nun im Kontext der in den vorangehenden Abschnitten entwickelten Argumentation ausführlicher zu diskutieren.

Unter Bezugnahme auf Giddens' Argumentation müßte es das Konzept des methodologischen Dualismus erlauben, die Dualität von Struktur – im Sinne von Ermöglichung und Zwang sowie der Verbindung von Makro- und Mikroebene – angemessen integrieren zu können. Die hier vorgeschlagene Konzeption kann diesem Aspekt gerecht werden, denn sie betont auch die entlastende und beschränkende Bedeutung von Institutionen. Wie Giddens (1979, 95) festhält, bedeutet dies, daß man Institutionen nicht nur als Ergebnis von Handlungen betrachten kann, sondern daß die Institutionen auch rekursiv das Medium der Reproduktion der sozialen Welt sind.

Giddens' Strukturationstheorie geht davon aus, daß die strukturtheoretische Konzeption unter der Voraussetzung haltbar wäre, daß man die Fähigkeiten des Handelnden und seine Gründe des Handelns – also die subjektive Seite – quasi einklammert (aber immer angeben kann) und sich dann auf diese Art der (objektiven) Struktur zuwendet. In den anderen Fällen soll man sich offensichtlich mit den Abläufen von Strukturationsprozessen im Sinne der "Dualität der Strukturen" befassen. Dieser Vorschlag kann nur in Zusammenhang mit jener methodologischen Strategie gesehen werden, die Giddens (1979, 95) im Rahmen der Diskussion des Verhältnisses von "agency and structure" sowie des methodologischen Individualismus vorschlägt. Sie kann wie folgt wiedergegeben werden:

1. Soziale Systeme werden in Transaktionen der handelnden Subjekte produziert. Sie können als solche Produkte auf der Ebene des Handelns analysiert werden. Dies entspricht insofern einer methodologischen Entscheidung, als die institutionelle Analyse eingeklammert wird, auch wenn strukturelle Elemente notwendigerweise für die Charakterisierung des Handelns als Modalitäten einbezogen werden müssen, auf welche sich die Handelnden zur Interaktionsverwirklichung beziehen.
2. Die institutionelle Analyse klammert das Handeln ein und konzentriert sich auf die Modalitäten im Sinne von Mittel der Reproduktion sozialer Systeme. Dies ist ebenfalls als eine rein methodologische Einklammerung zu verstehen. Sie ist keineswegs besser vertretbar als die erste.[48]

In diesem Zusammenhang fällt jedoch auf, daß Giddens hier weder ein Kriterium angibt, wann es sinnvoll ist, auf die erste und wann auf die zweite Form der Gesellschaftsanalyse Bezug zu nehmen, noch daß er diese Zugänge mit einem bestimmten Erklärungsverfahren verbindet.

Dies wird vor allem in Zusammenhang mit Giddens' (1984a, 8) Behauptung problematisch, daß wir zur Erforschung der Strukturationsprozesse über ein Verfahren verfügen müssen, das sowohl über jene der positivistischen als auch der interpretativen Soziologie hinausgehen müsse. Da Giddens dies nicht eben ausführlich kommentiert, ist im Sinne seiner Bemerkung in "Die Konstitution der Gesellschaft" (1988a, 52) davon auszugehen, daß er damit die strukturell-kausalistischen und funktionalistischen Erklärungen einerseits und die teleologischen Erklärungen andererseits meint. Das heißt dann, daß er diese Methoden für die auf der Strukturationstheorie aufbauenden Forschungen insgesamt für hinfällig hält und ihre Stellen von einer neuen Erklärungsweise eingenommen werden müssen. Falls er damit gleichzeitig meint, daß wir über ein Verfahren verfügen müssen, mit dem die quasi-objektiven Strukturen, deren Interpretationen durch die Subjekte sowie die Handlungsweisen in einem erfaßt werden sollen, ergeben sich einige Schwierigkeiten.

Ist letzteres zutreffend, dann entsteht erstens das Begründungsproblem des Unterscheidungskriteriums zwischen System- und Institutionsanalyse. Warum sollen überhaupt gerade diese Bereiche unterschieden werden?

48 Vgl. dazu Giddens, 1979, 95.

Wenn Institutionen als regelmäßige Handlungsmuster definiert werden,[49] dann wirkt diese Unterscheidung wenig plausibel, denn diese könnten demgemäß – wie die Sozialsysteme – unter Bezugnahme auf Handlungen untersucht werden.

Zweitens ist nicht einzusehen, warum bei der Analyse (strategischen) Handelns nicht auf das Muster teleologischer Erklärungen Bezug genommen werden kann, wenn gleichzeitig betont wird, es gehe darum, vom Standpunkt der Subjekte aus zu untersuchen, wie zur Produktion von Interaktionen auf strukturelle Gegebenheiten Bezug genommen wird. Da die teleologische Erklärung nichts anderes ist als eine Art von Handlungsrationalisierung durch den Wissenschaftler, ist gegen die Anwendung dieses Verfahrens aus strukturationstheoretischer Sicht noch weniger einzuwenden, wenn Giddens (1988a, 56) selbst bei der Beschreibung der Handlungsabläufe die Bedeutung der Handlungsrationalisierung durch den Akteur betont.

Der große Nachteil teleologischer Erklärungen ist allerdings, daß sie mit einem großen Forschungsaufwand verbunden sind. Zudem ist es durchaus nicht für alle Aspekte der sozialen Welt notwendig, sich auf die Handlungsabläufe zu konzentrieren. Wenn wir nämlich die typischen Handlungsmotivationen und die Prinzipien der Bezugnahme auf strukturelle Gegebenheiten kennen, dann können wir diese tatsächlich in dem Sinne in Klammern setzen, wie Giddens dies vorschlägt, und uns ausschließlich den strukturellen Bedingungen zuwenden. Wenn wir dabei gleichzeitig davon ausgehen, daß strukturelle Bedingungen nichts anderes sind als beabsichtigte und unbeabsichtigte Folgen früherer Handlungen, dann wird offensichtlich, daß das Kernproblem sozialwissenschaftlicher Methodologie in der Frage begründet liegt, ob sich Erklärungen auf die Handlungsfolgen oder die Handlungsabläufe beziehen sollen. Zudem ist ein Kriterium verfügbar zu machen, das diese Bezugnahme regelt.

Im Rahmen des Konzeptes des methodologischen Dualismus kann unter den eben genannten Bedingungen das Ausmaß des Wissens, das der Sozialwissenschaftler von den Handlungsbezügen hat, als das Kriterium für die Wahl der Forschungsperspektive vorgeschlagen werden. Damit dies verständlich gemacht werden kann, ist allerdings zuerst weiter auszuholen.

49 Vgl. Giddens, 1988a, 76 und 1979, 96.

Giddens' Konzeption soll nun ein Lösungsvorschlag gegenübergestellt werden, der mit den Grundprinzipien des methodologischen Dualismus zu vereinbaren ist: das Konzept der Komplementarität von objektiver und subjektiver Forschungsperspektive, das gleichzeitig nach einer Annahme des Prinzips der Forschungsökonomie verlangt. Damit ist gemeint, daß die objektive und subjektive Perspektive als komplementär zu begreifen sind. Sie können je nach dem Maß der Vertrautheit mit dem Forschungsproblem und der beabsichtigten Tiefenschärfe der Untersuchung zur Anwendung gelangen. Dieser Anspruch bedeutet, den methodologischen Dualismus sowohl im Rahmen der objektiven wie auch in der subjektiven Perspektive zur Basis zu machen.

In objektiver Perspektive sind die subjektiven Gründe und Ziele des Handelns bzw. der Strukturierung einzuklammern, so daß man sich auf die Veränderung oder Reproduktion der Strukturen "als solche" so konzentrieren kann, wie es Giddens für die reformulierte Fassung von Blaus Forschungskonzept zum Ausdruck bringt. Das heißt, daß man die Sinnstrukturen der sozialen Welt, inklusive die Zuordnungsprinzipien zu sozialen Positionen und die mit ihnen verbundenen Möglichkeiten und Begrenzungen des Handelns, als quasi-objektiv gegeben voraussetzen kann. Eine derartige Zuwendung zur sozialen Wirklichkeit kann aber nur unter der Bedingung angemessen sein, daß der Sozialwissenschaftler mit guten Gründen davon ausgehen kann, daß sie für ihn und die untersuchten Akteure intersubjektiv im gleichen Sinnzusammenhang steht und daß er mit den Produktions- und Reproduktionsweisen dieser Sinnstrukturen ausreichend vertraut ist beziehungsweise die Handlungsmotive, Handlungsrationalisierung und die reflexive Steuerung des Handelns[50] ausreichend kennt.

Unter dieser Voraussetzung kann man sich auf die intersubjektiven Strukturen an sich konzentrieren, ohne allerdings die Tatsache aus dem Blickfeld zu verlieren, daß sie das Ergebnis der Handlungen der kompetenten Akteure sind, daß sie nur in Handlungsvollzügen sozial relevant werden, und daß sie gleichzeitig das Mittel/Medium dieser Handlungsvollzüge sind. Das ist mit dem Ausdruck der Einklammerung gemeint: Unter Beibehaltung der gleichen Grundannahmen in bezug auf die soziale Wirklichkeit konzentriert man sich auf einen besonderen Aspekt derselben, ohne die übrigen zu bestreiten. Und auch das zuvor angesprochene Prinzip der For-

50 Vgl. Giddens, 1988a, 56.

schungsökonomie sollte damit einsichtig werden: Man setzt voraus, daß man die Prinzipien der Handlungen der einzelnen Akteure kennt und wendet sich allein den strukturellen Aspekten zu, was mit erheblich geringerem Forschungsaufwand verbunden ist.

In subjektiver Perspektive sind demgegenüber zusätzlich die Ziele beziehungsweise die Handlungsmotive, die Gründe des Handelns zu explizieren, ihre Konsequenzen für die Strukturierung im Sinne von beabsichtigten und unbeabsichtigten Folgen herauszuarbeiten und die strukturellen Aspekte als Mittel/Medien der Handlungsverwirklichung zu berücksichtigen. Dies impliziert eine Rekonstruktion der subjektiven Sinnkonstitutionen, das heißt der Sinngebungen, die Akteure in institutionellen Kontexten usw. vornehmen, so daß der Sozialwissenschaftler in der Lage ist, deren Handlungen angemessen zu interpretieren. Dies ist in allen Forschungssituationen ein dringendes Gebot, in denen das "mutual knowledge" von Akteur und Sozialwissenschaft in bezug auf die zu untersuchenden Handlungen derart lückenhaft ist, daß man über keine guten Gründe verfügt, diese als unproblematisch voraussetzen zu können.

Giddens' Strukturationstheorie ist – wenn man die hier vorgeschlagenen Revisionen akzeptiert – mit den Grundannahmen des Konzepts des methodologischen Dualismus und den dort formulierten Grundprinzipien der Konstitution der sozialen Wirklichkeit zu vereinbaren. Bei den Strategien des sozialwissenschaftlichen Zugangs sind Unterschiede feststellbar. Die Vorschläge zu deren Aufhebung sollten jedoch mit den Prinzipien der Strukturationsprozesse zu vereinbaren sein.

Auf diesem Hintergrund können wir uns nun der besonderen Seinsweise der sozialen Handlungsbedingungen im Rahmen verschiedener Gesellschaftsformen zuwenden. Um die Besonderheiten spät-moderner Gesellschaften, auf die eine zeitgemäße Sozialgeographie zu beziehen ist, besser hervorheben zu können, erfolgt nun zuerst die Auseinandersetzung mit der Ontologie traditioneller Gesellschaften. Diese Darstellung soll auch dazu dienen, die traditionelle Forschungslogik der Sozialgeographie verständlich zu machen und die Notwendigkeit ihrer Veränderung zu illustrieren.

II

Traditionelle und spät-moderne Gesellschaftsformen

Nachdem auf die Frage nach der Ontologie sozialer Tatsachen aus handlungstheoretischer Sicht eine Antwort gegeben wurde, kann nun der zweiten Bedeutungsdimension von Ontologie nachgegangen werden. Sie zielt auf die Frage nach den je spezifischen sozial-weltlichen Bedingungen traditioneller, prä-moderner und spät-moderner Lebensformen. Wie sieht das menschliche Dasein in sozialer Hinsicht unter prä-modernen und spät-modernen Bedingungen unter besonderer Berücksichtigung räumlicher und zeitlicher Aspekte aus? Welche Bedeutung haben die räumliche und zeitliche Komponente in traditionellen Kulturen und Gesellschaften sowie den entsprechenden subjektiven und kollektiven Lebensformen? Was bedeuten jeweils "Raum" und "Zeit" in traditionellen und spät-modernen Lebensformen? Und in welcher Hinsicht unterscheiden sich diesbezüglich die spätmodernen Bedingungen des Handelns von den traditionellen? Dies sind vier zentrale Fragen, auf deren Beantwortung der größte Teil der in diesem Kapitel geführten Auseinandersetzung ausgerichtet ist.

Dazu gesellen sich weitere Fragen, die aber nur am Rande gestreift werden können. Eine davon, die sich eher implizit durch die Argumentation zieht, richtet sich auf die zu erwartenden Konsequenzen, wenn versucht wird, mit einem prä-modernen Gesellschaftsverständnis spätmoderne Verhältnisse zu beurteilen. Für Leserinnen und Leser, die dieser Spur folgen wollen, könnte der Hinweis hilfreich sein, daß einer der wichtigsten Unterschiede zwischen beiden Existenzformen in den Positionen zu sehen ist, welche Tradition und Subjekt jeweils erlangen können. Sie bestehen selbstverständlich in beiden Lebensformen, doch ihre Bedeutung ist jeweils diametral entgegengesetzt.

Diese Positionsmöglichkeiten weisen deshalb eine interne Verknüpfung auf, weil die Vorherrschaft der Tradition die subjektiven Selbstbestimmungsgrade stark beschränkt. Entsprechend bestehen natürlich auch unterschiedliche Sensibilitäten: Eine prä-moderne traditionszentrierte Sicht wird wenig Gespür für die Belange subjektiver Selbstbestimmungen entwickeln. Dies ist indirekt auch für die geographische Methodologie von Bedeutung. Diesen Zusammenhang zu verdeutlichen, ist ein weiteres Hauptanliegen der auf Giddens' Werk aufbauenden Argumentation in diesem Kapitel.[51]

Traditionelle und raumwissenschaftliche Geographie sind als Programme wissenschaftlicher Raumforschung konzipiert. Wenn man davon ausgeht, daß weder Gesellschaft noch Kultur räumliche Phänomene sind, muß man sich fragen, weshalb dann diese Geographieauffassung so lange erhalten blieb. Ein wichtiger Grund dafür ist sicher, daß sie für jene Lebensformen, welche eine hohe räumlich-zeitliche Stabilität aufweisen, eine gewisse Plausibilität hat. Diese Voraussetzung ist – wie in diesem Kapitel ausführlich gezeigt wird – bei traditionellen Lebensformen gegeben. Die Forschungskonzeption traditioneller Geographie ist genau auf diese Verhältnisse abgestimmt. Sie erfüllen, so könnte man umgekehrt formulieren, zu einem hohen Grade die Voraussetzungen, die gegeben sein müssen, damit die Beantwortung einer Frage nach dem "Wo" gleichzeitig auch als eine recht gute Annäherung auf eine Frage nach dem "Wie" der sozial-kulturellen Welt erscheinen kann.

Dies mag wohl auch ein wichtiger Grund dafür sein, daß die traditionelle Geographie für den ländlich-bäuerlichen Bereich immer noch das größte Interesse entwickelt. Dies soll hier jedoch nicht näher überprüft werden. Vielmehr sei damit ein Hinweis auf den Zusammenhang zwischen diesem Aspekt der Sozialontologie und wissenschaftlicher Methodologie gegeben. Hypothetisch kann man jedoch die Behauptung wagen, daß die Leistungsfähigkeit traditioneller und raumwissenschaftlicher Sozial- und Kulturgeographie um so dramatischer abnimmt, je mehr sich die soziale Wirklichkeit von der Seinsweise traditioneller Gesellschafts- und Lebensformen entfernt.

51 Die wichtigsten Referenzwerke bilden "A Contemporary Critique of Historical Materialism" (1981), "The Consequences of Modernity" (1990a) bzw. "Konsequenzen der Moderne" (1995) sowie "Modernity and Self-Identity" (1991a), "Transformation of Intimacy" (1992) und "Beyond Left and Right" (1994a).

Kann diese Hypothese plausibel gemacht werden, dann kann daraus, unter Rückbezug auf das zuvor angedeutete Verhältnis von Tradition und subjektiver Selbstbestimmung, zusätzlich die These formuliert werden, daß eine raumzentrierte Sicht konsequenterweise für die Belange der Subjekte nur eine geringe Sensibilität entwickeln kann. Unter der Bedingung, daß die Subjekte in spät-modernen Lebensbedingungen die zentrale Position einnehmen, kann eine raumzentrierte Sozial- und Kulturgeographie keine Leistungsfähigkeit entwickeln. Vielmehr ist eine Forschungskonzeption notwendig, welche für das Handeln der Subjekte, der zentrale Konstitutionsbereich sozial-kultureller Wirklichkeiten, die größte Ausdifferenzierung der Analysekategorien zuläßt.

Damit sei darauf hingewiesen, daß hypothetisch nicht nur zwischen der Ontologie sozialer Tatsachen und jener verschiedener Gesellschaftsformen ein Zusammenhang besteht, sondern auch zwischen jener der Gesellschaftsformen und des Raumes. Die Ontologie des Raumes, die später ausführlicher dargestellt wird, kann im Rahmen geographischer Analysen nicht losgelöst von der Ontologie sozialer Tatsachen und verschiedener Gesellschaftsformen betrachtet werden. Dies ist die erste Ausgangsbedingung einer differenzierteren Analyse der Ontologie prä-moderner und zeitgenössischer Gesellschaftsformen.

Die hier präsentierte Differenzierung der beiden Gesellschafts- und Lebensformen ist als eine idealtypische Darstellung zu begreifen, der für die geographische Forschung, der Interpretation der eigenen Fachgeschichte und der Entwicklung einer "Sozialgeographie alltäglicher Regionalisierungen der Lebenswelt" primär eine heuristische Funktion zukommt. Deshalb können sie auch dann ihre Relevanz behalten, wenn keine einzige Lebensform exakt die Ausgestaltung aufweist, wie sie hier beschrieben wird. Sie sollen vor allem verdeutlichen, worin die wichtigsten Unterschiede zwischen beiden Typen bestehen und worauf eine zeitgemäße Sozial- und Kulturgeographie kategoriell zu fokussieren ist. Hier wird somit keinesfalls der Anspruch erhoben, eine in "Reinform" mögliche historische Darstellung traditioneller, moderner und spät-moderner Gesellschafts- und Lebensformen zu liefern.

Eine solche Typisierung kann natürlich unter keinen Umständen ohne theoretischen Bezugsrahmen vorgenommen werden. Denn wir brauchen einen solchen zur Begründung der Auswahl der Beschreibungs- und Analysekategorien. Der Referenzrahmen "Strukturationstheorie", auf den sich die folgende Darstellung beziehen wird, soll in seiner einfachsten Form vorgestellt werden, bevor dann auf einige allgemeine raum-zeitliche Merkmale prä-moderner und zeitgenössischer Gesellschaften eingegangen wird. Es sollen aber nur ihre Kernideen präsentiert werden. Die ausführlichere Darstellung der Strukturationstheorie im Hinblick auf deren Fruchtbarmachung für die Humangeographie ganz allgemein – und der "Sozialgeographie alltäglicher Regionalisierung" im besonderen – erfolgt in Band 2.

2.1 Die Kernideen der Strukturationstheorie

William James, einer der Hauptvertreter des Amerikanischen Pragmatismus sagte einmal, daß jeder Autor einfach zu verstehen sei, wenn man das Zentrum seiner Betrachtungsperspektive erfaßt habe. Das trifft sicher auch auf Giddens zu. Für Giddens' Werk ist dieses Zentrum ohne Zweifel die Idee, daß die soziale Wirklichkeit von kompetenten Handelnden konstituiert wird, die sich dabei auf soziale Strukturen beziehen. Diese soziale Praxis nennt Giddens "Strukturation". Sie impliziert das Konzept der "Dualität der Struktur". Diese Kernidee der Strukturationstheorie impliziert somit ein neues Verständnis des Verhältnisses von "Handeln" und "Struktur". Handeln und Struktur sind demgemäß über den Vermittlungsprozeß der Strukturierung in Beziehung gesetzt.

Giddens' Neukonzeption ist von der Frage geleitet, wie man sich der Untersuchung des Verhältnisses von Handeln, Struktur, sozialem System und sozialer Reproduktion/Produktion im Rahmen sozialwissenschaftlicher Forschung am besten annähern könne. In diesem Kontext ist die "Dualität" der sozialen Strukturen zu sehen. Damit ist gemeint, "daß gesellschaftliche Strukturen sowohl durch das menschliche Handeln konstituiert werden, als auch gleichzeitig das Medium dieser Konstitution sind" (Giddens, 1984b, 148). Oder ausführlicher: "The concept of structuration involves that of the *duality of structure,* which relates to the *fundamentally recursive character of social life, and expresses the mutual dependence of structure and agency.* By the duality of structure I mean that the structural properties of social systems are both the medium and the outcome of the practice that constitute those systems" (Giddens, 1979, 69). Die Grundidee ist dabei zunächst, daß wir Gesellschaften und das soziale Leben in Begriffen des Handelns und der institutionalisierten Praxis analysieren sollten und nicht in strukturellen Kategorien. Nicht die Struktur bildet das Kerninteresse, sondern die Strukturierung.

"Struktur" wird nur über Handlungen wirklich und nur über diese reproduziert. "Gesellschaftliche Reproduktion muß im unmittelbaren Prozeß des Konstituierens von Interaktion untersucht werden" (Giddens, 1984b, 148), und den "Prozeß der Reproduktion zu untersuchen bedeutet, die Verbindungen zwischen 'Strukturierung' und 'Struktur' zu bestimmen" (Giddens, 1984b, 147). Die Strukturierung bezieht sich auf "Prozesse, durch die Strukturen erzeugt werden" (Giddens, 1984b, 148).

Damit sollte einsichtig geworden sein, daß nach Giddens die soziale Welt in jeder konkreten Interaktionssituation konstituiert wird. In der Bezugnahme des Handelns auf die sozialen Strukturen vollziehen sich die Strukturationsprozesse im Sinne von Reproduktion und Transformation der gesellschaftlichen Wirklichkeit. Struktur und Handeln sind nicht identisch, aber sie können auch nicht als Gegensatz betrachtet werden. Sie sind nach Giddens vielmehr zwei verschiedene Aspekte der "sozialen Praxis", in der und durch die soziale Welt generiert wird. Demgemäß umfaßt die soziale Praxis die Bedingungen und Konsequenzen der historisch und räumlich lokalisierten menschlichen Tätigkeiten und Interaktionen, die durch das Handeln der sozialen Akteure verwirklicht werden.[52]

Wenn nun darauf hingewiesen wird, daß Struktur und Handeln als zwei verschiedene Aspekte derselben Sache zu sehen sind, ohne dabei identisch zu sein, dann heißt das, daß beide ineinander "enthalten" sind, aber nicht in gleichem Maße. Damit sollte zum Ausdruck kommen, daß sich das Verhältnis von Struktur und Handeln – und konsequenterweise auch die Strukturationsprozesse – durch eine "immanente dialektische Beziehung" (Kießling, 1988, 173) auszeichnet: Die soziale Praxis involviert die Dialektik von Handeln und Struktur.

52 I.J. Cohen (1989, 12) umschreibt diesen Zusammenhang wie folgt: "Praxis should be regarded as synonymous with the constitution of social life, i.e. the manner in which all aspects, elements, and dimensions of social life, from instances of conduct in themselves to the most complicated and extensive types of collectivities, are generated in and through the performance of social conduct, the consequences which ensue, and the social relations which are thereby established and maintained. (...) This view of praxis is equally relevant to the constitution of action and the constitution of collectivities, because both aspects of social life are generated and reproduced or altered in and through social praxis itself."

Dies hat nicht nur Konsequenzen für das Verhältnis von Handeln und Struktur, sondern auch für "Handeln" und "Struktur" selbst. "Handeln" ist in dem Sinne gleichzeitig als "strukturiert" und "strukturierend" zu verstehen und "Struktur" gleichzeitig als "Handlungsprodukt" und "Handlungsgenerierung". Damit ist wohl noch wenig für ein vertieftes Verständnis gewonnen, aber die damit verbundene Denkweise dürfte angedeutet sein. Diese Betrachtungsweise weist viele Gemeinsamkeiten mit Hegels "Herrschafts-Knechtschafts-Dialektik" auf. Der Kerngedanke, auf dessen Hintergrund dann auch Giddens' Vorstellung der Dualität zu lesen ist, besteht darin, daß es ohne Herrn keinen Knecht und ohne Knechte keine Herren gibt. Das Knechtsein bedingt das Herrsein und umgekehrt. Das knechtische Bewußtsein ermöglicht das Bewußtsein des Herrseins und umgekehrt. Die Macht des Herrn erfordert das Knechtsein, und das Knechtsein den Herrn. So ist auch das Verhältnis von Struktur und Handeln zu sehen. Die Strukturen werden im Handeln wirklich und das Handeln wird über die Strukturen konstituiert. Deshalb können auch, wie im Abschnitt 1.7 vorgeschlagen wurde, soziale Situationen von zwei Seiten betrachtet und analysiert werden: von der Seite des Handelns ebenso wie von der institutionellen Seite.

In bezug auf das Verhältnis von Hegels Herrschafts-Knechtschafts-Dialektik und Giddens' Idee der Strukturierung bzw. der Strukturation ist aber auf einen wichtigen Unterschied hinzuweisen. Bei Hegel (1973, 145ff.) sind beide Seiten mit einem Bewußtsein ausgestattet, und er handelt das Herrschafts-Knechtschafts-Verhältnis entsprechend unter dem Titel "Selbständigkeit und Unselbständigkeit des Selbstbewußtseins" ab. In der Strukturationstheorie hingegen ist nur das handelnde Subjekt, nicht aber die Struktur mit einem Bewußtsein ausgestattet. Nur die Instanz der Generierung des Handelns, das Subjekt also, ist zur Strukturation fähig, Strukturen hingegen sind subjektlos. Das heißt somit, daß die Auflösung der Dualität von Handeln und Struktur, welche die bisherigen Gesellschaftstheorien geprägt hat, bei Giddens eindeutig über die subjektive Seite des Verhältnisses erfolgt. Die Struktur wird über das Bewußtsein des handelnden Subjektes vermittelt sozial wirklich und auch nur auf diese Weise wirksam. Was ist nun aber das neue Verständnis von "Handeln" und "Struktur" bei Giddens?

Über die Betonung der Kompetenzen der Akteure, *die vieles können, auch wenn sie nicht in der Lage sind, darüber zu sprechen,* wird von Giddens bereits angedeutet, daß er nicht von einer üblichen Definition des Handelns ausgeht. Das heißt, daß er die zentralen Merkmale des Handelns nicht allein – wie das bei der klassischen Handlungstheorie der Fall ist – in "Bewußtheit" und "Intentionalität" sehen kann. Die traditionellen handlungstheoretischen Konzepte von "Bewußtheit" und "Intentionalität" setzen nämlich voraus, daß alle Subjekte bewußt handeln, und implizit wird zudem davon ausgegangen, daß sie dann auch darüber reden können, wenn sie über ihre Handlungen befragt werden. Giddens weist aber mit Nachdruck darauf hin, daß es offensichtlich daneben noch eine Bewußtheit gibt, aufgrund derer man Dinge kompetent tun kann, ohne daß man darüber unbedingt auch sprechen kann.

"Handeln" ist im Sinne von Giddens nicht als eine abgeschlossene Tätigkeitssequenz zu sehen, sondern vielmehr als ein Fluß von Tätigkeiten. Die Tätigkeiten der Menschen sind somit als ein Tun zu sehen, das in ein ständiges Fließen eingebettet ist. Es ist weder klar begrenzbar noch fixiert. Daraus folgt, daß eine Intention für eine bestimmte Tätigkeit nicht das spezifische Charakteristikum menschlichen Tuns sein kann. Zusammen mit dem, was eben über die verschiedenen Formen der Bewußtheit des Handelns angedeutet wurde, folgt, daß weder "Bewußtheit" noch "Intentionalität" die zentralen Merkmale von "Handeln" sein können. Für Giddens (1988a, 60) ist dies vielmehr die Fähigkeit, im gesellschaftlichen Kontext zu agieren, den Fluß des aktiven Tätigseins so zu gestalten, daß soziales Leben überhaupt möglich wird. Damit ist darauf hingewiesen, daß sich Handeln einerseits durch den kreativen Aspekt und andererseits das transformative Potential beziehungsweise die Macht der Veränderung auszeichnet. *"Macht"* äußert sich demgemäß ausschließlich in und über Handeln und ist diesem nicht etwas Äußerliches.

In diesen Tätigkeitsprozessen beziehen sich nun die Akteure auf die "Struktur" und vollziehen dabei die Strukturationen der sozialen Wirklichkeit. Was ist nun unter "Struktur" zu verstehen? "Eine Struktur ist keine 'Gruppe', 'Kollektiv' oder 'Organisation', diese haben Strukturen" (Giddens, 1984b, 147). Strukturen haben auch kein Subjekt, sondern die Subjekte beziehen sich in Situationen des Handelns auf Strukturen. Der Fluß menschlichen Handelns ist in diesem Sinne als Ausdruck dieser Verwiesenheit auf soziale Strukturen zu begreifen.

Strukturen werden von Giddens zunächst in zwei Bereiche untergliedert: in *Regeln und Ressourcen*. Das heißt dann dementsprechend, daß der Fluß menschlichen Handelns unter Bezugnahme auf Regeln und Ressourcen verwirklicht wird und dabei diese produziert und reproduziert. Oder genauer formuliert: Menschliches Handeln nimmt auf spezifische semantische und moralische Regeln sowie auf autoritative und allokative Ressourcen Bezug.

Übersicht 4: Regeln und Ressourcen

Regeln	*Ressourcen*
Deutungsschemata (semantische Regeln)	Allokative Ressourcen
Normen (Sanktionsregeln)	Autoritative Ressourcen

Die "Konstitution der Gesellschaft" (Giddens, 1988a) in sozialen Begegnungen ist somit von Regeln und Ressourcen geleitet: Situationen werden nach bestimmten Regeln gedeutet, und die Beachtung bestimmter Normen sorgt dafür, daß bestimmte Interpretationsspielräume nicht überschritten werden. Dies ist der regelhafte Aspekt der Strukturen.

Mit dem, was Giddens als Ressourcen bezeichnet, meint er "Kompetenz-" oder besser: "Vermögens- bzw. Verfügungsbereich", also die Spannweite dessen, was ein Subjekt zu tun vermag, die transformative Kapazität menschlichen Handelns. Damit sollte offensichtlich werden, daß mit diesem Potential insbesondere jene Vermögensweisen angesprochen werden, die üblicherweise mit Herrschaft und Macht bezeichnet werden. Diese werden nun eindeutig als Bestandteile sozialer Begegnungen, der sozialen Praxis, thematisiert: "All social interaction involves the use of power, as a necessary implication of logical connection between human action and transformative capacity. Power (...) can be analysed as relation of autonomy and dependence between actors in which these actors draw upon and reproduce structural properties of domination" (Giddens, 1981, 28f.). Dabei ist nun analytisch zwischen zwei Typen von Transformationspotentialen zu unterscheiden. Den einen Bereich bezeichnet Giddens als das Transformationspotential der "Autorisierung" (authorisation), den zweiten als jenen der "Allokation" (allocation). Im Hinblick auf die Darstellung der Ontologie prä-moderner und spät-moderner Gesellschaften sind nun beide differenzierter vorzustellen.

Autoritative Ressourcen bezeichnen das Vermögen/die Fähigkeit, die Kontrolle über Akteure zu erlangen und aufrechtzuerhalten: "Authoritative resources refer to types of transformative capacity generating command over persons or actors" (Giddens, 1984a, 33). Die wichtigsten Formen autoritativer Ressourcen, die in allen Gesellschaftsformen vorgefunden werden können, beziehen sich gemäß Giddens (1981, 51f.) auf die raum-zeitliche Organisation einer Gesellschaft, die Produktion und Reproduktion der Menschen sowie die Organisation menschlicher Lebenschancen.

Allokative Ressourcen bezeichnen demgegenüber das Vermögen/die Fähigkeit, die natürlichen Lebensgrundlagen, die Welt der materiellen Objekte in deren Zugang, Aneignung und Nutzung, zu kontrollieren: "Allocation refers to forms of transformative capacity generating command over objects, goods or material phenomena" (Giddens, 1984a, 33), "to human domination over nature" (Giddens, 1981, 51). Die wichtigsten Formen allokativer Ressourcen, die in allen Gesellschaftsformen vorgefunden werden können, beziehen sich demgemäß auf materielle Roh- und Treibstoffe, Produktionsmittel und produzierte Güter. Daraus sollte ersichtlich sein, daß mit den allokativen Ressourcen in etwa das bezeichnet ist, was Marx mit den Produktionsverhältnissen umschrieben hat. Beide beziehen sich auf die sozialen Verhältnisse der Kontrolle zur Transformation und Aneignung der natürlichen Grundlagen.

Strukturen sind somit als subjektlose Systeme semantischer Regeln (Struktur von Weltbildern), als Systeme von Ressourcen (Struktur der Herrschaft) und als Systeme moralischer Regeln (Struktur der Legitimation) zu begreifen. Jeder Dimension können entsprechende soziale Institutionen zugeteilt werden, die als Ausdruck der institutionalisierten Praxis und des institutionalisierten Handelns zu begreifen sind. Die entsprechenden Institutionen überwachen diese Bereiche einerseits und sind für die spezialisierte "Produktion" von Regeln der Deutung und Sanktion sowie zur Erlangung, Handhabung und Durchsetzung der Ressourcen zuständig.

Damit sollte die Grundidee der Strukturationstheorie besser zugänglich geworden sein. Es sollte auch verständlich geworden sein, warum das Konzept der Dualität der Strukturen als die Kernidee dieser Theorie zu begreifen ist. Die Typisierung verschiedener Gesellschaftsformen ist nun unmittelbar auf das Konzept der Dualität der Strukturen bezogen.

2.2 Unterscheidung verschiedener Gesellschaftsformen

Zur typisierenden Beschreibung der verschiedenen Gesellschaftsformen bezieht sich Giddens unmittelbar auf seine Konzeption der sozialen Strukturen und die entsprechenden Strukturationsprozesse. Seine Darstellungen der "Ontologie der Spät-Moderne" beziehungsweise der "Ontologie traditioneller Gesellschaften" umfaßt dementsprechend die Darstellung der "menschlichen Existenzweise im Rahmen prä- oder spät-moderner Gesellschaften" beziehungsweise der unter diesen Umständen vorzufindenden Strukturationsprozesse. Bevor diese Formen genauer vorgestellt werden können, ist zuerst präziser auf die Unterscheidungskriterien einzugehen.

Das erste Unterscheidungskriterium ist die "Moderne", die Aufklärung. Unter ihr versteht Giddens (1995, 9) in erster Annäherung jene "Arten des sozialen Lebens oder der sozialen Organisation, die in Europa etwa seit dem siebzehnten Jahrhundert (...) (entstanden sind) und deren Einfluß seither mehr oder weniger weltweite Verbreitung gefunden hat". Mit *modernen Gesellschaften* sind im wesentlichen die Industriegesellschaften gemeint.[53] Mit den *spät-modernen Gesellschaften* meint Giddens die zeitgenössischen westlichen Gesellschaften. Die voraufgeklärten Gesellschaften werden als *prä-moderne Gesellschaften* bezeichnet. Innerhalb dieser drei Haupttypen führt Giddens (1981, 159) feinere Unterscheidungen ein, auf die hier aber nicht eingegangen werden kann.

Man kann die Unterscheidungen auch von der anderen Seite her einführen. Dann sind die aktuellen Gesellschaften post-traditionelle Gesellschaften, als "post-traditional societies" (Giddens, 1994b) zu bezeichnen. Was auf den ersten Blick als eine Spitzfindigkeit aussieht, ist letztlich Ausdruck des Bemühens um ein angemessenes Verständnis der Gegenwart. Dies ist auf dem Hintergrund der Verkündung der Post-Moderne durch Lyotard (1986), Derrida (1976), Fukuyama (1992) u.a. zu sehen. Die Interpretation der Gegenwart ist schließlich unmittelbar mit dem sozialen Selbstverständnis verknüpft, aus dem seinerseits die Leitlinien der Gesellschaftspolitik abgeleitet werden. In diesem Sinne ist denn auch Giddens' Wahl des Ausdrucks "Spät-Moderne" zu sehen, die sich explizit gegen die Post-Modernisten wendet. Die Bevorzugung der Ausdrücke "post-traditionell" oder "spät-modern" hat auch damit zu tun, daß sich Giddens gegen jede Fixie-

53 Vgl. Giddens, 1991a, 15.

rung einer bestimmten Zukunft richtet und die Zukunft der Menschheitsgeschichte als offen betrachtet.

Gegen die Typisierung der Gegenwart als Post-Moderne sprechen mehrere Gründe. In der Philosophie meint "Post-Moderne" das Aufgeben der Bemühungen um Einheitlichkeit, wie es von der Erkenntnistheorie der Aufklärer Descartes und Kant gefordert wurde. Erkenntnis wird nicht mehr auf eine geringe Anzahl von Axiomen zurückführbar gehalten. Zudem wird gefordert, daß nicht mehr das Subjekt als das Zentrum der Erkenntnis gelten solle. Vielmehr wird die Dezentrierung des Subjektes gefordert. An die Stelle der Erkenntnistheorie solle die Dekonstruktion treten. Die Aufgabe der Philosophen und Sozialwissenschaftler ist es dann, die Idee der subjektzentrierten Erkenntnis und der entsprechend statischen Kategorien des Erkennens als Konstruktion zu entlarven, zu dekonstruieren[54]: "The 'deconstruction' of texts is supposed to demonstrate their character as productivity, but such production turns out to be nothing more than the play of 'pure difference'" (Giddens, 1979, 36).

In den Sozialwissenschaften bezeichnet der Ausdruck "Post-Moderne" eine Gesellschaftsform, in der kein Zentrum und keine Einheit mehr auszumachen sind. Es gibt vielmehr eine "Mehrzahl heterogener Erkenntnisansprüche, unter denen die Wissenschaft keine privilegierte Stellung einnimmt" (Giddens, 1995, 10). Es gäbe erstens keine Gewißheit mehr über die Gültigkeit des gewußten Wissens, weil sich alle früheren epistemologischen Annahmen über die Grundlagen menschlichen Erkennens in jüngerer Zeit als unzuverlässig erwiesen hätten. Zweitens ist offensichtlich geworden, daß die Geschichte keine identifizierbare Zielgerichtetheit aufweist und somit auch "keine Lesart des Fortschrittgedankens einleuchtend verteidigt werden kann" (Giddens, 1995, 64). Drittens schließlich erlange das soziale Leben neue Problemdimensionen wie ökologische Belange und neue Zentren politischer Aktivität wie die neuen sozialen Bewegungen, die immer größere Bedeutung erlangten. Auch in ihnen äußere sich die neue 'Multiperspektivität' der Wirklichkeitsdeutung.

Gemäß Fukuyama (1992) haben wir damit das "Ende der Geschichte" erreicht. Denn aufgrund des Verlustes jeder Einheitlichkeit der Perspektive sei in der Post-Moderne jede Möglichkeit einer allgemeingültigen Darstellung verloren gegangen. Deshalb wäre nun auch jeder Versuch der kohä-

54 Vgl. dazu auch Kimmerle, 1988, 41ff. und Giddens, 1979, 36.

renten Geschichtsschreibung illusorisch. Mit dieser Einschätzung kann Giddens allerdings wenig anfangen, und er gewinnt ihr keine positive Seite ab. Denn "Geschichte" wies nie eine eigene Form an sich auf und auch nie eine allumfassende Teleologie oder globale Zielausrichtung. Wie früher ist es auch jetzt möglich, verschiedene "Geschichten" zu schreiben. "Geschichten" kann man aber nicht über die "Idee, die Geschichte habe eine Entwicklungsrichtung" (Giddens, 1995, 68), in *einem* archimedischen Punkt verankern.

Das heißt somit, daß Giddens Fukuyamas' These in einem Mißverständnis begründet sieht. Dieses Mißverständnis weist – so kann man das interpretieren – viele Gemeinsamkeiten mit der Behauptung auf, im Rahmen aktueller Gesellschaften wäre Geographie obsolet geworden, weil sowieso überall alles wäre. Beide Thesen sind wohl eher Ausdruck eines problematischen Geschichts- beziehungsweise Geographieverständnisses, als daß sie etwas Erhellendes über die aktuellen gesellschaftlichen Verhältnisse aussagen würden.[55]

Giddens geht zu jeder These der Post-Modernisten auf kritische Distanz. Er analysiert diese und verwirft sie letztlich alle. Ausgangspunkt dazu bildet der Leitsatz, die Bewegung in Richtung "Post-Moderne" impliziere, daß die gesellschaftliche Transformation von den Institutionen der Moderne in Richtung neuer sozialer Ordnung führt. "Falls der Postmodernismus in einer überzeugenden Form existiert, könnte es sein, daß er das Bewußtsein von einem solchen Übergang zum Ausdruck bringt, ohne jedoch zu zeigen, daß dieser Übergang wirklich existiert" (Giddens, 1995, 64f.). Seine These ist es, daß wir nicht im Zeitalter der Post-Moderne leben, sondern vielmehr in einem Zeitalter, in dem die Konsequenzen der Moderne radikalisiert und universalisiert zum Tragen kommen. Aktuell sind zwar die Konturen einer neuen, andersartigen Gesellschaftsordnung erkennbar, doch diese Ordnung – so lautet Giddens (1995, 11) These – "ist völlig verschieden von dem, was zur Zeit von vielen 'Postmoderne' genannt wird."

Nach der ersten Differenzierung und Umschreibung der einzelnen, im folgenden zentralen Begriffe, erfolgt nun die Darstellung der Ontologie der prä- und spät-modernen Gesellschaften. Giddens geht davon aus, daß die

55 Dieser Problematik des traditionellen Geographieverständnisses in spät-modernen Gesellschaften und einem Vorschlag zu dessen Überwindung ist Band 2 gewidmet.

Klassiker der Gesellschaftstheorie zu stark auf die modernen Gesellschaften des 19. Jahrhunderts ausgerichtet und demgemäß für die aktuellen sozialen Erscheinungen in mehrerer Hinsicht zu begrenzt sind. Was wir brauchen, ist eine Theorie, welche die zeitgenössischen Gesellschaften klärend erläutern kann. Um dies zu erreichen, muß auch angebbar sein, worin die Besonderheiten dieser zeitgenössischen Gesellschaften bestehen. In diesem Sinne soll nun die Ontologie der prä-modernen und jene der spät-modernen Gesellschaften vorgestellt werden. Die Strukturationstheorie gibt dabei den sensibilisierenden Bezugsrahmen für deren typisierende Darstellung ab.

Zu klären bleibt, mit welchen Kriterien dieser Vergleich der Ontologie prä- und spät-moderner Gesellschaften erfolgen soll. Giddens geht dazu von der Frage aus, wie die Diskontinuitäten zu identifizieren sind, aufgrund welcher sich die sozialen Institutionen der Moderne von jenen traditioneller Gesellschaften unterscheiden. Unter Bezugnahme auf strukturationstheoretische Kategorien und Prinzipien fallen die entsprechenden Antworten wie folgt aus: Als erste Diskontinuität bezeichnet Giddens (1995, 14f.) die Geschwindigkeit der gesellschaftlichen Transformation, des sozialen Wandels. "Eine zweite Diskontinuität ist die Reichweite des Wandels" (Giddens 1995, 15). Das dritte Merkmal sieht er schließlich in jenen Eigenschaften, welche den modernen Institutionen inhärent sind bzw. deren Besonderheit ausmachen: die Reflexivität.

Diese drei Dimensionen sind untereinander eng verwoben. Der Rhythmus des Wandels ist direkt mit seiner Reichweite verknüpft und schließlich auch mit dem Maß der Reflexivität, das die institutionalisierte Praxis in traditionellen und modernen Gesellschaften voraussetzt. Dieser Verwobenheit trägt Giddens (1991a) schließlich Rechnung, indem er jede dieser drei Dimensionen mit einem weiteren Differenzierungsmerkmal zwischen modernen und prä-modernen Gesellschaften kombiniert:

Erstens: Die Trennung von Zeit und Raum
(*"separation of time and space"*, Giddens, 1991a, 16).
Zweitens: Die Entankerung[56] sozialer Institutionen

56 Joachim Schulte übersetzt in "Konsequenzen der Moderne" "disembedding" mit "Entbettung", was in mehreren deutschsprachigen Rezensionen dieses Werkes eher belustigt kommentiert wurde. Diese Übersetzung wird hier nicht übernommen und der von mir (Werlen, 1993d) bereits früher vorgeschlagene Begriff "Entankerung" beibehalten. Diese Übersetzung ist zwar nicht eleganter, doch Giddens' Intention

(*"disembedding* of social institutions", Giddens, 1991a, 17).

Drittens: Die Reflexivität moderner Institutionen ("thoroughgoing *reflexivity* (...) of modern institutions", Giddens, 1991a, 20).

Auf die Implikationen dieses Verfahrens ist noch einzugehen. Zuerst ist eine Zwischenbilanz zu ziehen. Die bisher eingeführten Differenzierungen können im Sinne von Giddens – wie in Übersicht 5 dargestellt – systematisch aufeinander bezogen werden. Sie geben dann die Kategorien zur Typisierung traditioneller und spät-moderner Gesellschaftsformen ab.

Übersicht 5: Differenzierungskategorien zwischen Prä- und Spät-Moderne

Geschwindigkeit des sozialen Wandels	–	Einheit vs. Trennung von Zeit und Raum
Reichweite des sozialen Wandels	–	Verankerungs- vs. Entankerungsmechanismen
Wirkungsart der Institutionen	–	Macht der Traditionen vs. institutionelle Reflexivität

Dies sind somit die Kategorien, hinsichtlich derer nun die Ontologie prä-moderner und spät-moderner Gesellschaften im Sinne von jeweils aktuellen Handlungsbedingungen idealtypisch bestimmt werden soll. Gleichzeitig wird dabei auf jene sozialen Kräfte, deren Äußerungsformen und die Merkmale verschiedener Gesellschaftstypen aufmerksam gemacht, die Giddens für zentral hält. Die oben wiedergegebenen Dimensionen beziehen sich auf die folgenden thematischen Schwerpunkte[57]:

angemessener. Denn Giddens (1981, 69) benutzt für moderne kapitalistische Gesellschaften das Bild "Time-Traveller", um zu verdeutlichen, daß die Verankerungen traditioneller Gesellschaften mit dem Kapitalismus mehr und mehr aufgehoben werden. Zudem kann die Übersetzung mit "Entankerung" auch auf die Blut-und-Boden-Konnotation von "Verankerung" (embedding) traditioneller Gesellschaften hinweisen, welche fundamentalistische Rückgriffe auf traditionelle Gesellschaftsformen aufweisen. Diese metaphorischen Bezüge von "embedded" gehen bei einer Übersetzung mit "Einbettung" bzw. "Entbettung" verloren. Diese und die anderen Abweichungen von Schultes Übersetzung werden in der Folge mit eckigen Klammern [ ] gekennzeichnet.

57 Vgl. dazu auch Craib, 1992, 78f.

- das Verhältnis zwischen Gesellschaft und Territorium;
- legitimierte Vorrechte über physische Ressourcen innerhalb dieses Territoriums, der raum-zeitlichen Absicherung dieser Vorrechte;
- raum-zeitlich strukturierte Muster institutionalisierter Praktiken;
- Zugehörigkeitsbewußtsein zu einer bestimmten Gemeinschaft mit einer bestimmten Identität.

Giddens hat diese systematische Ordnung zur typisierenden Beschreibung prä- und spät-moderner Gesellschaften erst spät entwickelt. Die Aufgabe im Hinblick auf das hier verfolgte Ziel ist es nun, sein Werk im nachhinein auf diese Dimensionen zu beziehen. Die Gliederung der nächsten Abschnitte bezieht sich auf die in der Übersicht zusammengefaßten Dimensionen, deren Interrelationen im Bereich beider Gesellschaftstypen und die vier eben genannten thematischen Akzentuierungen. Bevor diese Typisierung vorgenommen wird, ist auf vier wichtige Implikationen dieser Differenzierung aufmerksam zu machen.

Nach Giddens (1990a, 36) können die Besonderheiten der Moderne mittels Kontrastierung zu "Tradition" herausgearbeitet werden. Das heißt aber nicht, daß gleichzeitig auch davon auszugehen ist, in zeitgenössischen Gesellschaften würde Tradition keine Rolle mehr spielen. Vielmehr sind unter konkreten gesellschaftlichen Bedingungen "viele Verbindungen des Modernen mit dem Traditionalen" (Giddens, 1995, 52) feststellbar. Das besondere Merkmal dieser Vergleichsweise ist somit, daß die prä-modernen Gesellschaften über die Differenz zu modernen und spät-modernen Gesellschaften – und umgekehrt – charakterisiert werden. Aufgrund dieser Zirkularität des Vorgehens kann – das ist die *erste Implikation* – nicht eine originäre Darstellung jedes einzelnen Typus beansprucht werden.

Die *zweite Implikation* dieser Differenzierung besteht darin, daß die drei genannten Kategorien das evolutionäre Schema ersetzen sollen, das außer für "vulgär-evolutionistische", auch für marxistische und funktionalistische Gesellschaftstheorien kennzeichnend ist. Giddens (1981, 82) vertritt in diesem Sinne einen nicht-evolutionären Standpunkt der theoretischen Repräsentation gesellschaftlicher Wirklichkeiten. Für ihn gibt es keine zentrale evolutionäre Kraft, die den Wandel in eine bestimmte Richtung leitet. Die Veränderungen des sozialen Lebens über Zeit sind vielmehr Ausdruck einer Vielzahl von Prozessen. Dabei unterscheidet Giddens (1981, 82) zwischen "episodes" und "time-space edges". Diese beiden Konzepte umschreibt er wie folgt: "'*Episodes*' refer to processes of social change which have a definite direction and form (...). Episodes involve structural transformation; but these do not have a mechanical inevitability to them" (Giddens, 1981, 82). Bestimmte Episoden können somit eine angebbare Richtung des Wandels aufweisen, was aber nicht mit einem die gesamte Menschheitsgeschichte umfassenden evolutionistischen Finalismus gleichzusetzen ist.

In ähnlicher Absicht führt Giddens (1981, 83) auch das Konzept der "time-space edges" ein: "In talking of time-space edges, (...) I wish to pay emphasis upon simultaneous, interconnected, existence of different types of society. This helps to free us from the tendency of evolutionary thought to analyse societal developments in terms of 'stages', and from the influence of 'unfolding models' of change. (...) Time-space edges refer to forms of contact or encounter between types of society organised according to variant structural principles." Dieser Ausdruck verweist somit – im Gegensatz zu evolutionistischen Wirklichkeitsdarstellungen – auf die Gleichzeitigkeit der Existenz verschiedener Gesellschaftstypen, die sich territorial überlappen können. Damit wird ein konzeptionelles Gegengewicht zu evolutionistischen "Entwicklungsstufen" geschaffen, die eine gewisse Gleichförmigkeit innerhalb dieser zeitlich begrenzten Einheiten vortäuschen.

Für Giddens sollen uns beide Konzepte einerseits vor einem deterministisch-evolutionistischen Verständnis des sozialen Wandels bewahren, und andererseits davor, die Geschichte des sozialen Wandels als eine bloße Abfolge von "reinen Stufen" zu verstehen. "Geschichte" ist vielmehr zu verstehen als eine offene und nicht mechanisch zwingende Abfolge von strukturellen Umwandlungen von Gesellschaften. Und diese Abfolge erfolgt auch nicht in "Stufen" in dem Sinne, daß sich diese Transformationen überall in gleicher Form durchsetzen. Vielmehr koexistieren verschiedene Gesellschaftsformen und diese können miteinander sogar verbunden sein. Wie die Gegenwart zeigt, können Jäger und Sammler, Stammesgesellschaften, Nationalstaaten usw. gleichzeitig bestehen. Sie unterscheiden sich in erheblichem Maße, und es besteht zudem keine Garantie, daß aus Stammesgesellschaften Nationalstaaten werden oder solche, die es geworden sind, es auch bleiben.

Beide Merkmale dieser Betrachtungsweise sollen auch dazu beitragen, von einer eurozentrischen Weltsicht zu befreien bzw. davor zu bewahren. Ein evolutionistisches Verständnis von verschiedenen Abfolgestufen betrachtet Giddens als Ausdruck einer Unterschätzung der Fähigkeiten der Handelnden und deren Bewußtseins um ihre eigene Situation in verschiedenen Gesellschaftstypen: "Most theories of evolution, not excluding that of Marx, and notwithstanding his emphasis upon the active character of *Praxis,* underestimate the knowledgeability of human subjects – in this case, those living in relatively 'primitive' societies" (Giddens, 1981, 22). Im Vergleich zu den evolutionistischen Darstellungen gibt es jede Menge von empirischen Belegen, daß Akteure in sogenannten "primitiven Gesellschaften" häufig sehr gut Bescheid wußten bzw. wissen über die sogenannte "höhere Zivilisation", der Eingliederung in diese aber aktiv widerstehen konnten.[58]

Das zentrale Merkmal der Veränderung der Seinsweise des sozialen Lebenskontextes besteht – wie Craib (1992, 78) betont – demgegenüber vielmehr in der Ausdehnung der Reichweiten des Agierens und Wirkens über Raum und Zeit hinweg. Ein besonders wichtiger Aspekt ist dabei in der Lagerungsfähigkeit von allokativen und autoritativen Ressourcen zu sehen: "(The) storage of allocative and authoritative resources plays an essential underlying role in the promotion of time-space distanciation" (Giddens, 1981, 95). In deren Ausprägungsform und Ausprägungsmaß unterscheiden sich denn auch die verschiedenen Gesellschaftstypen. Diese verschiedenen Typen können durchaus koexistieren und zudem kann eine bestimmte Gesellschaft im Verhältnis zu anderen an Lagerungspotential einbüßen.

Die *dritte Implikation* besteht darin, daß eine derartige Unterscheidung zwischen prä-modernen, modernen und spät-modernen Gesellschaften nicht davon ausgehen muß, daß traditionelle Formen sozialen Lebens völlig verschwunden wären, sondern in aktuellen sozialen Situationen alle drei Formen als existent annehmen kann. Doch sie sind unterschiedlich gewichtet. Traditionelle Elemente sind in modernen und spät-modernen Gesellschaften nicht mehr dominierend und maßgebend, kommen aber trotzdem vor.[59]

Viertens ermöglicht diese Konzeption, jeden Gesellschaftstypus in Kategorien des Handelns und institutionalisierter Praxis sowohl zu charakterisieren als auch zu analysieren. Damit kann jede hier unterschiedene Existenzweise des sozialen Lebenskontextes in Kategorien des Handelns bzw.

58 Vgl. dazu ausführlicher Giddens, 1981, 23f.
59 Vgl. Giddens, 1981, 96.

der sozialen Praxis beschrieben werden, so daß man nicht auf Kategorien aus einer holistischen Gesellschaftskonzeption zurückzugreifen braucht. Derart kann der Sozialontologie spät-moderner Gesellschaften Rechnung getragen werden, deren besonderes Merkmal – wie später ausführlicher gezeigt wird – in ihrem hohen Maße an Reflexivität zu sehen ist. Traditionelle Gesellschaften könnten zwar – wie im anschließenden Abschnitt gezeigt wird – auch in holistischen Kategorien dargestellt werden. Doch dann wäre die Vergleichbarkeit mit spät-modernen Gesellschaften stark eingeschränkt.

2.3 Ontologie traditioneller Gesellschaften

Jede Auseinandersetzung mit traditionellen Gesellschaften sollte eigentlich – wenn dies bisher auch nur höchst selten der Fall war – von der Klärung des Begriffs "Tradition" ausgehen. Für Giddens (1987b, 147) ist "Tradition" zuerst und vor allem ein Mittel sozialer Reproduktion, das in den Praktiken verankert ist, welche die Alltagsaktivitäten konstituieren. Darunter ist somit zunächst einmal ein Bezugsrahmen der Handlungsorientierung zu verstehen. Doch was ist das Spezifische dieses Bezugsrahmens, und was sind die Besonderheiten der Orientierung an ihm in traditionellen Gesellschaften?

Häufig wird Tradition mit dem Starren, dem völlig Unveränderlichen gleichgesetzt. Doch dies ist nicht das zentrale Merkmal: "Tradition itself is not necessarily resistant to change" (Giddens, 1987b, 147). "All traditions are invented traditions" (Giddens, 1993). Der Bezugsrahmen der Handlungsorientierung "Tradition" kann somit durchaus als geschaffen und veränderbar gesehen werden, wenn auch unter Umständen in langsamerem Rhythmus. Doch als viel wichtiger sind jene Merkmale zu betrachten, die sich aus der Tatsache ergeben, daß in diesen Gesellschaften die Schrift – wenn überhaupt – dann nur schwach verbreitet ist. Denn Tradition und Brauchtum sind gemäß Giddens in schriftlosen Gesellschaften das zentrale Bindeglied zwischen Vergangenheit und Gegenwart: "Past and present are interwined through the hold over custom that tradition provides" (Giddens, 1987b, 147).

Wenn keine schriftlichen Aufzeichnungen bestehen über die Traditionen einer Gesellschaft, ist es gleichzeitig schwierig, Aussagen darüber zu machen, wie lange Praktiken überhaupt befolgt werden. Länger als eine Lebensspanne? Man kann davon ausgehen, daß Traditionen nur dann über längere Zeit gleichförmig bleiben können, wenn schriftliche Dokumente bestehen, die klassische, modellhafte Handlungsmuster anzugeben erlauben. Dementsprechend braucht man weder die Dauer, noch die Gleichförmigkeit noch die Starrheit der Handlungsmuster als die zentralen Merkmale von Traditionen zu betrachten. Sie sind vor allem als ein exzellentes Mittel zu betrachten, mit dem bestimmte Themen außerhalb der Sphäre diskursiver Begründung gehalten werden können: "The important thing about traditions is not that they last for a long time. (...) I would rather think that traditions are a way of keeping things out of the discursive domain" (Giddens, 1993).

Tradition ist demgemäß als eine Form der Legitimierung von Handlungspraktiken zu begreifen. Es ist eine nicht diskursive Form der Verknüpfung von Vergangenheit und Gegenwart. Für die Beschreibung traditioneller Gesellschaften bzw. traditioneller Lebensformen reicht dementsprechend der Hinweis auf die Dominanz von Traditionen nicht aus. Vielmehr ist auf jene Zusammenhänge aufmerksam zu machen, die sie radikaler von modernen und spät-modernen Gesellschaften und entsprechenden Lebensformen unterscheiden; auf jene Aspekte des Soziallebens, welche die traditionelle Art der Handlungsorientierung und Handlungslegitimierung ermöglichen.

Diese Festlegung kann nun aber nicht mit der Zustimmung zu Max Webers Auffassung von "Tradition" gleichgesetzt werden. Traditionelle Handlungen oder genauer: traditionelle Handlungsorientierungen werden von Weber (1980, 12f.) als nicht weiter hinterfragte Formen des Handelns verstanden. Man handelt in gewisser Weise, nicht weil man sich das so überlegt hat, sondern weil man es immer schon so gemacht hat. Das besondere Merkmal traditioneller Handlungsmuster besteht für Weber (1980, 15) denn auch in ihrem höchst geringen Maß an Reflexivität und Rationalität.[60] Giddens' (1981, 93) Verständnis richtet sich gegen diese Interpretation und zeigt gleichzeitig deren Grenzen auf.

Die Vorbehalte, die Giddens an Max Webers Verständnis von "traditionaler Herrschaft" als Form der Handlungslegitimierung anbringt, bezieht sich auf folgende Definition: "*Traditional* soll eine Herrschaft heißen,

60 Vgl. dazu auch Werlen, 1988a, 119ff.

wenn ihre Legitimität sich stützt und geglaubt wird aufgrund der Heiligkeit altüberkommener ('von jeher bestehender') Ordnungen und Herrengewalten" (Weber, 1980, 130). Diese Formulierung lege ein Verständnis von "traditional" nahe, bei der "Tradition" an sich die legitimierende Kraft bilde. Dies wiederum impliziert, daß "traditionale Legitimation" keine rationale Basis aufweist: Was heute getan wird, wird nur deshalb getan, weil es "altüberkommen" ist und "von jeher" so gemacht wurde. Doch für Giddens (1981, 93) ist diese Auffassung von "traditional" nicht haltbar, und zwar aus folgendem Grund: "(P)eople do not generally believe in the age-old for its own sake: they believe in it because they regard it as embodying distinctive and precious value-standards and forms of knowledge" (Giddens, 1981, 93). Auch traditionales Handeln wird in Giddens' Sinne – im Gegensatz zu Webers Annahme – von kompetenten Akteuren durchgeführt, die ihre Gründe dafür haben, weshalb sie so und nicht anders handeln.

Webers Darstellung ist nicht zuletzt Ausdruck einer evolutionistischen Sicht, in der das Handeln der zeitgenössischen kapitalistischen Unternehmer die höchste (Rationalitäts-)Stufe erreicht. Alle anderen Typen, wertrationales, affektuales und traditionales Handeln, sind als Vorstufen oder "unreine" Formen des zweckrationalen Handelns eines kapitalistischen Unternehmers gedacht. Dieser unterschwellige Evolutionismus ist – wie dies bereits angesprochen wurde – für Giddens nicht haltbar, und dies hat vor allem auch Implikationen für die weitere Differenzierung des Verständnisses von "Tradition" in bezug auf die "Moderne".

Ein weiteres besonderes Merkmal von "Tradition" ist schließlich das in ihr enthaltene Verhältnis zur Zeit: "Tradition (...) involves a particular type of time-consciousness" (Giddens, 1981, 93). Doch es wäre ein Mißverständnis, das entsprechende Zeitbewußtsein als einen besonderen Typus eines Bewußtseins *von* Zeit als solcher zu betrachten. Dies würde eine klare Unterscheidung von "Tradition"/"Zeit" und Kontinuität, dem ständigen Ablauf sozialer Ereignisse voraussetzen. Dafür liegen gemäß Giddens jedoch keine empirischen Belege vor: "In societies that are dominated by tradition, neither 'tradition' nor 'time' tend to be distinguished as separate from the continuity of events which they help to mould" (Giddens, 1981, 93). Damit ist – wie in Band 2 gezeigt wird – gemeint, daß "Tradition" sich nicht durch ein besonders intensives Zeitbewußtsein auszeichnet. Im Gegenteil. Zeitbewußtsein wird eher für jene Gesellschafts- und Lebensformen von besonderer Bedeutung, die eine große raum-zeitliche Ausbreitung aufweisen, ein großes raum-zeitliches Ausgreifen implizieren.

Welches sind nun die besonderen Merkmale traditioneller Gesellschaften im Verhältnis zu spät-modernen? Giddens (1981) gibt einen zusammenfassenden Überblick, der anschließend ausführlicher erörtert wird. Ausgangspunkt bildet für ihn Beobachtungen in kleineren Jäger- und Sammlergesellschaften sowie seßhaften, unabhängigen Agrargemeinschaften. "(Here) time-space distanciation occurs primarily as a result of two connected features of societal organisation: the grounding of legitimation in tradition, and the role played by kinship in the structuration of social relations, each of which is in turn normally anchored in religion" (Giddens 1981, 5). In diesen kleinen Gesellschaften sind somit soziale Beziehungen über gewisse raum-zeitliche Distanzen hinweg vor allem aufgrund der zwei Formen gesellschaftlicher Organisation möglich: die Begründung von Legitimation über die (geteilte) Tradition und die strukturierende Rolle von Verwandtschaftsbeziehungen für soziale Beziehungen. Beide sind normalerweise in der Religion verankert.

Diese Möglichkeiten der Distanzierung sollten aber nicht darüber hinwegtäuschen, daß in traditionellen Lebensformen das zentrale Merkmal, die zentrale Bedingung für die Aufnahme und Aufrechterhaltung sozialer Beziehungen, die Anwesenheit darstellt: "(These) societies above all involve *presence* (...). There are relatively few social transactions with others who are physically absent" (Giddens, 1981, 5). Der Hauptgrund dafür ist in der Tatsache zu sehen, daß als einzige Lagerungsmöglichkeit für "soziales Wissen" das menschliche Gedächtnis existiert, das nicht durch Hilfsmittel der Kommunikation und Erinnerung ersetzt werden kann. Die sprechenden und sich erinnernden Subjekte müssen sich zum kommunikativen Austausch treffen, räumlich und zeitlich gegenwärtig sein: "In these societies, the human memory (expressed in knowledge of tradition, as a series of continuing practices, and in story-telling and myth) is the principal 'storage container' which 'brackets' time-space" (Giddens, 1981, 5).

Die differenzierte Darstellung und Analyse der ersten allgemeinen Charakterisierung soll nun in den drei folgenden Unterabschnitten entlang der drei zuvor benannten Dimensionen durchgeführt werden. Auf diese Weise kann eine kontrastierende Gegenüberstellung von prä- und spät-modernen Gesellschaften erreicht werden.

2.3.1 Geschwindigkeit des sozialen Wandels

Die erste Besonderheit traditioneller Gesellschaften, auf die Giddens hinweist, ist der relativ niedrige Rhythmus, die relativ niedrige *Geschwindigkeit des sozialen Wandels* im Vergleich zu modernen Gesellschaften. Traditionelle Zivilisationen wie Stadtstaaten, das römische Imperium oder Feudalgesellschaften "mögen zwar beträchtlich viel dynamischer gewesen sein als andere vor-moderne Systeme, doch unter modernen [Bedingungen][61] ist die Schnelligkeit des Wandels extrem" (Giddens, 1995, 15). Sozialer und kultureller Wandel findet unter prä-modernen Bedingungen des Handelns nur in sehr gemächlichem Tempo statt, eher im Jahrhunderte-Rhythmus als im Jahrzehnte-Rhythmus. Je nach Herkunft, Alter und Geschlecht werden den einzelnen Personen klare Positionen zugewiesen, die weder über individuelle Entscheidungen noch besondere Leistungen maßgeblich verändert werden können.

Die relativ niedrige Geschwindigkeit sozialen Wandels ist gemäß Giddens unmittelbar mit dem vorherrschenden Verständnis von "Zeit" und "Raum" in traditionellen Gesellschaften verbunden. In modernen Gesellschaften ist das Verständnis und Bewußtsein von "Zeit" wesentlich mit der Erfindung der mechanischen Uhr verbunden. Allgemeiner formuliert, kann man sagen, daß dieses an die Uhr gebundene Verständnis eine begriffliche Differenzierung von "Zeit" als abstrakte Eigenschaft impliziert. Darin ist der wesentliche Unterschied im Vergleich zu traditionellen, "primitiven" Gesellschaften zu sehen: "Most small-scale 'primitive' societies seem to lack such an abstract conception of time (or of space either)" (Giddens, 1981, 36). Das zentrale Merkmal des Zeit- und Raumverständnisses traditioneller Gesellschaften ist demgemäß – so kann das formuliert werden – in einer nicht vorhandenen Abstraktion zu sehen. Dies ist mit mehrfachen Konsequenzen verbunden.

In den Alltagsroutinen der Mitglieder traditioneller Gesellschaften gibt es, nicht zuletzt aufgrund dieser mangelnden Abstraktheit, kaum eine Trennung von räumlicher und zeitlicher Dimension der Handlungsorientierung und -verwirklichung. Einerseits sind räumliche und zeitliche Aspekte eng aneinander gekoppelt, andererseits sind diese in den Sinngehalten der

61 Giddens (1990a, 6) verwendet den Ausdruck "conditions", der in Giddens (1995) mit "Verhältnissen" übersetzt wird. Im Sinne der Strukturationstheorie ziehe ich hier die Übersetzung mit "Bedingungen" (des Handelns) vor.

Handlungen "verankert". Das "Wann" ist mit dem "Wo" und mit dem "Wie" des Handelns verbunden.

Wie beispielsweise Leemann (1976) in seiner kulturgeographischen Studie über den Zusammenhang zwischen balinesischem Weltbild und Alltagspraxis zeigt, ist es gemäß "Adat"[62] nicht nur bedeutsam, daß bestimmte Handlungen zu einer bestimmten Jahreszeit, einem bestimmten Tag oder zu einer bestimmten Tageszeit verrichtet werden, sondern auch, daß sie an einem ganz bestimmten Ort des Dorfes, des Hofes oder des Zimmers verrichtet werden. Freilich ist dies nicht für alle Handlungen in gleichem Maße festgeschrieben und wird nicht in allen traditionellen Gesellschaften gleich strikte gehandhabt. Doch tendenziell sind in traditionellen Gesellschaften räumliche und zeitliche Komponenten auf engste Weise miteinander verknüpft.

Alle Kultur- und Gesellschaftsformen verfügen über bestimmte standardisierte räumliche Markierungen, welche ein bestimmtes Ortsbewußtsein kennzeichnen. "In pre-modern settings, (...) for most of the ordinary activities of day-to-day life, time and space (...) were connected *through* the situatedness of place" (Giddens, 1991a, 16). Die Verbindung von Zeit und Raum in alltäglichen Aktivitäten über die ortsbezogene Situiertheit äußert sich darin, daß ein "['wann'][63] (...) fast durchweg mit einem 'wo' in Zusammenhang gebracht oder durch regelmäßig widerkehrende Naturereignisse ermittelt" (Giddens, 1995, 29) wird. Doch das "Wann" einer Handlung ist in traditionellen Lebensformen nicht nur auf das "Wo" der Tätigkeit bezogen, sondern beide sind – und das ist von zentraler Bedeutung – sogar inhaltlich in dieser Form, in dieser Kombination, miteinander verbunden: "'When' markers were connected not just to the 'where' of social conduct, but to the substance of that conduct itself" (Giddens, 1991a, 16). Soziale Regelungen sind auf diese Weise an die symbolischen Besetzungen gebunden oder anders formuliert: Soziale Regelungen und Orientierungsmuster werden in ausgeprägtem Maße über räumliche und zeitliche Festlegungen reproduziert und durchgesetzt.

Die Einheit von Zeit und Raum hat somit einen ersten Grund darin, daß die zeitlichen Orientierungen aus den Örtlichkeiten der Aktivitäten gewon-

62 Damit sind die teilweise niedergeschriebenen, teilweise nur mündlich überlieferten, nur lokal gültigen, traditionellen Handlungsanweisungen gemeint. Vgl. dazu auch Warren, 1990, 2.

63 In Giddens, 1995, 29 wird "when" aus Giddens, 1990a, 17 mit "wenn" übersetzt.

nen werden. Diese Einheit impliziert somit genau genommen die Vorherrschaft des Raumes über die Zeit. Doch der zweite Grund ist wohl wesentlicher, auch wenn er von Giddens mit dem Hinweis auf die nicht vorhandene Abstraktheit von Zeit und Raum mehr angedeutet als differenziert diskutiert wird. Er betrifft die Reifikation von Raum mit den sozialen Gehalten als besonderes Merkmal prä-moderner alltagsweltlicher Raumkonzeptionen.

Die Besonderheit besteht somit darin, daß in traditionellen Gesellschaften keine klare Unterscheidung zwischen Bezeichnetem und Bezeichnendem gemacht wird. Die symbolische Bedeutung eines Ortes, etwa als magische Stätte oder Kultstätte, wird mit Magie und Kult identifiziert. So sagt man, wer diese Stelle betrete, der werde verzaubert oder entweihe den Ort. Diese Reifikationen von symbolischer Bedeutung und Raum als wirksame Entitäten erlaubt beispielsweise keine Metrisierung des Raumes.

Aber auch der Raum als Handelsware ist nicht denkbar. "Raum" ist nicht leer, wie Giddens das andeutungsweise formuliert, sondern eben aufgefüllt mit ganz präzisen und spezifischen sozialen und kulturellen Bedeutungen. Er ist symbolisch besetzt, "sozial aufgeladen".[64] Die sozial-kulturelle Aufladung von Orten erscheint dann als den Dingen, Orten und Territorien eingeschrieben, oder wie es Guillemin (1984, 15) formuliert: "inscrit dans la réalité des choses et ancré dans le territoire."

Es ist somit wichtig festzuhalten, daß die Einheit von Raum und Zeit und Gesellschaft im wesentlichen mit einer Reifikation von sozialer Bedeutung in dem kodierten Symbol einhergeht. Dieser Zusammenhang, auf den Giddens selbst in dieser Form nicht hinweist – aber durchaus mit seinen Darstellungen kompatibel ist –, wird auch für spätere Auseinandersetzungen mit dem Gesellschaft-Raum-Verhältnis bedeutsam sein.[65]

2.3.2 Reichweite des sozialen Wandels

Die Reichweite des sozialen Wandels ist in prä-modernen Gesellschaften stark begrenzt, weil die räumlichen Aktionsreichweiten gering und die Handlungsmuster in zeitlicher Hinsicht äußerst stabil sind. Die Stabilität in zeitlicher Hinsicht ergibt sich aus der Dominanz der Traditionen, die bei-

64 Vgl. dazu auch Klüter, 1986, 2.
65 Vgl. dazu "Die Konstitution gesellschaftlicher Regionalisierungen" in Band 2.

nahe jeden Lebensbereich strikte regeln. Bedingt durch den Stand der Kommunikations- und Transporttechnologie bleiben in traditionellen Gesellschaften kulturelle und soziale Ausdrucksformen weitgehend auf den lokalen und regionalen Maßstab beschränkt. Bei den *Jägern und Sammlern* ändert sich das Operationsterritorium ständig. In seßhaften Agrargesellschaften bleibt es dauerhaft gleich und ist im wesentlichen an die Reichweite des Fußmarsches gebunden.

Diese Gesellschaftsformen zeichnen sich durch ein hohes Maß an Kopräsenz aus. Das Maß raum-zeitlicher Distanzierung ist gering. Hier bleibt die territoriale Ausdehnung und Kontrolle unmittelbar mit dem Jagen und Sammeln sowie der internen Gruppenorganisation verbunden. Das heißt, daß Tradition und Verwandtschaftssystem die fundamentalen *Regeln* für die raum-zeitliche Organisation abgeben.

Da aber die gesamte Gesellschaftsformation mobilen Charakters ist, bestehen keine Medien der raum-zeitlichen Distanzierung. "The mobile character of society does not involve a mediated transcendence of space: that is to say, it does not, as in large societies, involve regularised transactions with others who are physically absent. The differentiation of presence and absence is not incorporated in the structuration of the societal community" (Giddens, 1981, 93f.). Wenn also diese kleinen Gesellschaften auf ihrer Nahrungssuche ständig in Bewegung sind und ihr Territorium andauernd wechseln, sind sie außerstande, ausgedehnte Territorien zu kontrollieren. Sie dominieren und kontrollieren zwar ihre Operationsterritorien, sind aber nicht in der Lage, große raum-zeitliche Spannweiten zu kontrollieren. Wirtschaftliche Tauschaktionen setzten in aller Regel körperliche Anwesenheit der tauschenden Partner voraus. Bei Jägern und Sammlern gibt es eigentlich gar keine Differenzierung zwischen Anwesenheit und Abwesenheit, weil es eine soziale Wirklichkeit ohne Anwesenheit gar nicht geben kann.

Was die Begrenzung der Territorien traditioneller Gesellschaften und kleinerer seßhafter Agrargemeinschaften betrifft, hält Giddens fest, daß diese keine klaren Konturen aufweisen. Die "Übergänge zwischen kleineren [Agrargemeinschaften] sowie Gesellschaften von Jägern und Sammlern einerseits und sonstigen Gruppen in ihrer Nachbarschaft andererseits (sind vielmehr) fließend" (Giddens 1995, 25). Das besondere Merkmal dieser Gesellschaftsformen besteht darin, daß sie in gewissem Sinne ineinander übergehen.

Hinsichtlich der Produktion *seßhafter Agrargesellschaften* weist Giddens (1981) darauf hin, daß die Kapazität zur Lagerung von Nahrungsmitteln ein wichtiger Aspekt im Hinblick auf die Ausdehnung der Aktivitäten in Raum und Zeit darstellt. Sind diese nicht vorhanden, wie bei den Jägern und Sammlern, gibt es keine dauerhaften Freistellungen von der Nahrungsmittelversorgung. Deshalb kann man sagen, daß die raum-zeitliche Ausdehnung einer Lebensform unmittelbar von der Lagerungsfähigkeit abhängt. Ist die Lagerungsfähigkeit klein, ist auch die raum-zeitliche Ausdehnung klein. Die Differenzierung der verschiedenen Gesellschaftsformen ist denn auch an das je vorhandene Maß der "Lagerungskapazität" (storage capacity) und deren weitere Ausdifferenzierung gebunden. Hier greift Giddens auf die Typen von Ressourcen zurück, welche die Grundlage von Macht- bzw. Herrschaftsstrukturen ausmachen: "One is (...) the storage of *'material' or allocative resources.* (...) Storage here involves not simply the physical containment of material goods (which is its least interesting form)" (Giddens, 1981, 94).

Hinsichtlich den *allokativen Ressourcen* ist die Lagerungskapazität von Materialien zentral. Doch damit ist nicht nur die bloße Lagerung von materiellen Gütern im Sinne von Aufbewahrung gemeint. Die Rede von der Lagerung materieller Ressourcen ist wesentlich komplexer, als es auf den ersten Blick erscheinen mag. Denn die Lagerungsmöglichkeiten sind nicht bloß von der technischen Seite zu betrachten, sondern auch im Hinblick auf ihre *sozialen* Implikationen: "The term ('storage') should be understood as implying a range of time-space control" (Giddens, 1981, 94). Die Lagerung von Gütern, welche deren Haltbarmachung voraussetzt, eröffnet einerseits die Möglichkeit, über die Zeit hinweg Vorsorge zu betreiben. Andererseits bildet sie aber auch die Voraussetzung für den Transport von Gütern, welche ihrerseits wiederum die Voraussetzung der Distanzüberwindung, der Ausdehnung der raum-zeitlichen Reichweiten schafft. Beide – Vorsorge und Ausdehnung der Reichweiten – sind für die Gewinnung und Ausübung von Macht von zentraler Bedeutung.

In diesem Zusammenhang liegt die sozialgeographische Bedeutung von "storage capacity" in der sozialen Kontrolle – wie man im Sinne einer Kurzformel sagen kann – über "Raum" und "Zeit" begründet. Giddens selbst allerdings weist lediglich darauf hin, daß Landwirtschaft und Bewässerungslandwirtschaft im besonderen die Voraussetzung bildeten, um Gesellschaftsformen mit größeren raum-zeitlichen Distanzierungen zu ermöglichen. Dabei nennt er die "Erde" selbst als die zentrale Lagerungsinstanz im Hinblick auf eine potentielle Produktion. Ist für die Landwirtschaft die Erde bereits eine erste Lagerungsform potentieller Produkte, wird das Lagerungspotential mit der Konstruktion von Speichern weiter gesteigert. Denn Speicher erlauben eine koordinierte Planung und Regularisierung von Produktion und Konsumtion. Diese Koordinationsmöglichkeit wird dann mit dem Aufkommen von Bewässerungs-Agrarwirtschaften weiter ausgedehnt. Denn das Anlegen von Wasserleitungen, Kanälen usw. erfordert und ermöglicht eine größere Koordination raum-zeitlicher Beziehungen: "Irrigation agriculture, where it involves the human construction of waterways, canals, etc., both demands and makes possible a greater co-ordination of time-space relations" (Giddens, 1981, 94).

Die zweite Lagerungskapazität, die für das institutionelle Ausgreifen in Raum und Zeit bedeutsam ist, bezieht sich auf die autoritativen Ressourcen: "Storage of authoritative resources involves above all *the retention and control of information or knowledge*" (Giddens, 1981, 94). Es liegt auf der Hand, daß hierfür die Erfindung von Schrift und Notation die entscheidenden Entwicklungen sind. In schriftlosen Gesellschaften ist – wie wir bereits gesehen haben – das menschliche Gedächtnis der einzige Lagerungscontainer, der für Informationen und Wissen zur Verfügung steht. Information und Wissen werden anhand von Mythenerzählungen und dem Brauchtum, das in die traditionellen Praktiken integriert ist, überliefert: "Such cultures are 'prehistoric', or exist 'out of history', not because they do not exist in time, but because there are no records, chronicles or narratives which embed the present in the past" (Giddens, 1987b, 147).

Die Schrift ist als die wichtigste Voraussetzung für die "Lagerung" von Informationen zu betrachten. In allen Kulturen und Gesellschaften, die nicht oder nur in geringem Maße über die Schrift verfügen, sind nur geringe raum-zeitliche Distanzierungen feststellbar. Dies hängt damit zusammen, daß weit ausgreifende raum-zeitliche Kontrollen der Macht eines administrativen Apparates bedürfen, und jede Administration bedarf gehorteter Information. So muß jedes Überwachungssystem mindestens über Listen verfügen. Sie sind die elementarste Form der Informationsspeicherung, ein Informationscontainer, der die Generierung von Macht über größere raum-zeitliche Spannen ermöglicht: "The keeping of written 'accounts' – regularised information about persons, objects and events – generates power that is unavailable in oral cultures" (Giddens, 1981, 95). Mit der Schrift wird Macht über und die Kontrolle von anderen Personen, Objekten und Ereignissen in einem zuvor nicht bekanntem Ausmaß möglich. Dabei kommt Listen eine besondere Bedeutung zu. Sie sind als elementare Formen der Informationskodierung zu verstehen und dementsprechend auch als wichtige Form der Informationslagerung. Damit ermöglichen sie die Kontrolle der aufgezeichneten Sachverhalte über große räumliche und zeitliche Distanzen hinweg.

Die Schrift und die Erfindung von Listen haben in diesem Sinne die institutionalisierte Ausdehnung der Koordination und Kontrolle menschlicher Aktivitäten im Rahmen seßhafter Agrargesellschaften erst möglich gemacht: "Writing seems everywhere to have originated as a direct mode of storage: as a means of recording information relevant to the administration of societies of increasing scale. (...) (It is) the main foundation of (...) 'surveillance'" (Giddens, 1981, 95). Diese Entwicklung findet mit dem Computer – im Rahmen zeitgenössischer Gesellschaften – einen weiteren Höhepunkt in der Ausdehnung der Macht. Doch nimmt, soviel sei hier bereits angemerkt, der Computer im Vergleich zur Frühgeschichte des Kapitalismus allerdings nicht eine so starke Sonderstellung ein, als man vielleicht vermuten könnte. Entscheidend ist vielmehr die außerordentliche Ausweitung und Vergrößerung des menschlichen Gedächtnisses: "The computer is (...) the most extraordinary extension of the storage capacity of the human mind, (...) the most important development in the expansion of surveillance and information control" (Giddens, 1981, 175). Mit der Vergrößerung der Erinnerungs- bzw. Lagerungskapazität von Informationen steigt – vor allem im Vergleich zu den prä-modernen Gesellschafts- und Lebensformen – natürlich auch das Potential der Überwachungs- und Informationskontrolle sowie deren räumliche und zeitliche Reichweite.

2.3.3 Wirkungsart der Institutionen

Die *Wirkungsart der Institutionen* äußert sich in der Vorherrschaft der Traditionen. Die Menschen leben gemäß den vorherrschenden Traditionen. Individuellen Entscheidungen hingegen ist ein enger Rahmen gesetzt: Die Prägekraft traditioneller Argumentations- und Legitimationsmuster ist allumfassend. Soziale institutionelle Beziehungen werden vorwiegend durch Verwandtschafts- und Clanverhältnisse geregelt. Die normative Instanz sind nicht die formalen, niedergeschriebenen Gesetze, sondern die mündlich tradierten Regeln. Die Sanktionen bestehen primär aus Gruppensanktionen.

In bezug auf die autoritativen und allokativen Ressourcen, als zentrale Elemente der institutionellen Konstitution der Gesellschaften, macht Giddens (1981, 92) einen wichtigen Einwand gegen Marx' Darstellung der Menschheitsgeschichte: "It is certainly a mistake to suggest, as at least some interpretations of Marx's 'materialist conception of history' would have us believe, that the accumulation of allocative resources is the driving principle of all major processes of societal change." Vielmehr scheint das Gegenteil wahr zu sein. Nicht die Akkumulation allokativer Ressourcen ist die entscheidende Kraft des sozialen Wandels. Zumindest in allen nichtkapitalistischen Gesellschaften ist die Koordination, die gegenseitige Abstimmung autoritativer Ressourcen, von größerer Bedeutung für die gesellschaftliche Transformation. "This is because (...) authoritative resources are the prime carriers of time-space distanciation" (Giddens, 1981, 92). Das heißt somit, daß Giddens die Kontrolle über Personen – aufgrund ihrer Bedeutung für das raum-zeitliche Distanzierungspotential – für entscheidender hält als die über materielle Güter und die Produktionseinrichtungen.

Die an die autoritativen Ressourcen gebundene Wirkungsart der Institutionen ist im Rahmen traditioneller Gesellschaften nicht so sehr reflexiver Art wie bei Gesellschaften mit größerer raum-zeitlicher Reichweite des Handelns. Argumentations- und Legitimationsmuster sowie institutionelle Aspekte des Lebens sind in diesen Gesellschaften in die Traditionen eingebettet. So kann man sagen, daß das Institutionalisierungsmaß der Reflexivität in traditionellen Gesellschaften gering ausfällt. Hingegen ist die pragmatische, nicht diskursiv begründete Prägestärke groß, durchdringt jeden Aspekt des Lebens und läßt den handelnden Subjekten nur relativ kleine Interpretationsspielräume in der "individuellen" Lebensgestaltung.[66]

66 Vgl. dazu auch Alisjahbana, 1966, 4f.

Zusammenfassung

Die wichtigsten allgemeinen Charakteristika traditioneller Gesellschafts- und Lebensformen können im Sinne einer Zwischenbilanz wie folgt festgehalten werden. Die Wirkzonen der einzelnen Handelnden sind räumlich begrenzt und über lange Zeit hinweg relativ stabil. Tägliche Routinen wiederholen sich in raum-zeitlicher Hinsicht über ganze Lebensspannen hinweg, auf denselben Pfaden, im Rahmen derselben Aktionsreichweiten. Hinsichtlich der Kommunikation besteht vor der Einführung der Schrift kaum die Möglichkeit, mit nicht anwesenden Personen auf differenzierte Weise zu kommunizieren. Sie ist nicht nur ein Mittel der Informationsübermittlung, sondern sie ist gleichzeitig auch ein Mittel der Informationslagerung.

In diesem Sinne wird sie von Giddens mit der Bindung von langen Zeitperioden in Verbindung gebracht. Damit ist gemeint, daß mittels der Schrift Informationen über Vergangenheit und Gegenwart gespeichert werden können, die ihrerseits eine wichtige Voraussetzung für die Kontrolle des sozialen Lebens in der Gegenwart darstellen. Zusammen mit der Ermöglichung der Kommunikation mit abwesenden Personen bedeutet dies, daß erst mittels der Schrift die Ausdehnung der räumlichen Reichweite der Kontrolle, zuerst im Rahmen seßhafter Agrargesellschaften, möglich ist.

Zuvor ist dies nicht möglich, und dies ist einer der wichtigen Gründe, weshalb schriftlose Gesellschaften nur über geringe Ausdehnung der Territoriumskontrolle verfügen. "Such societies are marked by the predominance of presence" (Giddens, 1981, 92). Dies heißt gleichzeitig, daß die Fähigkeit zur raum-zeitlichen Distanzierung sozialer Koordination und Kontrolle sehr klein ist. Ebenso sind die Kontrollmöglichkeiten der natürlichen Bedingungen relativ gering. Denn der technische Stand der Energieumwandlung und jener der Transformation von materiellen sowie biologischen Bedingungen erlaubt ihnen keine gewaltmäßigen Eingriffe in die natürlichen Grundlagen. Das Transformationspotential allokativer Ressourcen ist im Vergleich zu anderen Gesellschaftsformen allgemein relativ klein. Dies unterstützt ebenfalls die kleinräumige Gliederung traditioneller Gesellschaften. Die agraren Wirtschaftsformen sind an die je spezifischen naturräumlichen Bedingungen gebunden. Doch auch dies darf man nicht zu absolut sehen, denn dies würde einen Evolutionismus im Stile von Marx implizieren.

Die Stabilität in zeitlicher Hinsicht ergibt sich aus der Dominanz der meist religiös begründeten Traditionen, die beinahe jeden Lebensbereich strikt regeln. So ist den individuellen Entscheidungen ein enger Rahmen gesetzt. Soziale Beziehungen sind vorwiegend durch Verwandtschafts- oder Standesverhältnisse geregelt. Je nach Herkunft, Alter und Geschlecht sind den einzelnen Personen klare Positionen zugewiesen, die weder über individuelle Entscheidungen noch besondere Leistungen maßgeblich verändert werden können. Demgemäß findet sozial-kultureller Wandel nur in gemächlichem Tempo statt. In den Alltagsroutinen der Mitglieder traditioneller Gesellschaften gibt es kaum eine Trennung von räumlicher und zeitlicher Dimension der Handlungsorientierung. Räumliche und zeitliche Aspekte sind über symbolische Aufladungen in den Sinngehalten der Handlungen "verankert". Freilich ist dies nicht für alle Handlungen in gleichem Maße festgeschrieben und wird nicht in allen traditionellen Gesellschaften gleich strikt gehandhabt. Doch tendenziell sind in traditionellen Gesellschaftsformen räumliche und zeitliche Komponenten über soziale Regelungen, über Traditionen, auf festgefügte Weise gekoppelt.

Übersicht 6: Merkmale traditioneller Gesellschaften

1 Die lokale Gemeinschaft bildet den vertrauten Lebenskontext.

2 Kommunikation ist weitgehend an face-to-face-Situationen gebunden.

3 Traditionen verknüpfen Vergangenheit und Zukunft.

4 Verwandtschaftsbeziehungen bilden ein organisatorisches Prinzip zur Stabilisierung sozialer Bande in zeitlicher und räumlicher Hinsicht.

5 Soziale Positionszuweisungen erfolgen primär über Herkunft, Alter und Geschlecht.

6 Geringe interregionale Kommunikationsmöglichkeiten.

Aufgrund dieser Bedingungen können traditionelle Gesellschaften als räumlich und zeitlich *"verankert"* charakterisiert werden, *"embedded"* wie es Giddens (1990a) im Original formuliert.

2.4 Ontologie spät-moderner Gesellschaften

Das Entstehen moderner Gesellschaften ist im allgemeinsten Sinne gebunden an das Aufkommen und die Durchsetzung von "Kapitalismus", "Industrialismus" und der "Rationalisierung". Dies ist die Sicht der Klassiker der soziologischen Theorie, Marx (1979a; 1979b; 1981), Durkheim (1912; 1960) und Weber (1980). Für Marx ist die Ordnung der modernen Gesellschaft demgemäß kapitalistisch. Für Durkheim ist die Art der modernen Institutionen primär Ausdruck des Industrialismus. Die enorme Dynamik der Moderne ist für ihn – im Gegensatz zu Marx – nicht so sehr Ausdruck der kapitalistischen Logik, sondern vielmehr Ausdruck der ständig wachsenden Arbeitsteilung. Für Max Weber schließlich sind sowohl der "rationale Kapitalismus" wie auch die in der Arbeitsteilung zur Ware werdende Arbeit Ausdruck der Moderne. Das Schlüsselkonzept zur Erläuterung moderner Gesellschaft ist die "Rationalisierung", die sich in der modernen Technologie und in der modernen Form der Arbeitsorganisation, der Bürokratie, äußert.

Diese Auffassungen moderner Gesellschaften greifen im Sinne von Giddens alle zu kurz. Der *erste Punkt der Kritik* besteht darin, daß nicht nur eines dieser Merkmale für die Moderne konstitutiv ist, sondern alle drei zusammen: "Die Moderne ist nach meiner These *auf der Ebene der Institutionen vieldimensional,* und jedes der von diesen verschiedenen (intellektuellen) Traditionen angegebenen Elemente spielt dabei eine Rolle" (Giddens, 1995, 22). Spät-moderne Gesellschaften lassen sich somit vorerst einmal verstehen als die Konsequenzen der drei institutionellen Hauptachsen moderner Gesellschaften. Neben Industrialismus und Kapitalismus betont er dabei vor allem die Bedeutung der Bürokratie in ihrer – im Vergleich zu Weber – verallgemeinerten Form als institutionelle Dimension der "Überwachung": "(The) institutions of surveillance (are) the basis of massive increase in organisational power associated with the emergence of modern social life. Surveillance refers to the supervisory control of subject populations, whether this control takes the form of 'visible' supervision in Foucault's sense, or the use of information to co-ordinate social activities" (Giddens, 1991a, 15).

Übersicht 7: Institutionelle Dimensionen der Moderne

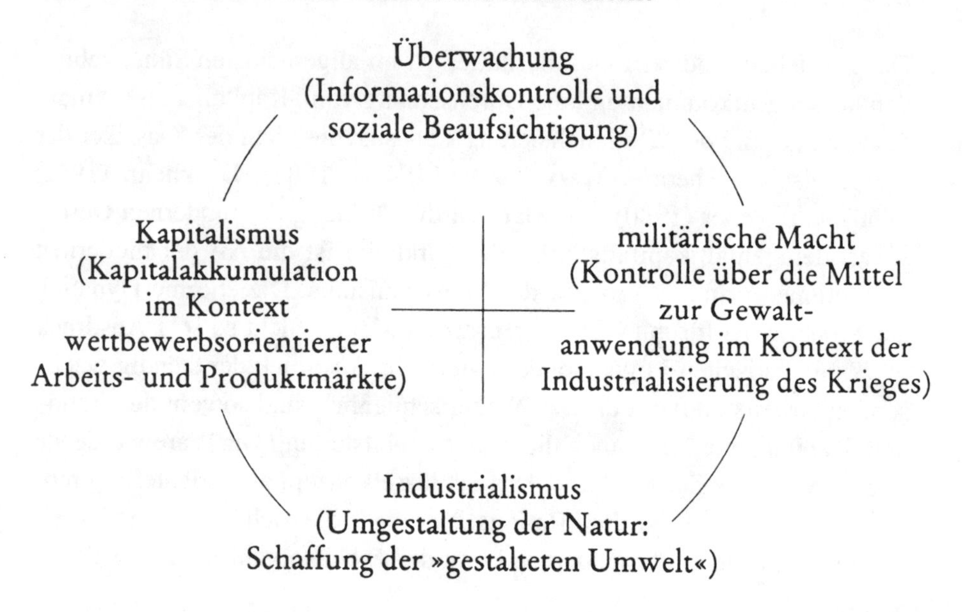

(aus: Giddens, 1995, 80)

Mit der vierten zentralen institutionellen Dimension moderner Gesellschaften weist Giddens auf eine soziale Dimension hin, die von den Klassikern der Gesellschaftstheorie weitgehend vernachlässigt wurde, in allen aktuellen Nationalstaaten aber von zentraler Bedeutung ist. Es sind Institutionen zur Kontrolle der Mittel der Gewaltanwendung, insbesondere jene militärischer Macht. Die "Kontrolle der Mittel der Gewaltanwendung" (Giddens, 1995, 80) ist dabei im Rahmen der "Industrialisierung des Krieges"[67] von den anderen Überwachungsformen zu unterscheiden: "Modernity ushers in an era of 'total war', in which the potential destructive power of weaponry, signalled above all by the existence of nuclear armaments, becomes immense" (Giddens, 1991a, 15). Neben den drei institutionellen Dimensionen der Moderne, welche von den Klassikern der Sozialwissenschaften identifiziert wurden: "Industrialismus", "Kapitalismus" und "Überwachung" ist im Zeitalter des "totalen Krieges" die militärische Macht als vierte zentrale Dimension der Moderne zu betrachten. Spät-moderne Gesellschaften sind als Ausdruck der Konsequenzen dieser vier insti-

67 Vgl. Giddens, 1991a, 15.

tutionellen Hauptachsen der Moderne zu begreifen. Vor allem letztere ist im Zusammenhang mit dem modernen Nationalstaat zu analysieren.

Der *zweite Punkt der Kritik* an den Klassikern der Gesellschaftstheorie bezieht sich auf die Vernachlässigung der national-staatlichen Gesellschaftsorganisation durch die drei genannten Gründerväter der Soziologie. Für Giddens jedoch sind moderne und spät-moderne Gesellschaften vor allem "Nationalstaaten". Eine angemessene Darstellung moderner und spätmoderner Gesellschaften muß diese Dimension berücksichtigen: "We have to capture the specific characteristics of the nation-state – a type of social community which contrasts in a radical way with pre-modern states" (Giddens, 1990a, 13). Im Sinne eines ersten Überblicks nennt er die folgenden drei spezifischen Merkmale von Nationalstaaten, mit denen er gleichzeitig auch seine Darstellung moderner Gesellschaften begründet:

(1) die territoriale Gebundenheit und klare Begrenztheit durch die Staatsgrenzen;[68]
(2) große raum-zeitliche Distanzierung und
(3) die raum-zeitliche Situierung der sozialen Institutionen.

Bevor auf die anderen zentralen Dimensionen spät-moderner Gesellschaften eingegangen wird, ist zuerst auf Giddens' Definition des Nationalstaates zu verweisen. Seine Definition lautet wie folgt: "The nation-state is a set of institutional forms of governance maintaining an administrative monopoly over a territory with demarcated boundaries, its rule being sanctioned by law and direct control of the means of internal and external violence" (Giddens, 1981, 190). Der besondere Aspekt der institutionellen Wirklichkeit "Nationalstaat" ist somit darin zu sehen, daß sie – über die raum-zeitliche Gebundenheit – auf einem Territorialprinzip aufbaut. Die entsprechenden Institutionen sind dafür besorgt, das administrative Monopol hinsichtlich Recht und Kontrolle der Gewalt auf einem bestimmten Territorium mit klar definierten Grenzen sicherzustellen. Und mit dieser Grundstruktur unterscheiden sich Nationalstaaten wesentlich von früheren Gesellschaftsformen: "(The) nation-state contrasts in a fundamental way with most types of traditional order" (Giddens, 1991a, 15).

68 Vgl. dazu ausführlicher Giddens, 1985a, 88–90, 49–52, 79–81, 121f.

Hier wird "Nationalismus" als neues Phänomen des 19. Jahrhunderts wichtig. Nationalismus, als spezifisch modernes Phänomen, kann als ein Gefühl betrachtet werden, das im Zusammenhang mit der Gebundenheit einer Gesellschaft mit ihrem Territorium bedeutsam ist: "Nationalism (...) expresses psychological sentiments that feed upon the rootlessness of an everyday life in which what Geertz calls the 'primordial sentiments' of social reproduction, grounded in tradition, have become substantially disintegrated" (Giddens, 1981, 13). Das heißt, daß Giddens "Nationalismus" als Ersatz für die verlorengegangenen vorrangig dominierenden Gefühle der sozialen Produktion sieht, die früher von der Tradition und anderen Verankerungsmechanismen gespeist waren. "Nationalismus" kann demgemäß als ein "Mittel" begriffen werden, das auf das Auffangen der Folgen der Entankerung, der Desintegration von traditionellen Sinngebungen, ausgerichtet ist.

Der andere wichtige Aspekt der Definition bezieht sich auf das Verhältnis von "Nation" und "Staat" im Rahmen von Nationalstaaten.[69] "Nation" weist für den "National-Staat" eine integrierende Bedeutung auf. Doch dieses integrierende Moment bezieht sich nicht auf das Gefühl des Nationalismus. Es besteht vielmehr in der vereinheitlichenden Ausrichtung des administrativen Staatsapparates auf ein Gebiet mit klar spezifizierter Territorialbegrenzung. Und diese vereinheitlichende und begrenzende Wirkung ist vor allem im Kontext der Gesamtheit der Nationalstaaten von zentraler Bedeutung. Nationalismus ist zwar wichtig zur Überwindung der Verunsicherungen aufgrund der Ablösung von traditionellen Mustern, bildet gemäß Giddens' Theorie aber nicht die zentrale Basis zur Verbindung von Staat und Nation.

Der springende Punkt, das Besondere, das den Nationalstaat letztlich erst möglich gemacht hat, ist vielmehr die bereits angedeutete Kombination von administrativem Apparat mit dem Territorialprinzip: "As a socio-political entity the nation-state (...) has very specific forms of territoriality and surveillance capabilities, and monopolises effective control over the means of violence" (Giddens, 1991a, 15). In diesem Sinne kann man sagen, daß mit dem Aufkommen der Nationalstaaten eine neue Dimension in der Ontologie der Moderne gegeben ist: Territorialität und die Kontrolle der Mit-

69 Vgl. dazu Giddens, 1981, 190.

tel der Gewaltanwendung innerhalb des spezifizierten Territoriums.[70] Territorialität und Gewaltkontrolle werden somit aufs Engste verknüpft und zwar im Sinne einer totalen, das heißt flächendeckenden Kontrolle. Dies ist der völlig neue Aspekt in der sozialen Komponente der menschlichen Existenzweise, der an den modernen Nationalstaat gebunden ist.

Daraus leitet Giddens die Folgerung ab, daß im Gegensatz zu Parsons' Auffassung die Gesellschaftsordnung als Problem thematisiert werden sollte, und zudem nicht nur als abstrakte Sozialsysteme, sondern vielmehr in Form der Frage, wie soziale Systeme Zeit und Raum "binden": "Bei dieser Fragestellung wird das Problem der Ordnung als Problem der *raumzeitlichen Abstandsvergrößerung [Distanzierung]* gesehen" (Giddens, 1995, 24). Die raum-zeitliche Distanzierung ist dabei als jene Bedingung zu betrachten, unter der Zeit und Raum derart organisiert sind, daß Anwesenheit bzw. Kopräsenz und Abwesenheit miteinander verknüpft werden können. Das Problem "Ordnung" wird in dieser Betrachtungsweise von gesellschaftlicher Wirklichkeit zum Problem der Koordination von Handlungen bzw. Interaktionen – unter der Bedingung von Abwesenheit – über große raum-zeitliche Distanzen hinweg. Wie wird die Situation der Kopräsenz im Rahmen globaler Handlungsnetze ersetzt, bzw. wie werden An- und Abwesenheit verknüpft? Dies ist die Fragestellung welche an die Stelle von Parsons' (1937; 1952; 1960; 1961) Suche nach den normativen Bestandeserfordernissen einer voluntaristischen Gesellschaftsordnung treten soll. Nicht mehr normative Standards des Handelns bilden den Kern des Interesses, sondern, wie sich Giddens ausdrückt, die Bindung von Zeit und Raum im Rahmen sozialer Alltagspraxis. Verknüpfen in traditionellen Gesellschafts- und Lebensformen Traditionen Vergangenheit und Zukunft, so interessiert im Rahmen spät-moderner Lebenskontexte vor allem die Verknüpfung von Anwesenheit und Abwesenheit in zeitlicher *und* in räumlicher Hinsicht.

Der *dritte Kritikpunkt* bezieht sich schließlich auf die "Ontologie", auf die Beziehung zwischen Sozialwissenschaft und spät-modernen Gesellschaften, die dem Prinzip der "doppelten Hermeneutik"[71] verpflichtet sein

70 Vgl. dazu Giddens, 1990b, 300.

71 Das Konzept "doppelte Hermeneutik" wird im Abschnitt 2.4.3 ausführlicher erörtert. Giddens (1984b) versteht darunter die gegenseitige Gebundenheit von alltäglicher Praxis und der wissenschaftlichen Welt. Damit ist gemeint, daß zwischen wissenschaftlichem Diskurs und der untersuchten sozialen Wirklichkeit ein ständiger

sollte, weil sich spät-moderne Gesellschaften durch ein hohes Maß an Reflexivität auszeichnen und die Alltagswelt immer stärker von rationalen Konstruktionen durchsetzt wird: Soziologisches Wissen dringt in den Bereich des sozialen Lebens ein, und von dort gelangt es über die Forschung in umgestalteter Form wiederum auf die wissenschaftliche Ebene. In diesem Prozeß werden beide umgestaltet: die Alltagswelt und die wissenschaftliche Theorie derselben. Das ist gleichzeitig die Kernidee der "doppelten Hermeneutik" und das besondere Merkmal des sozialen Universums spät-moderner Gesellschaften. Über die Verknüpfung von Wissenschaft und Alltagswelt zeichnet sich letztere in diesem Sinne durch ein hohes Reflexivitätsmaß aus.

Das besondere und allübergreifende Merkmal der Moderne und vor allem der Spät-Moderne ist für Giddens die enorme Steigerung der Fähigkeit, eine Gesellschaft über große raum-zeitliche Distanzen zu konstituieren, zu reproduzieren, aufrechtzuerhalten. Die Dynamik moderner Gesellschaften ist nach Giddens auf drei Erscheinungen rückführbar. Als erste nennt er "die *Trennung von Raum und Zeit*" (Giddens 1995, 28) und deren vielfältige Kombinierbarkeit, welche eine thematisch differenzierte und angepaßte Zonierung der sozialen Alltagspraxis in klar definierte Raum-Zeit-Einheiten ermöglicht. Als zweite Erscheinung nennt Giddens (1995, 28) die *Entankerung* sozialer Systeme, wofür die Trennung von Raum und Zeit die wichtige Voraussetzung bildet. Als drittes besonderes Merkmal sieht er schließlich die *"reflexive Ordnung und [Neu]ordnung* gesellschaftlicher Beziehungen" (Giddens 1995, 28). Sie beruht auf ständig revidierbaren und revidierten Wissens, auf welches sich die Subjekte für ihr Handeln beziehen. Diese zusammenfassende Typisierung spät-moderner Gesellschaften ist nun differenziert zu erörtern und zu diskutieren.

2.4.1 Geschwindigkeit des sozialen Wandels

Die Geschwindigkeit des sozialen Wandels nimmt in der spät-modernen Gesellschaft im Vergleich zu den prä-modernen Gesellschaftsformen in er-

Austausch besteht. Demzufolge ist sozialwissenschaftliche Forschung permanent an der Transformation ihres Gegenstandes, der sozialen Wirklichkeit beteiligt. Dieser doppelten Hermeneutik sollte sich jede Gesellschaftstheorie bewußt sein. Vgl. dazu Giddens, 1990a, 15f. und 1995, 26.

heblichem Maße zu und ist zunächst in der Trennung von Raum und Zeit begründet. Freilich hätten, so Giddens (1991a, 16), alle Kulturen und Gesellschaften die eine oder andere Form der Zeitberechnung gekannt und ebenso wären alle in der Lage gewesen, sich selbst räumlich zu lokalisieren. Doch gleichzeitig ist prä-modernen Formen gemeinsam, daß die Zeitwahrnehmung nie vom "Wo" unabhängig ist: "Time-reckoning never becomes completely separate from 'where' one is, while space remains infused with characteristics of localized milieu" (Giddens, 1990b, 306).

Das Besondere moderner und spät-moderner Gesellschaften ist nun darin zu sehen, daß *erstens* sowohl Raum als auch Zeit von fixen spezifischen Bedeutungskonnotationen "entleert" werden, und daß *zweitens* räumliche und zeitliche Dimensionen – über deren Trennung – nicht mehr durch die Vorherrschaft des Räumlichen bestimmt sind: "In circumstances of late modernity, time and space become 'emptied out' and distinguished from one another" (Giddens, 1990b, 306). Die Entleerung von Raum und Zeit sowie die klare Unterscheidbarkeit von Raum und Zeit führen auch dazu, daß "Zeit" nicht mehr an den Ort gebunden bleibt. Um dies differenzierter erläutern zu können, ist zuerst der zweite Aspekt zu erörtern.

Aufgrund der Trennung von Raum und Zeit werden räumliche und zeitliche Aspekte für spezifische Tätigkeiten auf je besondere Weise jeweils neu kombinierbar. Das "Wann" und "Wo" sozialer Aktivitäten legt in diesem Sinne nicht mehr die Inhalte dieser Tätigkeiten fest, wie dies für prämoderne Gesellschaften charakteristisch ist: "The separation of time and space involved above all the development of an 'empty' dimension of time, the main lever which also pulled space away from place" (Giddens, 1991a, 16). Dieser Hinweis, daß die Entleerung von Zeit wichtiger ist als jene von Raum ist wie folgt zu verstehen: "The emptying of time has priority in this process, because control of time, through abstract time-regulation, permits the coordination of activities across space" (Giddens, 1990b, 306). Zeit ist somit nicht mehr im (symbolisch angeeigneten) Ort verankert, sondern im Gegenteil: Die Koordination von Aktivitäten über größere Distanzen hinweg ist nur aufgrund der Verfügbarkeit einer abstrakten, sinnentleerten Zeitregelung möglich.

Die Trennung von Zeit und Raum bedeutet somit nicht, daß diese beiden Aspekte völlig voneinander entfremdet werden. Das bedeutet nur, daß sie nicht in festen normativen Kombinationen vorgegeben sind. In der sozialen Praxis unter modernen Bedingungen sind sie auch aufeinander bezogen. Doch die Trennung gibt erst die wirkliche Basis für deren Kombinierbarkeit ab, so daß die Koordination sozialen Handelns möglich wird.[72] Das heißt, daß je nach Sinn der Handlung, je nach Form der sozialen Beziehung Raum und Zeit auf je spezifische Weise kombiniert werden können. Es gibt keine Traditionen oder religiös begründete Vorschriften, die nur bestimmte, feste Kombinationen zulassen. "The organisations, and organisation, so characteristic of modernity are inconceivable without the reintegration of separated time and space. Modern social organisation presumes the precise coordination of the actions of many human beings physically absent from one another" (Giddens, 1991a, 17).

Andererseits ändert sich die Beziehung von Raum und Zeit. Denn die zeitliche Koordination von Handlungen abwesender Personen ist ohne feste Bezugnahme auf bestimmte Merkmale eines bestimmten Ortes möglich: "(Co-ordination) is possible without necessary reference to the particularities of place. (...) (The) 'when' of these actions is directly connected to the 'where', but not, as in pre-modern epochs, via the mediation of place" (Giddens, 1991a, 17).

"Entleerung" von Zeit und Raum meint somit, daß beide für die Handlungen nicht mehr sinnkonstitutiv sind. "Entleerung" meint soviel wie Formalisierung. Räumliche wie zeitliche Dimensionen werden zu formalen Aspekten des Handelns und sind nicht mehr inhaltlich mit den Tätigkeiten verknüpft. Diese Loslösung von Bedeutungsgehalten des Handelns von räumlichen und zeitlichen Komponenten ist als Ausdruck des Erkennens der Differenz von Begriff und bezeichnetem Gegenstand zu sehen; als Trennung des Symbols vom symbolisierenden Gehalt. Ganz allgemein kann man dies auch als Ausdruck des Rationalisierungsprozesses betrachten, der für die Aufklärung und somit auch für die Moderne kennzeichnend ist. Nicht nur die Natur wird entzaubert, sondern es findet eine Rationalisierung der Lebenswelt statt, die vor keinem Bereich haltmacht, auch nicht vor Zeit und – wie wir später noch sehen werden – vor Raum.[73]

Mit dem Hinweis auf die Trennung von Raum und Zeit wird klargestellt, daß für Giddens weder Raum noch Zeit Dinge sein können, obwohl mehrere seiner früheren Formulierungen dies gelegentlich nahelegen, was für die Theoriediskussion der angelsächsischen Humangeographie bis

72 Vgl. dazu Giddens, 1991a, 17.
73 Darauf wird in den Kapitel III und IV eingegangen.

heute problematische Konsequenzen hat. Doch in jüngeren Publikationen hat Giddens dazu selbst wie folgt ausdrücklich Stellung bezogen: "In my view time and space do not exist 'in themselves', but only as properties of extants" (1990b, 299). Diese Klarstellung, daß "Raum" und "Zeit" nicht an sich existieren, sondern Eigenschaften bestehender Gegebenheiten sind, ist notwendig, um nicht mit anderen Teilen der Strukturationstheorie in Widerspruch zu geraten. Es ist zudem auch eine wichtige Klarstellung für das Projekt der handlungszentrierten Sozialgeographie zur Erforschung der alltäglichen Regionalisierungen der Lebenswelt.[74]

Der Verweis darauf, daß weder Raum noch Zeit Gegebenheiten an sich sind, deutet auch an, daß die Trennung von Raum und Zeit und deren Entleerung von spezifischen Bedeutungen als Ausdrücke eines umfassenderen Prozesses zu sehen sind. Sie ist nicht als Bestandteil einer originären Transformation zu sehen, sondern der zuvor angesprochenen umfassenderen Rationalisierung aller Lebensbereiche. Giddens nennt diese Basistransformation die Standardisierung, die man ihrerseits als Teilaspekt der umfassenden Rationalisierung betrachten sollte: "I now regard it as one aspect of a more general phenomenon of standardization" (Giddens, 1990b, 306).

Ausdruck dieser Rationalisierung bzw. Standardisierung ist in zeitlicher Hinsicht die Erfindung der mechanischen Uhr: "The invention and diffusion of the mechanical clock is usually seen – rightly – as the prime expression of this process, but it is important not to interpret this phenomenon in a too superficial way" (Giddens, 1991a, 16f.). Bei "superficial" bzw. "oberflächlich" ist wohl gemeint, daß man in aller Regel lediglich zur Kenntnis nimmt, daß nun genauere Zeitangaben und feinere Abstimmungen in der Koordination möglich sind. Doch dies entspricht einer Betrachtung der mechanischen Zeit, die deren soziale Implikation nicht berücksichtigt. Demgegenüber weist Giddens darauf hin, daß die mechanische Uhr als das eigentliche Herz der industriellen Revolution und des Kapitalismus zu betrachten ist und nicht – wie meist behauptet wird – die Dampfmaschine. Dampfmaschinen existierten, so Giddens (1981, 133), lange vor der Entstehung des Kapitalismus. Doch deren Siegeszug und Schaffung eines neuen Produktionssystems, jenem des Industriekapitalismus, ist erst durch die Erfindung der mechanischen Uhr möglich geworden. Denn erst sie erlaubte die systematische Nutzung dieser neuen Maschinen.

74 Vgl. dazu ausführlicher Band 2.

Der Hauptgrund dafür ist, daß damit einerseits die Koordination menschlicher Tätigkeiten derart gestaltet werden kann, daß sie in den mechanischen Rhythmus der neuen Produktionsweise integriert werden können: "the co-ordination of machinery and labour-power" (Giddens, 1981, 133). Das, was Weber (1980, 686f.) im Zusammenhang mit der industriekapitalistischen Produktionsweise als eine neue Rhythmisierung bezeichnet, erfährt in dieser Interpretation eine Vertiefung. Neben der Koordination ermöglicht die Mechanisierung der Zeit andererseits die strikte Kontrolle der Arbeiterschaft. Sie ist eine der wichtigsten Voraussetzungen dafür, daß die Kommodifizierung der Arbeit möglich wird, daß die Arbeit – in Zeiteinheiten unterteilt – zur käuflichen und verkäuflichen Ware werden kann. Darauf wird in Zusammenhang mit "commodification of time and space" ausführlicher eingegangen.

Neben diesem Aspekt der Ermöglichung eines neuen Produktionssystems hat die Mechanisierung der Zeit auch für den alltäglichen Lebensbereich spektakuläre Implikationen. "The wide-spread use of mechanical timing devices facilitated, but also presumed, deeply structured changes in the tissue of everyday life – changes which could not only be local, but were inevitably universalising. A world that has a universal dating system, and globally standardised time zones, as ours does today, is socially and experientially different from all pre-modern eras" (Giddens, 1991a, 17). Das heißt somit, daß die mechanische Uhr nicht nur den Kern des Industriekapitalismus bildet, sondern auch das Herzstück für dessen weltweite Ausdehnung. Sie ist die Basis für die Bildung von exakt meßbaren Zeitzonen und diese wiederum sind die Voraussetzung für die angemessene Koordination menschlicher Aktivitäten auf globalem Maßstab.

Ein weiterer Ausdruck der zuvor angesprochenen Rationalisierung ist die Erfindung der Weltkarte, welche die weltweite Koordination menschlicher Handlungen möglich macht. "The global map, in which there is no privileging of place (a universal projection), is the correlate symbol to the clock in the 'emptying' of space. It is not just a mode of portraying 'what has always been there' – the geography of the earth – but is constitutive of quite basic transformations in social relations" (Giddens, 1991a, 16f.). Wie bei der mechanischen Uhr sollten auch bei der Weltkarte deren soziale Implikationen in Rechnung gestellt werden. Jene sozialen Bedingungen, die als Konsequenzen der Ermöglichung der weltweiten Koordination menschlicher Handlungen in räumlicher wie in zeitlicher Hinsicht zu verstehen sind, umfaßen u.a. die explosionsartige Steigerung des Akkumulationspotentials, das für den Industriekapitalismus so charakteristisch ist. Um diese Interpretation verständlicher zu machen, ist zu dem zuvor angedeuteten Thema zurückzukehren: "The commodification of time and space" (Giddens, 1981, 9).

"Commodification" bzw. "Kommodifikation" bezeichnet im Sinne von Marx den Prozeß, durch den eine Gegebenheit zur Ware wird, Warencharakter annimmt, sie nutzbar macht. Viele Dinge sind in spät-modernen Gesellschaften auf so selbstverständliche Weise eine Ware, daß man sich kaum mehr vorstellen kann, daß sie einmal nicht primär oder überhaupt nicht unter diesem Aspekt betrachtet wurden. Bei den meisten Dingen vollzieht sich die Verwandlung in eine Ware durch deren Charakterisierung in Kategorien des Geldes. Bei der Arbeit geschieht dies durch deren Übersetzung in Arbeitskraft: *"The commodification of labour via its transformation into labour-power* as the medium of the production of surplus value" (Giddens, 1981, 152). So gesehen wird die Entstehung und Entwicklung des Kapitalismus vor allem durch einen doppelten Kommodifizierungsprozeß ermöglicht: "That of products, via the expansion of the use of money, and that of labour, via the translation of labour into labour-power. Goods and labour-power thence themselves become interchangeable commodities" (Giddens, 1981, 8).

Die Voraussetzung dafür, daß diese Austauschbarkeit von Gütern und Arbeitskraft möglich wird, ist, daß die Zeit selbst Warencharakter annimmt: "the commodification of time itself" (Giddens, 1981, 8). Damit ist folgender Zusammenhang gemeint: Waren existieren in diesem Sinne nur als Tauschwert. Für die Bestimmung des Verhältnisses der zu tauschenden Einheiten ist nun eine gemeinsame Vergleichsinstanz notwendig. Und diese Vergleichsinstanz ist nun eben die Zeit. Arbeitskraft wird in Zeiteinheiten transformiert. Die Abgeltung der Arbeitskraft erfolgt dann in bezug auf Zeiteinheiten. Zeit- und Geldeinheiten bilden in diesem Sinne die Basis der "commodification".

Damit aber "Zeit" als Berechnungsbasis überhaupt verfügbar wurde, mußte eben die Trennung von Zeit und Raum erfolgen. Die zu erfüllende Voraussetzung war, daß der Warencharakter der Zeit vom Warencharakter des Raumes klar trennbar wurde.[75] Wie bei der Zeit ist auch beim Raum

75 Vgl. dazu Giddens, 1981, 8.

die Meßbarkeit die zentrale Voraussetzung dafür, daß sie als Ware zum Gegenstand des Tausches werden konnten. So wie bei der Zeit im Rahmen der Meßbarkeit Momente unterschieden werden können, zerfällt der Raum in Punkte, und bei beiden können wir offensichtlich Intervalle unterscheiden. Dies ermöglicht – ohne daß Giddens explizit darauf hinweist – die Kalkulierbarkeit und klare Begrenzung von Flächen, was seinerseits wiederum eine wichtige Voraussetzung für die Entwicklung einer differenzierten Form von Bodeneigentum darstellt. Boden wird über die Meßbarkeit ebenfalls zur tauschbaren Ware, was im Rahmen des industriekapitalistischen Produktionssystems dazu führt, daß der Boden zu einem zentralen Produktionsfaktor wird.

Bei der sozialen Kontrolle werden nun die Kombinationen von Zeit und Raum besonders relevant. Über den Arbeitsvertrag kauft der Unternehmer die Zeit der Arbeitenden innerhalb des Territoriums "Arbeitsplatz" bzw. "-areal". Derart ist die kapitalistische Produktion grundsätzlich an den Warencharakter von Zeit und Raum gebunden. Dies impliziert wiederum eine strikte Trennung von Wohn- und Arbeitsplatz: *"The transformation of the 'time-space paths' of the day*, through its centring upon a defined sphere of 'work' physically separate from the household and separated in objectified time from 'leisure' or 'private time'" (Giddens, 1981, 153). Über die Trennung von Zeit und Raum wird – als Basis der kapitalistischen Produktionsweise – eine zweckrational abgestimmte Kombination von Arbeitsplatz und Arbeitszeit möglich und notwendig. Auf dieser Basis wird der Tausch von Arbeit und Zeit gegen Geld erst denkbar. Der *kapitalistische Arbeitsvertrag* baut somit auf Raum- und Zeitkonzeptionen auf, die von traditionellen Bedeutungen entleert sind und rational (neu) auf die Tauschware abgestimmt werden können. Gleichzeitig wird über die territoriale Definition "Arbeitsplatz" auch die klare Trennung zwischen der Zeit physischer Arbeit und Freizeit möglich.

Der Arbeitsbereich wird auch in dieser Beziehung vom Freizeitbereich abgegrenzt und weitgehend isoliert. Die soziale Praxis innerhalb der verkauften Arbeitszeit ist als durch und durch entankert zu begreifen. Die rationale Organisation industrieller Produktion läßt keine traditionellen Verankerungen mehr zu. Der vom Arbeitsvertrag nicht erfaßte Bereich hingegen ist nicht in jedem Fall demselben Regime unterworfen. So bestehen zwei Wirklichkeitsbereiche, deren raum-zeitliche Trennung einerseits Voraussetzung für eine soziale Kontrolle bildet, welche sich andererseits auf je spezifische Standards bezieht: "there are no longer any guaranteed normative connections between the distinct time-encapsulated sphere of work and the remainder of social life, which itself becomes substantially disembedded from traditionally established practices" (Giddens, 1981, 153). Dies hat für die gesamte Alltagswelt drastische Konsequenzen.

So ist der kapitalistische Urbanismus unmittelbar an diese Trennung gebunden. Basiert der kapitalistische Arbeitsvertrag primär auf dem Warencharakter der Zeit, dann ist für die entsprechende Siedlungsform der Warencharakter von Raum die wichtigste Voraussetzung. Dies ist gemäß Harvey (1973; 1982; 1985) und Lefebvre (1977; 1981) insbesondere für den sogenannten "gebauten Raum" der Fall, mit welchem der größte Teil der Bevölkerung in modernen Gesellschaften jeden Tag konfrontiert ist. "Capitalist cities are almost wholly manufactured environments, in (...) which the bulk of urban life is carried on" (Giddens, 1981, 153).

Im "gebauten Raum" findet die kapitalistische Rationalisierung der Lebenswelt einen weiteren zentralen Ausdruck. Die rational konstruierte Mitwelt zwingt zur Rationalisierung der Alltagsaktivitäten, die nur schon deswegen in unmittelbarem Gegensatz zu den traditionellen Gesellschaften stehen, weil es nicht mehr die Tradition ist, welche sie "rhythmisiert". Sie sind nun vielmehr Ausdruck der Gewohnheit, der Routine und nicht selten ökonomischer Zwänge. Unter diesen Bedingungen können die Traditionen keine Gewißheit mehr spenden, kein Gefühl der Vertrautheit mehr liefern. "In the capitalistic urban milieu (...) the level of what Laing calls 'ontological security' in the routines of daily life is low" (Giddens, 1981, 11). Das traditionell Vertraute und Abgesicherte, welche in traditionellen Lebensformen mit der "Verankerung" der Alltagspraxis einhergeht, wird durch vielfältige "Entankerungen", welche primär in den rationalen Konstruktionen der Artefaktewelt des "gebauten Raumes" ihren Ausdruck finden, aufgehoben.

Anhand der kapitalistischen Urbanisierung und der entsprechenden Konsequenzen für das Alltagsleben können in bezug auf die *Seinsgewißheit*[76] weitere grundlegende Aspekte moderner Gesellschaften aufgedeckt

76 Dies ist ein Konzept, das von Laing (1972) und Erikson (1984) entwickelt wurde. Unter "Seinsgewißheit" ist dabei in Giddens' (1988a, 431) Interpretation die "Zuversicht oder das Vertrauen (zu verstehen), daß Natur und Kultur-/Sozialwelt so sind, wie sie erscheinen, einschließlich der grundlegenden existentiellen Parameter des Selbst und der sozialen Identität". Ausführlich wird darauf in Band 2, in Zu-

werden. Der Kernaspekt ist dabei – wie bereits angedeutet – daß ökonomische Rationalität an die Stelle von Traditionen tritt. Menschliche Tätigkeiten sind in rational konstruierte Kontexte eingebettet und nicht mehr in Tradition. Das heißt, Routinisierung des Alltags geschieht in bezug auf ökonomische Zwänge und nicht mehr in bezug auf Traditionen: "Routinisation in this context certainly embodies residual traditions, as all social life must do; but the moral bindingness of traditionally established practices is replaced by one geared extensively to habit against a background of economic constraint" (Giddens, 1981, 154). Im rationalen Charakter der gebauten Mitwelt äußert sich natürlich auch die Tatsache, daß diese Mitwelt nicht einfach "gegeben", sondern vielmehr als historisch gewordenes "Produkt" zu verstehen ist. Sie ist ein historisches Produkt, das zu einem beachtlichen Teil aktuelle Handlungsweisen festlegt, deren physischen Ablauf prägt und strukturiert. Selbst wenn dieses Produkt für bestimmte (ökonomische) Aktivitäten rational geplant und verwirklicht wurde, heißt das nicht, daß es dies für die gesamte Alltagspraxis ist. Vielmehr ist es gemäß Giddens – aufgrund dieser historischen Differenz bzw. dieses "time-lag" (Maier u.a. 1977, 80) des materiellen Substrates der Gesellschaft – für große Bereiche aktueller raum-zeitlicher Organisation des Alltagslebens sowohl des sinnhaften wie des rationalen Inhalts beraubt: "Large areas of the time-space organisation of day-to-day social life tend to be stripped of both a *moral* and a *rational* content for those who participate in it" (Giddens 1981, 154).

Nach diesen detaillierteren Ausführungen ist nun zu Implikationen der Trennung von Raum und Zeit im Hinblick auf den dynamischen Charakter der modernen und spät-modernen Gesellschaften wiederum in zusammenfassender Weise einzugehen. Die *erste* wichtige Implikation ist die, daß die sozialen Aktivitäten von ihrem lokalen Kontext getrennt werden: "It severs social activities from their involvement in local contexts" (Giddens, 1990b, 306). Die Trennung von Raum und Zeit sowie deren jeweilige Standardisierung ermöglicht *zweitens* die Rekonstruktion von sozialen Beziehungen über große raum-zeitliche Spannen hinweg. Dies ist *drittens* die Basis für die Entstehung und Ausbreitung der rationalen Organisation: "In addition, it underlies the spread of that most distinctive and pervasive feature of mo-

sammenhang mit der im Hinblick auf die wissenschaftliche Untersuchung des "alltäglichen Geographie-Machens" reinterpretierten Strukturationstheorie, eingegangen.

dernity, the rationalized organization" (Giddens, 1990b, 306). Die rationale Organisation auf der Basis des Warencharakters von Arbeit, Raum und Zeit, deren grundsätzliche Trennbarkeit und Rekombinierbarkeit für je spezifische Ziele ist somit als das besondere Merkmal spät-moderner Gesellschaften zu betrachten. Sie ist für deren unvergleichlich größere Dynamik im Vergleich zu traditionellen Lebensformen verantwortlich. Diese Form rationaler Organisation ermöglicht zudem eine Verbindung von lokalen Handlungskontexten mit den globalen in einer Weise, wie dies für traditionelle Gesellschaften undenkbar ist.

2.4.2 Reichweite des sozialen Wandels

Hinsichtlich der *Reichweite des sozialen Wandels,* der zweiten Hauptquelle der besonderen Dynamik der Moderne, steht die Entankerung der Gesellschaft von Raum und Zeit im Zentrum. Bei der Entankerung der sozialen Systeme geht es um das Herausheben von sozialen Beziehungen aus ihrem lokalen Kontext. Dieser Prozeß hat wiederum die zuvor besprochene Entleerung von Zeit und Raum von spezifischen Sinnattribuierungen zur Voraussetzung.[77] Was dabei genau unter "Entankerung" zu verstehen ist, soll nun ausführlich erörtert werden.

Die Vorstellung der "Entankerung der Gesellschaft" ist eng an die Ablehnung der funktionalistisch und evolutionistisch motivierten Vorstellung der Ausdifferenzierung von Gesellschaften gebunden. Die biologistisch inspirierte Idee zunehmender Komplexität auf der Basis fortschreitender funktionaler Spezialisierung soll durch die Charakterisierung des Maßes des Ausgreifens in Raum und Zeit ersetzt werden. Giddens wählt somit die Metapher der "Entankerung" als angemessene Darstellung der entscheidenden sozialen Veränderungen, welche an die Aufklärung gebunden sind. Das heißt allerdings nicht, daß die Vorstellung der Ausdifferenzierung überhaupt keine Plausibilität aufweist. Doch gemäß Giddens vernachlässigt sie eine der wichtigsten Charakteristiken moderner Institutionen und Organisationen: "(It) fails to capture an essential element of the nature and impact of modern institutions – the 'lifting out' of social relations from local con-

77 Vgl. dazu Giddens, 1991a, 17.

texts and their rearticulation across indefinite tracts of time-space" (Giddens, 1991a, 18).

Damit sollte offensichtlich geworden sein, daß die Möglichkeit der Entankerung eng an die Trennung von Raum und Zeit gebunden ist. Oder man könnte sogar sagen, daß die erste Bedingung der "disembedding mechanisms" die Trennung von Raum und Zeit darstellt: "The 'lifting out' is bound up with the separation of time from space, which is the very condition of such a process. Freed from the particularities of localities, disembedded activities promote a massive increase in time-space distanciation" (Giddens, 1990b, 306).

"Time-space distanciation" bezeichnet die raum-zeitliche Ausdehnung der mittelbaren Kommunikationsfähigkeit. Damit ist die Möglichkeit gemeint, mit abwesenden Akteuren zu kommunizieren. Im allgemeineren Sinne geht es aber – wie bereits angedeutet – auch um das Verhältnis zwischen Anwesenheit und Abwesenheit bzw. zwischen lokaler und globaler Kommunikationsebene. Oder genauer: Der begriffliche Rahmen der raumzeitlichen Distanzierung soll die sozialwissenschaftliche Forschung auf die komplexe gegenseitige Abhängigkeit der Kommunikation in Kopräsenz – der lokalen Beteiligungen am Sozialgeschehen – und der Kommunikation unter körperlicher Abwesenheit kommunizierender Subjekte – den Interaktionen "über Entfernungen hinweg" (Giddens, 1995, 85) –, aufmerksam machen.

Die zunehmende Ausdehnung raum-zeitlicher Distanzierung unter gleichzeitiger Aufrechterhaltung der Kommunikationsmöglichkeit ist schließlich auch die vielleicht wichtigste Voraussetzung für die Globalisierung[78] der alltäglichen Lebensbezüge im Rahmen spät-moderner Gesellschaftsformen. Demgemäß ist "Globalisierung" zu definieren als "Intensivierung weltweiter sozialer Beziehungen, durch die entfernte Orte in solcher Weise miteinander verbunden werden, daß Ereignisse am einen Ort durch Vorgänge geprägt werden, die sich an einem viele Kilometer entfernten Ort abspielen, und umgekehrt" (Giddens 1995, 85). Diese gegenseitige Abhängigkeit ist als ein dialektisches Verhältnis, ein dialektischer Prozeß, zu begreifen, und nicht als einseitig bestimmter linearer Ablauf. Denn lokale Ereignisse können in der Betrachtungsweise von Giddens

78 Vgl. dazu auch Robertson, 1992; Shields, 1992; Featherstone, 1990, und Trepper et al., 1992.

(1995, 85) "in eine Richtung gehen, die der Richtung der sie prägenden weit entfernten Beziehungen entgegengesetzt verläuft."

So kann die Intensivierung der Globalisierung durchaus die paradoxe Konsequenz der Zunahme – und nicht etwa des Abbaus – von regionalistischen und nationalistischen Tendenzen haben, die eine Intensivierung der Ortsgebundenheit implizieren.[79] Oder der zunehmende Wohlstand eines Stadtviertels von Singapur braucht nicht Ausdruck einer Zunahme des Wohlstandes auf nationaler Ebene zu sein, sondern steht "durch ein kompliziertes Netz globaler Wirtschaftsverbindungen womöglich in kausalem Zusammenhang mit der Verarmung eines [Wohnviertels] in Pittsburgh, deren lokale Produkte auf den Weltmärkten nicht mehr konkurrieren können" (Giddens 1995, 86). Zu klären ist nun, unter welchen Bedingungen und mit welchen Mitteln die Globalisierung spät-moderner Lebensverhältnisse entstehen konnte und bestehen kann.

Die Medien, die diese Distanzierung und konsequenterweise auch die Globaliserung erlauben, gehören gleichzeitig zu den zentralen Merkmalen moderner Gesellschaften, in denen die "disembedding mechanisms", die raum-zeitlichen "Entankerungs-Mechanismen" sozialer Praxis begründet liegen. Es sind dies vor allem "Schrift", "Drucktechnik" und "elektronische Kommunikation" einerseits sowie "symbolische Zeichen" und "Expertensysteme" (Giddens, 1995, 34) andererseits. Die beiden letzten zusammen genommen bezeichnet er auch als "abstract systems" (Giddens, 1991a, 18).

"Schrift" ermöglicht, wie bereits erwähnt, die Ausdehnung der Interaktionsfähigkeit in Raum und Zeit. Bleibt das Sprechen an das Moment der Produktion gebunden, überdauert das Geschriebene in der Zeit und ermöglicht gleichzeitig die Kommunikation über große Distanzen hinweg: "Writing is a medium of time-space distanciation. (...) The more you have written records, the more you can expand the range of organization across space, and the more you have written records, the more you can change your organization in relation to time" (Giddens, 1988b, 172). Die Schrift ist somit als die erste Bedingung der Ausdehnung der Kommunikation mit räumlich und zeitlich abwesenden Personen zu betrachten.

Diese Form sozialer Kommunikation wird durch die Erfindung der Drucktechnik zu Beginn der Moderne intensiviert, und auf dieser Basis wird das soziale Leben radikal transformiert. Denn Lagerungsmöglichkeit

79 Vgl. dazu auch Arnason, 1990, 207ff.

und Kontrolle von Information erlangt dadurch eine neue Dimension. Die damit verbundene Informationskontrolle generiert eine Form der Machtausübung über große Distanzen hinweg. Sie ermöglicht vor allem auch den Zugriff auf die Reorganisation der Lebensweise von Subjekten über Zeit und Raum.[80] Mit der Drucktechnik wird es möglich, eine große Zahl von potentiellen Interaktionspartnern zu erreichen und diese Informationen auch an zahlreichen Orten auf verfügbare oder für die meisten auf unzugängliche Weise zu lagern. Dies führt dazu, daß gedruckte Informationen eine wichtige Grundlage für das Entstehen von großen sozialen Organisationen, Staaten und Imperien bilden und deren räumliche und zeitliche Reichweiten weiter vergrößern.

Die elektronische Kommunikationstechnologie, vom Telegraf über Telefon, Radio, Fernsehen bis Telefax und Telemailing, erhöht einerseits die Geschwindigkeit der Verbreitung von Kommunikationsinhalten, und ermöglicht andererseits die Globalisierungstendenz des Wissens über Ereignisse. Die raum-zeitlichen Transformationen, die diese Medien ermöglichen, führen zu einer größeren Standortunabhängigkeit von Sender und Empfänger einer Information. Sie bilden in gewissem Sinne die Basis für die "raum-zeitliche Entankerung" ('disembedding') sozialer Kommunikation. Gleichzeitig führen insbesondere die "Ein-Weg-Medien" wie Radio und Fernsehen zu einer zunehmenden Anonymisierung der Kommunikationsinhalte.

Das Telefon kommt der face-to-face Situation zwar am nächsten, eröffnet aber auch eine weitgreifende Ausdehnung der Kommunikationsreichweiten. Telegraf, Telefax, Telemailing usw. liegen auf der gleichen Formalisierungsstufe der kommunizierten Inhalte wie gedruckte Erzeugnisse, doch erlauben sie einerseits eine viel individuellere Diffusion und verkürzen die zeitlichen Intervalle zwischen Sender und Empfänger auf eindrückliche Weise. Zusammengenommen führen diese Kommunikationsmedien zu einem Eindringen von entfernten Ereignissen in das Alltagsbewußtsein.[81]

Unter "*symbolischen Zeichen*" versteht Giddens (1995, 34) im allgemeinsten Sinne "Medien des Austauschs, die sich 'umherreichen' lassen, ohne daß die spezifischen Merkmale der Individuen oder Gruppen, die zu

80 Vgl. Giddens, 1988b, 172.
81 Vgl. Giddens, 1991a, 27.

einem bestimmten Zeitpunkt mit ihnen umgehen, berücksichtigt werden müßten." Sie sind als Tauschmittel zu begreifen, die einen Standardwert besitzen, aufgrund dessen sie in einer Vielzahl von Kontexten ausgetauscht beziehungsweise eingetauscht werden können.[82] Es bestehen zahlreiche Arten symbolischer Zeichen, etwa die Medien politischer Legitimierung (Wahlzettel, Handerheben usw.), doch Giddens konzentriert seine Diskussion ihrer Bedeutung für die raum-zeitliche Distanzierung sozialer Interaktionen auf "Geld". Dabei geht er davon aus, daß "Geld" mit "Schrift" die Gemeinsamkeit aufweisen, daß sich beide durch eine gewisse Unabhängigkeit von ihren Bezugsobjekten auszeichnen: "The development and universalisation of money (...) in a definite way parallels the emergence of writing, since both trace out a progressive distanciation from the objects to which they 'refer'" (Giddens, 1981, 116). Das heißt, daß die Bedeutung von beiden über Konventionen festgelegt wird, und beide können auf dieser Basis als Zeichen der Repräsentation vielfältigster Gegebenheiten verwendet werden.

"Schrift" und "Geld" zeichnen sich also beide dadurch aus, daß sie nach einer Distanzierung zwischen Bezeichnendem und Bezeichnetem verlangen. Beruht dies bei der Schrift auf der Einigung auf abstrakte Zeichen, beruht die Distanzierung beim Geld zunächst auf einer Trennung zwischen Gebrauchs- und Tauschwert einer Ware. "Geld" wird dann zu einem symbolischen Zeichen für den Tauschwert einer Ware. Der wahre Charakter des Geldes kommt in den an sich wertlosen Geldscheinen, den Banknoten, zum Ausdruck, die absolut keinen Gebrauchswert, sondern "nur" einen Tauschwert aufweisen. Warencharakter erlangt "Geld" ausschließlich auf der Basis seiner Funktion der Repräsentation: "Money becomes a commodity only because it represents or symbolises the exchange-value of all other commodities" (Giddens, 1981, 116). Der Inhalt der Symbolisierung bzw. die Art der symbolisierten Gegebenheiten wird nicht durch das Geld festgelegt. Was es repräsentiert, wird vielmehr von den tauschenden Subjekten festgelegt, indem sie es als unpersönlichen Maßstab akzeptieren. Auf dieser Basis erlaubt "Geld" "den Austausch von allem gegen alles, ohne Rücksicht darauf, ob den Gütern, um die es dabei geht, etwas Wesentliches gemeinsam ist" (Giddens, 1995, 35) oder nicht.

82 Vgl. Giddens, 1991a, 18.

Diese Distanzierung des symbolischen Gehalts von Geld vom Gebrauchswert eines Gutes macht schließlich auch eine seiner Qualitäten als Medium der raum-zeitlichen Distanzierung von (wirtschaftlichen) Interaktionen bzw. von wirtschaftlichen Tauschhandlungen aus: "Money (...) is a means of bracketing time and so of lifting transactions out of particular milieux of exchange (...): money is a means of time-space distanciation" (Giddens, 1990a, 24). Ein weiterer wichtiger Aspekt von "Geld" in bezug auf die raum-zeitliche Distanzierung ist sein Potential der Einklammerung[83] von Raum und Zeit: Die Einklammerung der Zeit aufgrund seiner Qualität als Kreditmittel, die Einklammerung von Raum aufgrund des standardisierten Wertes für eine Mehrzahl von Subjekten, die einander nie physisch zu begegnen brauchen.[84]

Unter Bezugnahme auf Simmels "Philosophie des Geldes" weist Giddens also darauf hin, daß "Geld" überhaupt erst eine räumliche Distanz zwischen besitzendem Individuum und Besitz ermöglicht. Denn erst in Form von Geld kann einerseits der Profit leicht von Ort zu Ort transferiert werden und andererseits eine Beziehung zwischen Besitzer und Besitz über räumliche Distanz hinweg aufrechterhalten werden. Damit kommt dem Geld eine überragende Bedeutung bei der Überbrückung von raum-zeitlichen Distanzen zu und ermöglicht gleichzeitig die raum-zeitliche Distanzierung bzw. die Interaktion zwischen abwesenden Subjekten.

Dies sollte aber nicht zu der Interpretation verführen, "Geld" als ein zirkulierendes Medium zu betrachten oder gar von Geldströmen zu sprechen, wie dies etwa in den Regionalwissenschaften und der Wirtschaftsgeographie der Fall ist. Wenn Geld nämlich – etwa wie Wasser – fließen würde, dann müßte seine Zirkulation unmittelbar in Zeit ausdrückbar sein. Daraus würde dann folgen, daß je größer die Fließgeschwindigkeit, desto kleiner der Geldstrom sein könnte, um über dieselbe Menge von Geld in einer bestimmten Zeiteinheit zu verfügen. Und dies wiederum würde bedeuten, daß

83 Der Begriff "Einklammerung" wird hier im Sinne der phänomenologischen Methodologie verwendet. Bei Husserl (1971) und Schütz (1971a, 53) wird die Epoché (Einklammerung) verwendet, um verschiedene Einstellungen zur Wirklichkeit zu charakterisieren. So besteht beispielsweise die Einklammerung der natürlichen, alltagsweltlichen Einstellung darin, daß das Subjekt den Zweifel in "Klammern setzt", die Welt könnte anders sein, als sie ihm erscheint. Im vorliegenden Fall bezieht sich "Einklammerung" auf die Aufhebung der konstitutiven Bedeutung räumlicher und zeitlicher Aspekte.

84 Vgl. Giddens, 1991a, 18.

die für eine Transaktion benötigte Geldmenge proportional zur Zirkulationsgeschwindigkeit ausfallen könnte. Dem ist aber gemäß Giddens (1995, 38) nicht so: "Money does not relate to time or time-space as a flow, but precisely as a means of bracketing time-space by coupling instantaneity and deferral, presence and absence." Gleichzeitig ermöglicht "Geld" aber die "Lagerung" von Profit über größere Zeiträume hinweg: "Money makes possible the circulation of exchange-values across very large time-scale distances" (Giddens, 1981, 117). Darauf beruht unter anderem das Bankensystem und die Aktivitäten, die diesen Wirtschaftsbereich charakterisieren.

Zusammenfassend kann man festhalten, daß Geld die Ausdehnung von Interaktionsreichweiten in Raum und Zeit ermöglicht. Es ist das Medium, das die Zirkulation von Tauschwerten der Güter und Profit sowie die zeitliche Lagerung von Profit unabhängig von den substantiellen Eigenschaften der Güter ermöglicht.

Den letzten Bereich, der für Interaktion mit nicht anwesenden Personen wichtig ist, bezeichnet Giddens mit "Expertensysteme". Damit sind "Systeme technischer Leistungsfähigkeit oder professioneller Sachkenntnis (gemeint), die weite Bereiche der materiellen und gesellschaftlichen Umfelder, in denen wir heute [routinemäßig] leben, prägen" (Giddens, 1995, 40f.). Expertensysteme sind somit als materielle oder immaterielle Artefakte zu begreifen, die ihrerseits Ausdruck von Expertenwissen sind.

Die Konstruktion des Hauses, in dem jemand lebt, das Fahr- oder Flugzeug, in dem man sich fortbewegt, die Krankenkasse oder Versicherungsgesellschaft, an die man sich nach einem Unfall mit einem dieser Fortbewegungsmittel mittels Telefon, Telefax oder Computermailing wendet, sind demgemäß alle als Expertensysteme zu begreifen. Sie beruhen auf einem Wissen, das einem nur in geringem Maße oder überhaupt nicht vertraut sein muß. Diese Artefakte sind aber so konstruiert, daß man sie nur dann nutzen kann, wenn man sich in ausreichendem Maße auf die Intentionen ihrer "Konstrukteure" einläßt. Und wenn man das tut, geht man beim Artefaktegebrauch auch eine anonyme Interaktion mit ihren Erdenkern und Hervorbringern ein, ohne daß sie selbst anwesend sind. Man interagiert mit ihnen "über" ihr Wissen, das sich in ihren Erzeugnissen manifestiert.[85]

In diesem Sinne klammern auch Expertensysteme Raum und Zeit ein: "Expert systems bracket time and space through deploying modes of tech-

85 Vgl. dazu ausführlicher Werlen, 1988a, 181ff.

nical knowledge which have validity independent of the practitioners and clients who make use of them" (Giddens, 1991a, 18). Der Gebrauch von Expertensystemen ist somit als eine anonyme Interaktion mit den Produzenten der Expertensysteme zu betrachten, über die sich die raum-zeitliche Entankerung vollzieht.

"Symbolische Zeichen" und "Expertensysteme" können dadurch charakterisiert werden, daß sie beide 'erwartungs-zuverlässig' sind. Auf diese Weise ermöglichen sie die Interaktion mit abwesenden Partnern bzw. die raum-zeitliche Distanzierung, die Entankerung sozialer Prozesse. Gleichzeitig ermöglichen sie aber auch die Verfügungsgewalt über distanzierte materielle Güter und Personen.

Damit sind Konsequenzen für die Seinsgewißheit verbunden. Da die Erfahrung immer stärker mediatisiert wird, werden auch die unmittelbaren Überprüfungsmöglichkeiten geringer. Wir können nicht mehr unmittelbar überprüfen, ob das, was andere über bestimmte Dinge sagen, auch tatsächlich zutrifft. Die Gewißheit ist in diesem Sinne an das Vertrauen gebunden. Zudem ist Vertrauen auch bei der Nutzung von Expertensystemen notwendig. Wir müssen darauf vertrauen, daß die rationalen Konstruktionen in dem Sinne "halten" werden, wie das von den Erbauern vorgesehen ist. Als Benutzer haben wir allerdings keine Kontrolle darüber. So kann man sagen, daß sowohl symbolische Zeichen wie auch Expertensysteme an "Vertrauen" gebunden sind: "Both types of expert systems depend in an essential way on *trust*" (Giddens, 1991a, 18). Was ist dabei genau unter "Vertrauen" zu verstehen?

Giddens gibt eine Umschreibung von Vertrauen, die einerseits bisherigen Definitionen Rechnung trägt, andererseits aber auch die Besonderheiten berücksichtigt, die sich aus der raum-zeitlichen Distanzierung ergeben: "Trust presumes a leap in commitment, a quality of 'faith' which is irreducible. It is specifically related to absence in time and space, as well as to ignorance" (Giddens, 1991a, 19), ein "Sprung in die Verbindlichkeit" also, die gleichzeitig ein Glaubenselement involviert. Im Zusammenhang mit den symbolischen Zeichen setzt das Vertrauen auf sie voraus, daß auch die anderen diesen Zeichen dieselbe Bedeutung beimessen werden, und daß man sich darauf verlassen kann, daß dem unabhängig von der spezifischen Situation so sein wird.

Dieses Vertrauen bezieht sich auch auf nicht anwesende Personen oder Gegebenheiten, mit denen wir über die Distanzierung nur mittelbar in Beziehung treten können. In Zusammenhang mit den Expertensystemen heißt dies, daß man sich auf die abwesenden Erbauer und das Produkt trotz weitgehender oder völliger Inkompetenz, trotz Unwissenheit, verläßt. Wenn wir ein technisches System in- und auswendig kennen und uns versichert haben, daß es "funktioniert", dann ist Vertrauen nicht in hohem Maße notwendig. Denn wir *wissen*, daß es "klappt". Dies ist konsequenterweise nicht der Fall, wenn wir ohne differenzierte Kenntnisse auf das Funktionieren technischer Systeme angewiesen sind. Dann bildet "Vertrauen" jene Krücke, die uns trotz mangelnder Kenntnis das Handeln möglich macht: "In respect of expert systems, trust brackets the limited technical knowledge which most people possess about coded information which routinely affects their lives" (Giddens, 1991a, 19).

Diese Erläuterungen sollten aber nicht zur Folgerung führen, daß Vertrauen immer auf einer bewußten Entscheidung beruht. Im Gegenteil. Meist ist Vertrauen Ausdruck einer allgemein gehaltenen, nicht-diskursiven Einstellung, einer allgemeinen, vom Subjekt nicht ohne weiteres sprachlich spezifizierbaren Einstellung, welche dem (routinehaften) Handeln zugrunde liegt.[86] Das praktische Bewußtsein ist somit die Basis des Vertrauens, und gleichzeitig ist es auch der kognitive und emotionale Anker, wie sich Giddens (1991a, 36) ausdrückt, für die Gefühle der Seinsgewißheit, auf dem Sicherheitsgefühle aufbauen.

Damit ist angedeutet, daß zwischen Vertrauen, Seinsgewißheit und Sicherheitsgefühl ein enger Zusammenhang besteht. Dieser Beziehung stehen Risiko und Gefahr gegenüber, die in modernen und spät-modernen Gesellschaften besondere, historisch erstmalige Verbindungen eingehen: "Trust and security, risk and danger: these exist in various historically unique conjunctions in conditions of modernity" (Giddens, 1991a, 19). Die Besonderheit dieser Verbindungen besteht darin, daß in der Moderne die Basis für die Seinsgewißheit nicht mehr gleicher Art ist wie in prä-modernen Gesellschaften. Dort beruht sie auf Routinen, welche ihrerseits in Traditionen verankert sind.[87]

In spät-modernen Lebensformen sind Routinen vielmehr durch rationale Konstruktionen geleitet, und auf diese rationalen Konstruktionen müssen wir vertrauen, weil sie in den allerseltensten Fällen von uns selbst ent-

86 Vgl. Giddens, 1991a, 19.
87 Vgl. Giddens, 1991a, 48.

worfen und verwirklicht wurden. So werden neue Risiken und Gefahren durch die Entankerungsmechanismen selbst geschaffen, und zwar sowohl auf lokaler als auch auf globaler Ebene. "Foodstuffs purchased with artificial ingredients may have toxic characteristics absent from more traditonal foods; environmental hazards might threaten the ecosystems of the earth as a whole" (Giddens, 1991a, 19f.). Expertensysteme, die meist zur Kontrolle der Natur und zum Schutz vor natürlichen Katastrophen entwickelt wurden, werden so selbst zum Ausgangsort neuer Gefahren und Risiken. Dem System des Urvertrauens, auf dem die Seinsgewißheit aufbaut, wird durch die Vorherrschaft der Expertensysteme zwar nicht die Basis entzogen, aber dem Zweifel und der Angst sind aufgrund der geschilderten Zusammenhänge doch große Angriffsflächen geboten.

In der alltäglichen Praxis der Individuen führen diese Veränderungen zu einer Gefährdung der Seinsgewißheit, so daß "existentieller Zweifel", "Vertrauen" und "Selbstidentität" eine wesentlich prominentere Bedeutung erlangen als in traditionellen Gesellschaften. Als Basis der Seinsgewißheit werden nicht mehr Verwandtschaftsbeziehungen usw., sondern die alltäglichen Routinen in ihrer räumlichen und zeitlichen Strukturierung betrachtet. Geschützt wird die Seinsgewißheit durch den sogenannten "protective cocoon", der in der Absonderung von Erfahrungsbereichen wie Wahnsinn, Kriminalität, Krankheit und Tod, Sexualität und Natur aus den alltäglichen Routinen seine Basis findet. Oder in anderen Worten: Vor diesen neuen Agriffsmöglichkeiten hat sich das Subjekt in neuer Form zu schützen, um überhaupt eine Alltagspraxis aufrechterhalten zu können: "(All) normal individuals carry around with them (a protective cocoon) as the means whereby they are able to get on with the affairs of day-to-day life" (Giddens, 1991a, 40).

In diesem Sinne wird in der "Risikogesellschaft" (Beck, 1986; 1991; 1993a) die Selbstidentität zum zentralen Element spät-moderner Gesellschafts- und Lebensformen. Selbstidentität wird über eine biographische Selbstdarstellung erworben, die sich aber nicht mehr an Traditionen orientieren kann, sondern an den gewählten Lebensstil gebunden wird. "Lebensstil" ist dabei nicht in einem oberflächlich modischen, sondern in einem umfassenden Sinne zu verstehen, aus dem neue Formen der Lebenspolitik abgeleitet werden. Lebenspolitik äußert sich in den verschiedenen sozialen Bewegungen wie Feminismus, Friedens- und Ökobewegung usw., die ihrerseits wiederum als Ausdruck der besonderen Reflexivität unter spät-modernen Bedingungen zu begreifen sind.

2.4.3 Wirkungsart der Institutionen

Die dritte Dimension, die sowohl Geschwindigkeit als auch Reichweite des sozialen Wandels in der Moderne und vor allem in der Spät-Moderne so dramatisch erhöht bzw. ausdehnt, ist die *Reflexivität der Moderne.* Dies ist vielleicht der am tiefsten greifende Unterschied im Vergleich zu traditionellen Gesellschaften. In modernen Gesellschaften mit ihrer post-traditionellen Ordnung und transformierten Bedeutung von Raum und Zeit, die insbesondere auf den vielfältigen Entankerungsmechanismen beruht, sind die Subjekte nicht mehr mit von vornherein feststehenden Handlungsmustern konfrontiert. Ihre Handlungsweisen sind zu einem beachtlichen Grade Gegenstand persönlicher Entscheidungen und Entscheidungsnotwendigkeiten. Die Lebensbedingungen in modernen Gesellschaften setzen denn auch eine hohe Reflexivität voraus: "The transformation of time and space, coupled with the disembedding mechanisms (...) is the context of the thoroughgoing *reflexivity"* (Giddens, 1991a, 20). Was ist darunter genauer zu verstehen?

Die Frage ist zunächst, ob hier Giddens von der Reflexivität als besonderem Merkmal subjektiven Handelns spricht oder als besonderer Eigenschaft moderner Gesellschaftsformen. Eine erste Form der Annäherung an diesen Begriff scheint die Vermutung zu bestätigen, daß er "Reflexivität" als Merkmal allen menschlichen Handelns – unabhängig ob im Rahmen traditioneller oder moderner Gesellschaftsformen – umschreibt.[88] Doch Giddens hält die Reflexivität des Handelns viel mehr für eine Voraussetzung für die Reflexivität der Moderne, ohne daß die beiden identisch wären: "The reflexive monitoring of action (...) is the necessary basis of the reflexivity of modernity, but the two are not the same" (Giddens, 1990b, 306).

In "Modernity and Self-Identity" beschreibt er diese Differenz wie folgt: "Modernity's reflexivity refers to the susceptibility of most aspects of social activity, and material relations with nature, to chronic revision in

88 Vgl. Giddens, 1990b, 306.

the light of new information or knowledge. Such information or knowledge is not incidental to modern institutions, but constitutive of them" (Giddens, 1991a, 20). Das heißt, daß die Reflexivität moderner Institutionen aufs engste mit dem Wissen um Situationen des Handelns verbunden ist. Es geht also nicht nur um die Fähigkeit der Bewußtheit, sondern um das Wissen um Situationen, ein Wissen, das eine rationale und reflexive Beziehung zu den verschiedenen Aspekten der Wirklichkeit ermöglicht. Die Reflexivität der Moderne richtet sich vor allem auf die reflexive Aneignung von Wissen. Und genau in dieser Hinsicht unterscheiden sich die Moderne und Spät-Moderne auch wesentlich von prä-modernen Gesellschaften.

In spät-modernen Gesellschaften müssen Sanktionen ebenso wie andere soziale Handlungen mehr und mehr durch diskursives Wissen legitimiert werden. Ein Verweis auf Tradition oder Autorität reicht nicht mehr aus. Oder allgemeiner formuliert: Der gesamte Bereich der sozialen Reproduktion basiert nun mehr und mehr auf diskursivem Wissen über die Bedingungen der Reproduktion. Alltägliche Routinen sind davon ebenso betroffen wie umfassende institutionelle Bereiche. Und dieses Wissen kann ohne Schrift und ohne Expertensysteme nicht verfügbar gemacht werden: "Mit dem Anbruch der Moderne nimmt die Reflexivität einen anderen Charakter an. (...) Eine [Praxis] aus Traditionsgründen zu sanktionieren, geht nicht mehr an. Die Tradition läßt sich zwar rechtfertigen, aber nur im Hinblick auf Erkenntnisse, die ihrerseits nicht durch Tradition beglaubigt sind" (Giddens, 1995, 54).

Bei der Vermittlung und Zugänglichmachung sind die Sozialwissenschaften von zentraler Bedeutung. Kritische Theorie und "doppelte Hermeneutik" gehen hier eine enge Verbindung ein. Die Sozialwissenschaften sind für die Reflexivität der Moderne unabdingbar. Denn im Gegensatz zu den Naturwissenschaften akkumulieren sie Wissen, das dem Untersuchungsgegenstand nicht äußerlich bleibt.[89] Das Verhältnis der Sozialwissenschaft zu ihrem Untersuchungsbereich ist im Gegensatz dazu nicht nur eine einseitige Beziehung: "It is not only a one way process, because specialist information, as a part of the reflexivity of modernity, is in one form or another constantly reappropriated by lay actors (...) (and) filter(s) back into the milieux in which people take decisions about relationships etc." (Giddens, 1991a, 22). Die Sozialwissenschaften liefern nicht nur techni-

89 Vgl. Giddens, 1991a, 20.

sches Wissen über die sozialen Situationen des Lebens. Sie konstituieren diese Situationen und tragen zu deren Transformation bei.

Sozialwissenschaften und Alltagsleben sind unter spät-modernen Bedingungen untrennbar aneinander "gebunden", was ihnen – und insbesondere der Soziologie – hinsichtlich der Reflexion über die eigenen Lebensbedingungen der Subjekte eine herausragende Bedeutung vermittelt. Ihre Bedeutung "rührt von der Rolle her, die ihr als dem stärksten verallgemeinerten Typus von der Reflexion über das moderne soziale Leben zukommt" (Giddens, 1995, 58). Konsequenterweise kann man davon ausgehen, daß *"die Moderne selbst (...) in ihrem innersten Wesen zutiefst soziologisch"* (Giddens, 1995, 60) ist.

Auf diesem Hintergrund, der Verfügbarkeit von (kritischem) Wissen über beinahe jeden Lebensbereich, von Expertensystemen, die von der Psychoanalyse über Familien- bis zur Fitneßberatung reichen, wird beinahe jeder Lebensbereich ständig der Revision unterzogen. Dies ist als der Kern der Reflexivität der Moderne zu betrachten, die darin besteht, daß "soziale Praktiken ständig im Hinblick auf einlaufende Informationen über ebendiese Praktiken überprüft und verbessert werden, so daß ihr Charakter grundlegend geändert wird" (Giddens, 1995, 54). Freilich haben neue Informationen immer dazu beigetragen, daß die soziale Praxis neu gestaltet wurde. Doch erst in modernen und vor allem in spät-modernen Gesellschaften wird die ständige Überarbeitung und Überprüfung sozialer Übereinkünfte und Konventionen derart radikalisiert, daß sie prinzipiell alle Lebensbereiche erreichen bzw. erfassen kann. Konsequenterweise kann man davon ausgehen, daß das besondere Charakteristikum moderner und spätmoderner Gesellschaften nicht so sehr im "Appetit für das Neue" (Giddens, 1995, 55) um seiner selbst willen zu sehen ist, sondern vielmehr in einer sich auf alle Lebensbereiche beziehenden Reflexivität, die letztlich auch die Reflexion über die Reflexion miteinschließt.

Zusammenfassung

In *spät-modernen Gesellschaften* sind Handlungsweisen nicht mehr durchgehend von Traditionen bestimmt. In diesem Sinne kann man von einer "ent-traditionalisierten" (Giddens, 1993) Epoche sprechen. Traditionen sind zwar nicht völlig unbedeutend, doch sie sind nicht mehr die allumfassend dominierenden Regulative der Handlungsorientierung. Individuellen Entscheidungen ist ein wesentlich größerer Rahmen abgesteckt. Soziale Beziehungen werden kaum mehr generationenübergreifend durch Verwandtschaftssysteme geregelt, sondern vielmehr über die wirtschaftlichen bzw. beruflichen Aktivitäten. Soziale Positionen werden über Positionen in Produktionsprozessen erlangt und sind nicht mehr strikt an Alter und Geschlecht gebunden. Soziale und kulturelle Schnittstellen der Veränderung ergeben sich nicht mehr über Jahrhunderte, sondern viel eher im Generationenrhythmus. Das drückt sich im Aufkommen der Jugendkultur seit den fünfziger Jahren dieses Jahrhunderts aus und den entsprechenden, sich global äußernden Generationskulturen mit je spezifischen persönlichen Lebensstilen und Lebenspolitiken.

Diese Merkmale sind Konsequenzen der Aufklärung. Sie sind auch unmittelbarer Ausdruck der Transformation der räumlichen und zeitlichen Bedingungen des Handelns. Grundlegend dafür ist die Sinn-"Entleerung von Raum und Zeit" (Giddens 1992b, 26), die Aufhebung der häufig reifizierten, fixen (normativen) Bedeutungszuweisungen zu Orten und Zeitpunkten der traditionellen Handlungsanweisungen. Die Rationalisierung der Interpretation der räumlichen und zeitlichen Aspekte der Handlungskontexte ist ein Mittel der "Entzauberung der Welt" und Ausdruck umfassender Standardisierungen.

Sie bildet schließlich die Basis für die Kalkulierbarkeit räumlicher (Bodenmarkt) und zeitlicher Handlungskontexte (Arbeitszeitregelung). Das ermöglicht weitere Rationalisierungen sozialer Lebenskontexte und bildet die Basis von Industrialisierung und Modernisierung. Denn erst die Loslösung räumlicher und zeitlicher Dimensionen der Handlungskontexte von fixen traditionellen Sinnattribuierungen ermöglicht die ausgedehnte raumzeitliche Distanzierung der Handelnden im Rahmen sozialer Kommunikation. Für die Koordination institutioneller Aktivitäten, für die Vermittlung zwischen Anwesenheit und Abwesenheit sind Medien mittelbarer Kommunikation notwendig.

Die Medien, über die diese Entankerungsprozesse moderner und spätmoderner Institutionen ermöglicht werden, sind die Entflechtungsmechanismen "symbolische Zeichen" (Geld, Schrift) und "Expertensysteme". Das *symbolische Zeichen,* das im Zusammenhang mit der raum-zeitlichen Ausweitung der Wirkkreise eine prominente Stellung einnimmt, ist das Geld. Als symbolisches Zeichen für den Tauschwert einer Ware ermöglicht es den freien Fluß der Tauschgeschäfte, ohne daß Tauschpartner und getauschte Güter anwesend sein müssen. Mit Simmel (1989, 617ff.) kann man sagen, daß "Geld" überhaupt erst eine räumliche Distanz zwischen besitzendem Individuum und Besitz ermöglicht. Denn erst in Geldform kann Profit leicht von Ort zu Ort transferiert werden und Besitz über räumliche Distanz hinweg erhalten werden. Damit kommt dem Geld eine überragende Bedeutung bei der Überbrückung von raum-zeitlichen Distanzen zu, und es ermöglicht gleichzeitig die raum-zeitliche Distanzierung beziehungsweise die Interaktion zwischen abwesenden Handelnden.

"Expertensysteme" schließlich sind als materielle oder immaterielle Artefakte zu begreifen, die ihrerseits eine Ausformung von Expertenwissen und so konstruiert sind, daß man sie nur dann nutzen kann, wenn man sich in ausreichendem Maße auf die Intentionen ihrer "Konstrukteure" einläßt. Tut man das, geht man beim Gebrauch eine anonyme Interaktion mit ihren Erdenkern und Hervorbringern ein: Man interagiert mit ihnen "über" ihr Wissen, das sich in ihren Erzeugnissen manifestiert. Materielle Artefakte stellen Medien der Kommunikation dar und sind Vehikel von Bedeutungen und Wissen. Wie das Geld ermöglicht es auch die Benutzung von Expertensystemen, mit nicht anwesenden Personen zu interagieren.

Die "Symbolische Zeichen" und "Expertensysteme" ermöglichen *erstens* eine Informationsansammlung und eine Informationsverbreitung, die nicht mehr an die face-to-face-Interaktion gebunden ist, *zweitens* die Interaktion mit abwesenden Partnern und *drittens* die Verfügungsgewalt über distanzierte materielle Güter und Personen. Unmittelbare Konsequenz davon ist, daß wir über die Komplexität dieser Expertensysteme und deren ständig zunehmende Bedeutung in spät-modernen Gesellschaften immer mehr in einer "Risikogesellschaft" leben. Über "Symbolische Zeichen" und "Expertensysteme" sind lokaler und globaler Kontext aufeinander bezogen. Globale Zusammenhänge sind konstitutiv für alltägliche Handlungen auf lokaler Ebene, und lokale Handlungen haben globale Konsequenzen.

Übersicht 8: Merkmale spät-moderner Gesellschaften

1	Das globale Dorf bildet den weitgehend anonymen Erfahrungskontext.
2	Abstrakte Systeme (Geld, Expertensysteme) ermöglichen soziale Beziehungen über große räumlich-zeitliche Distanzen hinweg.
3	Alltägliche Routinen erhalten die Seinsgewißheit.
4	Global auftretende Generationskulturen.
5	Soziale Positionszuweisungen erfolgen primär im Rahmen von Produktionsprozessen.
6	Weltweite Kommunikationssysteme.

In diesem Sinne sind spät-moderne Kulturen und Gesellschaften räumlich und zeitlich *"entankert"*. Sozial-kulturelle Bedeutungen, räumliche und zeitliche Komponenten des Handelns sind nicht mehr auf festgefügte Weise verkoppelt. *Sie werden vielmehr über einzelne Handlungen der Subjekte auf je spezifische und vielfältigste Weise immer wieder neu kombiniert.* Räumlich lokalisierbare Gegebenheiten können nicht zuletzt immer wieder je spezifische Bedeutungen annehmen, weil sie nicht mehr generationenübergreifend über Traditionen fixiert sind.

2.5 Konsequenzen für die Sozialgeographie alltäglicher Regionalisierungen

Die Auseinandersetzung mit der Ontologie der Gesellschaft ist von zwei unterschiedlichen Auffassungen von "Ontologie" ausgegangen. Die übergreifende These, von der die verschiedenen Analysen geleitet sind, postuliert allerdings, daß beide Auffassungen nicht unabhängig voneinander zu sehen sind. Die prä-modernen Gesellschaftsformen legen, aufgrund der raum-zeitlichen Verankerung und den dafür verantwortlichen "Mechanismen", eine holistische Betrachtungsweise des Gesellschaftlichen in mehrfacher Hinsicht nahe, und dies ist in gewissem Sinne auch plausibel.

Die Vorherrschaft der Traditionen sichert die Gleichförmigkeit der Handlungsweisen über Generationen hinweg ab. Die überragende Bedeutung von Verwandtschafts- und Gruppenbeziehungen (Clan, Stamm, Ethnie, Volk usw.) legt die Interaktionsstrukturen über Raum und Zeit hinweg weitgehend fest. Die Kommunikationsbedingungen binden die Kommunikation weitgehend an die face-to-face-Situation, was zu einer kleinräumigen Abgrenzung des regelmäßigen, alltäglichen Verständigungskontextes führt.

Die technischen Produktionsbedingungen lassen geringe Spielräume im Umgang und in der Nutzung der natürlichen Mitwelt, so daß bei oberflächlicher Betrachtung die Thesen des Geodeterminismus eine gewisse Plausibilität erlangen; die kleinräumige Kammerung sozialer und kultureller Erscheinungsformen, insbesondere auf der Ebene der materiellen Artefakte, wird über diese relativ enge, technologisch mitbestimmte Bindung an die natürlichen Bedingungen des Handelns im prä-modernen Alltagsleben kontinuierlich reproduziert.

Aufgrund dieser sozialontologischen Bedingungen in prä-modernen Gesellschaften wird eine Einheit von Zeit und Raum ermöglicht. Soziale Regelungen werden häufig vermittels symbolischer Belegungen von Orten und Zeitpunkten erhalten und durchgesetzt. Dies, so muß man betonen, ist nur im Rahmen solcher sozialontologischen Bedingungen in generalisiertem Maße möglich. Verbunden ist dies mit einem geringen Abstraktionsmaß in bezug auf "Raum" und "Zeit" bzw. einem konkretistischen, reifizierenden Raum- und Zeitverständnis. Aber nicht "Raum" und "Zeit" an sich werden reifiziert. Die Reifikation von "Raum" umfaßt auch die Negation der Differenz von "Raum" und den sozialen Gehalten. Dies ist als besonderes Merkmal prä-moderner alltagsweltlicher Raumkonzeptionen zu betrachten.

Dies impliziert, daß in traditionellen Gesellschaften keine klare Unterscheidung zwischen Bezeichnetem und Bezeichnendem gemacht wird, so daß die symbolisch normative Aufladung von Orten als Eigenschaft des Ortes betrachtet wird und nicht als Merkmal eines sozialen Prozesses der symbolischen Festlegung. Am markantesten kommt dies bei Kultstätten zum Ausdruck. Das Betreten der Stelle wird mit der sozialen oder psychischen Veränderung der Person aufgrund einer physischen Bewegung gleichgesetzt. Diese Reifikationen von symbolischer Bedeutung und Raum als wirksame Entitäten führen zu einem verzauberten Kosmos. Die festen symbolischen Aufladungen lassen diesen gleichzeitig als durch und durch (von Geistern) belebt erscheinen.

Die symbolische Aufladung bekommt somit über den Reifikationsprozeß ein Eigenleben. Die attribuierte Bedeutung wird nicht als das Ergebnis einer sinnhaften Konstitution durch das Subjekt erlebt, sondern als Eigenschaft des physisch-materiellen Vehikels der Attribuierung. Die Einheit von "Raum", "Zeit" und "Gesellschaft" geht somit im wesentlichen mit einer Reifikation von sozialer Bedeutung in dem kodierten Symbol einher. Dieser Zusammenhang ist denn auch für das Gesellschaft-Raum-Verhältnis prä-moderner Gesellschaften bedeutsam und für das darauf Bezug nehmende Geographieverständnis.

Bevor auf das damit verbundene traditionelle Geographieverständnis eingegangen wird, soll zunächst noch auf eine weitere Konsequenz bzw. Implikation dieser prä-modernen Sozialontologie eingegangen werden. Über die reifizierte Kombination von "Raum", symbolische Aufladung und "Gesellschaft" kann das Territorium als "Meta-Organismus" der holistischen Konstruktion "Volk" erscheinen, das dann auf ähnliche Weise identitätsstiftend wirken kann, wie das Lacan für das Spiegelstadium beim menschlichen Körper beschreibt. Mit anderen Worten formuliert: So wie der menschliche Körper für die Ausbildung der Ich-Identität eine zentrale Rolle spielt, erlangt der symbolisch aufgeladene und reifizierte Raum, so kann man hypothetisch formulieren, eine konstitutive Bedeutung für die Ausbildung des sozialen Selbstverständnisses. Territorium und Orte *sind* dann in diesem Sinne das "Soziale".

In bezug auf die *traditionelle Geographie* kann man nun sehen, daß man genau diese Reifikationen zur Grundlage der Gegenstandskonstitution gemacht hat. Die unkritische Übernahme alltäglicher Konstruktionen diente dazu, um von der Geographie als Landschaftslehre, Länderkunde und – später, in technokratischer Manier – als Raumwissenschaft (Bartels, 1968a; 1968b; 1969; 1970; 1974; 1978; 1979) zu sprechen.[90]

In bezug auf die *politische Ebene* dürfte erkenntlich sein, daß diese Reifikationen auch die Grundlage für das vergangenheitsorientierte völkische Denken – in der Umbruchphase von traditioneller zu moderner Gesellschaft – bilden. Der völkische Traditionalismus Ende des 19. Jahrhunderts bildete dann die Ausgangsebene für die späteren Blut-und-Boden-Ideologien.[91] Den Raumstellen wird eine bestimmte Kraft zugemessen, ohne daß man merkt, daß diese Kraft in der sozialen Konstruktion der Bedeutungszuweisung liegt, nicht aber eine Eigenschaft des Raumes oder eines Ortes per se ist.

90 Vgl. dazu ausführlich Band 2.
91 Vgl. dazu Bourdieu, 1988b.

In dieser Mißachtung des konstruktiven Gehaltes dieser Bedeutungen liegt denn auch genau das, was der Außenbetrachtung als sogenannte Mensch-Natur-Harmonie erscheint. Wird das normativ gewendet, das heißt, läßt man nur bestimmte Natur-Bedeutungs-Beziehungen zu, dann kann sich die Blut-und-Boden-Ideologie voll entfalten. Bestimmte Beziehungen werden positiv bewertet, andere als krankhaft, entwurzelt usw. bezeichnet.

Auf diese Weise sollte veranschaulicht sein, inwiefern Gesellschafts- und Raumkonzeptionen in prä-modernen Gesellschaften aufeinander bezogen sind. Das Räumliche bzw. das, was dafür gehalten wird, wird in dieser Form konstitutiv für das Handeln und das holistische gesellschaftliche Selbstverständnis.

Im Rahmen einer handlungsbezogenen Betrachtungsweise ist aber darauf hinzuweisen, daß weder das Räumliche, das Symbolische, noch holistische gesellschaftliche Totalitäten an sich und unmittelbar wirksam werden können. Sie werden nur über das und im Handeln der Subjekte "wirksam". Wenn Handelnde sie als unantastbare Gegebenheiten akzeptieren, dann werden sie auch in dieser Form bedeutsam. Ihre Bedeutung ist aber die Folge der (intersubjektiv gleichmäßigen) Interpretation durch die handelnden Subjekte und bleibt von diesen abhängig.

In der Aufklärung, dem Ausgangspunkt der Moderne bzw. der modernen Gesellschaften und der Schaffung der entsprechenden sozialontologischen Bedingungen, wird dem Subjekt in der Philosophie, vor allem in der Erkenntnistheorie, die zentrale Rolle zugewiesen. Das Subjekt wird zum Zentrum der sinnhaften Konstitutionsleistungen der Wirklichkeit. Damit ist vor allem die sprachanalytische Trennung von Bezeichnetem und Bezeichnendem verbunden. Der Substantialismus wird ersetzt durch den Nominalismus. Damit ist vor allem auch gemeint, daß die Bedeutungen der jeweiligen Gegebenheiten nicht von der Substanz abhängig, sondern Ausdruck einer Übereinkunft, einer Konvention, einer nominalen, benennenden Festlegung sind.

Aufgrund dieser dramatischen Veränderungen werden die Verankerungsmechanismen zunächst ergänzt und später weitgehend durch Entankerungsmechanismen ersetzt. Die Vorherrschaft der Traditionen wird gebrochen. Mehr und mehr treten diskursiv begründete individuelle Entscheidungen an ihre Stelle. An die Stelle traditioneller, raum-zeitlich "gebundener" Handlungspraktiken treten rational konzipierte alltägliche Routinen, die über individuelle Entscheidungen im Prinzip immer wieder neu gestaltet werden können.

Die Entankerung moderner und vor allem spät-moderner Gesellschaften wird neben der "Entzauberung der Welt" durch die Trennung von Bezeichnetem und Bezeichnendem vor allem über "symbolische Zeichen" (Schrift, Geld) sowie Expertensysteme (Artefakte) vollzogen. Sie führen einerseits dazu, daß für den größten Teil der Handelnden indirekte Interaktionen zur dominierenden Kommunikationsform im globalen Kontext werden. Andererseits führen sie dazu, daß die materielle Mitwelt in zunehmendem Maße eine rational konstruierte ist und ein kaum abschätzbares Risikopotential aufweist.

Die Lebensform der meisten Konsumenten, die auf globale Warenströme bezug nimmt, ist dementsprechend mit globalen Konsequenzen verbunden. Ein weiterer Ausdruck der Entankerung spät-moderner Gesellschaften ist denn auch darin zu sehen, daß persönliche Lebensformen und -stile immer weniger Ausdruck weder regionaler Gegebenheiten und Lebensweisen sind, noch saisonaler Veränderungen. Diese Lebensformen und -stile können demgemäß in ähnlicher Form überall aufgefunden werden, was aber nicht vorschnell als Homogenisierung der Lebensweisen interpretiert werden soll.

Sie treten allerdings nicht mehr primär als regionale Lebensformen, als regional spezifische "genres de vie" im Sinne von Vidal de la Blache (1903; 1911) oder Bobek (1948), auf, sondern vielmehr bezogen auf die soziale Position. Soziale Positionen werden primär über die ökonomischen Aktivitäten erlangt und ermöglichen größere oder kleinere Spielräume der Gestaltung der persönlichen Lebensform. Dementsprechend sind Lebensformen Gegenstand persönlicher Entscheidungen, selbstverständlich jeweils eingebettet in umfassendere soziale und kulturelle Kontexte.

Moderne und spät-moderne Gesellschaften sind in besonderem Maße Ausdruck rationaler Konstruktionen, die als beabsichtigte und unbeabsichtigte Folgen des Handelns zu begreifen sind. Die materielle Mitwelt ist in bedeutendem Maße eine Welt der Artefakte und somit eine im Prinzip rational verstehbare Welt, eine rationale und rationalisierende Welt gleichzeitig.

Mit der Perspektive einer handlungstheoretischen Gesellschaftskonzeption im Sinne des methodologischen Dualismus ist man in der Lage, die Besonderheiten der spät-modernen Sozialontologie einzufangen, ohne daß man das sozial-kulturelle und ökonomische Bedingungsfeld aktuellen Handelns zu negieren braucht. Diese Bedingungen können als Folgen des sinnhaften Handelns anderer begriffen werden, mit dem bestimmte Absichten verfolgt wurden. Die Folgen sind aber nicht immer die beabsichtigten. Im Handeln der Subjekte finden soziale, kulturelle und ökonomische Verhältnisse ebenso ihren Ausdruck wie Machtverhältnisse. Das Handeln der Subjekte ist sowohl Ausdruck dieser Verhältnisse wie auch Medium ihrer Reproduktion und Transformation.

Akzeptiert man diese Darstellung, dann sind mit ihr für die Sozial- und Kulturgeographie wichtige Konsequenzen verbunden. Eine den aktuellen sozialontologischen Bedingungen angemessene sozialgeographische Forschungskonzeption ist gemäß der hier dargestellten Ontologie der Gesellschaft auf die Handlungen der Subjekte unter bestimmten sozial-kulturellen, subjektiven und physisch-materiellen Bedingungen zu beziehen. Die materiellen Artefakte sind dabei als rationale Konstruktionen zu betrachten, die in bezug auf das Handeln bereits vorinterpretierte Bedeutungen aufweisen.

Moderne und spät-moderne Gesellschaften sind auch als Ausdruck eines neuen Raum- und Zeitverständnisses zu begreifen. Räumliche und zeitliche Komponenten des Handelns sind nicht mehr traditionell festgelegte Regulative des Handelns. Ihre sozialen Bedeutungen sind Ausdruck rationaler Konventionen oder können sogar von den einzelnen handelnden Subjekten selbst bestimmt werden. "Raum" ist nicht mehr ein strikt vorinterpretiertes Handlungsregulativ, sondern wird zum Mittel der Handlungskoordination, insbesondere wenn die interagierenden Subjekte nicht kopräsent sind.

"Raum" und "Zeit" werden ihrer Rolle als "versteckte" soziale Regulative enthoben. In modernen Gesellschaften verlieren sie ihre sozial sinnkonstitutive Bedeutung mehr und mehr. Diese Sinnentleerung ist die wichtigste Voraussetzung für die Metrisierung von Raum und Zeit, und die Metrisierung ihrerseits ist Voraussetzung für Kontrolle und Koordination der Subjekte in Situationen der Abwesenheit. Diese Metrisierungen können somit als zentrale Voraussetzung der Entankerung moderner Gesellschaften betrachtet werden. Sie sind die Basis der Industrialisierung und der zeitgenössischen Gesellschaft ganz allgemein.

Unter diesen sozialontologischen Bedingungen ist eine geographische Raumforschung wenig sinnvoll. Wichtig wird hingegen die Erforschung der Bedeutung räumlicher Bedingungen für das Handeln der Subjekte. Nicht "Raum" kann sinnvollerweise der Fokus sozialgeographischer Forschung sein, sondern – der Ontologie spät-moderner Gesellschaften entsprechend – das Handeln der Subjekte. Konsequenterweise kann auch nicht mehr die Regionalforschung das Ziel sozial- und kulturgeographischer Forschung sein.

Nach diesen Abklärungen der verschiedenen Dimensionen ontologischer Verhältnisse, jener der sozialen Tatsachen sowie jener traditioneller wie spät-moderner Gesellschafts- und Lebensformen, soll nun die andere Seite des Gesellschaft-Raum-Verhältnisses, die Ontologie des Raumes, einer genaueren Abklärung unterworfen werden.

Hier werden nun beide Aspekte von Ontologie "gleichzeitig" untersucht. Damit ist gemeint, daß der Frage nachgegangen wird, welchen ontologischen Status "Raum" im prä-modernen Verständnis aufwies und worin hier die Aufklärung besteht. Ausgangpunkt dazu bilden zunächst einige allgemeine Überlegungen zum Verhältnis von Aufklärung und "Raum", wobei dem Verhältnis von subjektiver Selbstbestimmung und der Ontologie von "Raum" eine besondere Bedeutung zukommt; einerseits wiederum für die methodologische Ebene der Geographie und andererseits für die Aufdeckung bisher verborgen gebliebener Problemdimensionen von "Nationalismus" und "Regionalismus", die ja ein bestimmtes Verhältnis zur Methodologie der traditionellen Geographie aufweisen.

III

Ontologie des prä-modernen Raumes

Ein beachtlicher Teil aktueller gesellschaftlicher Probleme impliziert in der einen oder anderen Form eine räumliche Komponente. Dies ist offensichtlich sowohl beim Regionalismus der Fall als auch, wenn auch weniger unmittelbar einsehbar, beim Nationalismus. Beide sind aber Ausdruck einer besonderen Gesellschaft-Raum-Kombinatorik. Wie kompliziert sich diese Kombinatorik gestalten und mit welchem Gewaltpotential sie verbunden sein kann, zeigt nicht nur die aktuelle Tagespresse, sondern auch die Geschichte jeder Form von Staatenbildung, insbesondere aber die Geschichte der Nationalstaaten. Der Verweis auf die gegenseitige Gebundenheit von Räumlichkeit und Gesellschaftlichem kommt hier am direktesten zum Ausdruck. Doch welchen Status kann "Raum" in diesem Verhältnis erlangen, und welche Bedeutung kann er für soziale Prozesse aufweisen? Und: Welches sind die sozialen Konsequenzen räumlicher Betrachtung und räumlicher Argumentation im Zusammenhang mit sozial-weltlichen Verhältnissen?

Nachdem im vorangegangenen Kapitel auf die handlungsbezogenen Implikationen verschiedener Gesellschaftskonzeptionen eingegangen wurde, soll nun die andere Seite des Gesellschaft-Raum-Verhältnisses analysiert werden: der ontologische Status von "Raum". Was ist "Raum" oder besser: Was kann unter "Raum" verstanden werden? Welche Bedeutung weist "Raum" für die Erklärung von Handlungen auf? Welche Konsequenzen weisen ontologische Qualifikationen von "Raum" für die Konstitution des Sozialen auf? Dies sind einige der zentralen Fragen, von denen Argumentation und Analyse in diesem Kapitel geleitet sein werden.

Hinsichtlich der letzten Frage gehe ich hier von der These aus, daß eine Art Familienähnlichkeit voraufgeklärter Raumkonzeptionen und holistischer Gesellschaftskonzeptionen besteht. Denn diese beiden gehen davon aus, daß bestimmte Kräfte determinierend auf die einzelnen Bestandteile wirken. Bei den holistischen Gesellschaftskonzeptionen sind es die Strukturen oder das Kollektiv, das die Tätigkeiten der Subjekte determiniert. Bei den voraufgeklärten, gegenständlichen Raumkonzeptionen hat der Raum determinierenden Einfluß auf die einzelnen Körper. In der geographisch-geodeterministischen Interpretation heißt dies, daß sowohl die menschlichen Körper als auch die menschlichen Tätigkeiten als raumdeterminiert begriffen werden. Um das Verhältnis von voraufgeklärter, gegenständlicher Raumkonzeption und materialistischem Determinismus verständlicher zu machen, muß ich zuerst auf einige der dafür wichtigen Merkmale der Aufklärung hinweisen.

Habermas geht im "Nachmetaphysischen Denken" davon aus, daß die Philosophiegeschichte durch einen "Dualismus bestimmt ist, der auf zwei 'letzte' Theorien hinausläuft: auf allgemeine Theorien entweder des Geistes oder der Materie" (Habermas, 1988, 26). Das besondere Merkmal der Aufklärung sieht er nun darin, daß hier im Streit zwischen idealistischen (Geist) und materialistischen (Materie) Ansätzen dem ersten gegenüber dem zweiten eine entscheidende Vorrangstellung eingeräumt wird. Das bewußte, handlungs- und entscheidungsfähige Subjekt tritt ins Zentrum des Weltbildes.

Damit gewinnt gleichzeitig auch der Nominalismus gegenüber dem Substantialismus Vorrang. Die Bedeutung der Dinge wird als Bewußtseinsleistung des Subjektes erkannt, der "Mentalismus (zur) erschlossenen Grundlage der Subjektivität" (Habermas, 1988, 39). Dies ist es auch, was mit "Entzauberung der Welt" durch die Aufklärung, die Moderne, gemeint ist. Diese Entzauberung ermöglicht letztlich auch die Radikalisierung dessen, was Giddens als raum-zeitliche Entankerung moderner und spät-moderner Gesellschaften im Vergleich zu traditionellen Gesellschaften umschreibt: soziale Kommunikation und Interaktion über große raum-zeitliche Entfernungen hinweg.

Wie in Kapitel II gezeigt wurde, zeichnen sich – als Ausdruck der geringen Reichweiten der Handlungsweisen – traditionelle Gesellschaften durch enge räumliche Kammerungen aus. Aufgrund dieser engen Kammerung traditioneller Gesellschaften, in denen kaum Möglichkeiten der Kommunikation über große Distanzen hinweg möglich sind, konnte auch die Idee der Wirksamkeit des Raumes als Kausalkraft für die sozial-kulturelle

Welt plausibel erscheinen. Denn die sozial-kulturellen Lebensformen erschienen in dieser engen Kammerung als raumdeterminiert, weil häufig bemerkenswerte Korrelationen zwischen ihnen und den naturräumlichen Gegebenheiten aufzufinden waren.

Auf dieser Basis baut – wie bereits angedeutet – die geodeterministische Geographie auf, die nach Gesetzmäßigkeiten der Naturraum-Mensch-Beziehung Ausschau hält. "Raum" wird dabei als eine wirksame Gegebenheit "an sich" betrachtet, die neben den einzelnen Objekten besteht. In abgewandelter Form bleibt diese Annahme auch im Rahmen der raumwissenschaftlichen Geographie bestehen. Denn die Behauptung, eine empirische Raumwissenschaft wäre denkbar und sinnvoll, setzt in der einen oder anderen Form "Raum" als empirischen Forschungsgegenstand oder zumindest als Forschungsgegebenheit voraus.

Neben dieser kommunikations- und technologiebedingten Plausibilität raumdeterministischer Argumentationsmuster zur Erklärung der erdräumlichen Differenzierung von Kultur- und Gesellschaftsformen bestehen, gemäß der hier vertretenen These, noch weitere interne Verknüpfungen zwischen prä-moderner Welt und der Vorstellung eines gegenständlichen und kausal wirksamen Raumes. Mit der Dominanz des Substantialismus und entsprechender Realdefinitionen von Begriffen lag die Suche nach dem Gegenstand "Raum" auf der Hand. Was heute als Reifikation von Begriffen bezeichnet wird, war im Rahmen von Realdefinitionen substantialistischer Art durchaus das Normalverständnis des Verhältnisses von Begriff und Gegenstand. Daß es sich bei den Begriffsbedeutungen um soziale und kulturbedingte Konventionen handelt und Definitionen demgemäß als entscheidungszugängliche Konventionen zu begreifen sind, ist eine Einsicht, für die auf radikale Weise erst die Philosophie der Aufklärung die Voraussetzungen geschaffen hat.

Das prä-moderne Begriffsverständnis, das nicht vom konventionellen Charakter der Begriffe ausgeht, steht in enger Beziehung mit dem absolutistischen Denkmuster: Das Wesen und die Bedeutung der Dinge ist von der höchsten Instanz, dem "welttranszendenten Schöpfergott" (Habermas, 1988, 37) vorgegeben. Die Welt als Ergebnis eines göttlichen Schöpfungsaktes steht denn schließlich auch im Zusammenhang mit einer wissenschaftlich aufgeklärten Reinterpretation der Wirklichkeit zur Debatte.

Hinsichtlich "Raum" werden beide Aspekte – die substantialistische Sichtweise und das absolutistische Interpretationsraster der Wirklichkeit –

gepaart und in dieser Form zu den Kernaspekten philosophischer und naturwissenschaftlicher Dispute. So geht es im Streit zwischen Newton und Leibniz um das Verhältnis von substantialistischer Raumkonzeption und dem "richtigen" Gottesbild.[92] Für die vor uns liegende Argumentation ist das Gottesverständnis nicht so stark von Bedeutung, doch ist bereits hier sinnvollerweise auf die Beobachtung hinzuweisen, daß bis in dieses Jahrhundert hinein Raum- und Gottesbild in engem Zusammenhang diskutiert werden. Hier kulminieren offensichtlich wichtige Kategorien verschiedener Perspektiven der Weltdeutung.

In der geographischen Theoriediskussion wird der Streit um die angemessene Auffassung von "Raum" – allerdings ohne Beachtung dieser Zusammenhänge – bis in die Gegenwart hinein wiederholt. Hier wird von der These ausgegangen, daß die ältere philosophische Debatte deshalb nicht zur Kenntnis genommen wurde, weil in der Geographie das Gesellschaft-Raum-Verhältnis vorwiegend im Zusammenhang mit traditionellen, agrarisch bestimmten Gesellschaften angewendet, diskutiert und überprüft wurde. Für die Analyse moderner Gesellschaften hingegen, die in räumlicher und zeitlicher Hinsicht "entankert" und über demokratische Entscheidungsstrukturen nicht mehr an absolutistische Denkmuster gebunden sind, kann das traditionelle geographische Raumverständnis sowie das damit verknüpfte Gesellschaftsverständnis nicht mehr als angemessen betrachtet werden. Kommt dieses Raumverständnis trotzdem zur Anwendung, verstrickt man sich in tiefgreifende Widersprüche. Auch dieser hypothetisch formulierte Zusammenhang bedarf differenzierter Abklärung.

Diese Abklärungen weisen unmittelbar eine Beziehung mit traditionellen philosophischen Fragestellungen auf, die wie folgt zusammengefaßt werden können: Ist der "Raum" ein Gegenstand an sich, der eine generative Kraft aufweist, oder ist der "Raum" bloß ein an sich abstraktes oder ideales Konzept? Ist "Raum" als eine Art Meta-Materialität zu begreifen, die "mehr" beziehungsweise etwas anderes ist als die materiellen Objekte und deren Beziehungen untereinander, oder ist "Raum" eine Kurzformel für Zustände der physischen Welt und für die Relationen zwischen materiellen Gegebenheiten?

92 Wie sehr sich sowohl das Raum- wie auch das Gottesverständis im Vergleich dazu bei Einstein gewandelt haben, zeigt Jammer, 1995.

In der philosophischen Diskussion wird die Frage, ob "Raum" "etwas" oder "nichts" sei, entlang der Unterscheidung zwischen absoluten beziehungsweise substantialistischen und relationalen Raumkonzeptionen behandelt.[93] Diese Auseinandersetzung hält seit dem bereits erwähnten Streit, der zwischen Newton und Leibniz im 18. Jahrhundert stattgefunden hat, an. Der Kern der philosophischen Debatte liegt somit in der Frage begründet, ob Raum an sich eine Entität und eine Substanz ist, die eine Struktur aufweist und kausal wirksam sein kann, oder ob wir räumliche Begriffe, die sich auf räumliche Gegebenheiten beziehen, als irreführende Redensarten über materielle Objekte interpretieren sollen.

Da diese Auseinandersetzung häufig auf metaphysische Argumente Bezug nimmt, könnte man leicht den Eindruck gewinnen, daß es sich lediglich um einen philosophischen Streit handelt. Dem ist aber nicht so. Denn eine angemessene Raumkonzeption entscheidet – und dies nicht nur in der Geographie – weitgehend auch über die Angemessenheit der Aussagen über die physische Welt und unter Umständen auch über deren Verhältnis zur sozialen Welt.

Im Anschluß an die absoluten und relationalen Raumkonzeptionen werden abschließend die Konsequenzen der Abklärung der Ontologie des Raumes für die "Sozialgeographie der Regionalisierung" diskutiert. Im Anschluß an dieses Kapitel wird in Kapitel IV Kants Raumkonzeption vorgestellt und sodann eine Raumkonzeption vorgeschlagen, die beansprucht, mit der handlungstheoretischen Gesellschaftskonzeption kompatibel zu sein. Das Hauptthema dieser beiden Kapitel wird somit nicht die Frage sein, ob eine empirische Raumwissenschaft möglich ist oder nicht, ob es räumliche Erklärungen geben kann oder nicht. Das Hauptinteresse der folgenden Ausführungen richtet sich primär auf die Darstellung und Analyse verschiedener Raumkonzeptionen in bezug auf sozialgeographische Fragestellungen, in bezug auf das Gesellschaft-Raum-Verhältnis. Dabei geht es um die Abklärung der Frage, welche (impliziten) Grundannahmen mit den verschiedenen Raumkonzeptionen jeweils verbunden sind.

93 Vgl. Nerlich, 1976, und Buroker, 1981, welche die Unterscheidung zwischen relationalen und absoluten Raumkonzeptionen vorschlagen. Sklar (1974) unterscheidet zwischen relationalen und substantialistischen Raumkonzeptionen. Da sich absolute und substantialistische Konzeptionen nicht unterscheiden, werde ich in der Folge die beiden Ausdrücke als Synonyme verwenden.

Freilich können diese Themenbereiche hier nicht abschließend behandelt werden. Jedoch sollten die Ausgangsbedingungen der Auseinandersetzung mit diesen Fragen verbessert werden und einige mögliche Antworten in bezug auf die "Sozialgeographie der Regionalisierung" hypothetisch angedeutet werden. Weiterführende Arbeiten könnten sich dann mit der differenzierteren Abklärung beschäftigen. Denn sie ist wohl für jede Form von Sozialgeographie von zentraler Wichtigkeit, aber wohl auch für die kritische Analyse jeder Form von regionalistischem oder nationalistischem Diskurs.

Bevor ich mich den Raumkonzeptionen verschiedener Philosophen und Naturwissenschaftler zuwende, soll zuerst ein Blick auf den aktuellen Stand der Debatte im Rahmen jener beiden Disziplinen geworfen werden, für welche die Gesellschaft-Raum-Kombinatorik von besonderem Interesse ist: die Soziologie und die Sozialgeographie. Dies soll erlauben, einen besseren Überblick über das Problemfeld zu erlangen, bevor wir uns mit den einzelnen Aspekten differenziert auseinandersetzen.

3.1 Sozialwissenschaftliche Relevanz der Raumproblematik

Die Raumproblematik ist für verschiedene wissenschaftliche Disziplinen von unterschiedlicher Bedeutung. Es gibt Disziplinen wie Physik, Geometrie, aber auch die Geographie, in denen deren Bearbeitung von fundamentalem Interesse ist. Die philosophische Auseinandersetzung mit dieser Thematik ist primär auf physikalische und geometrische Problemlagen gerichtet, jedoch kaum einmal werden geographische Problemhorizonte mitberücksichtigt. Insgesamt kann festgehalten werden, daß der Schwerpunkt der Auseinandersetzung mit "Raum" auf den rein physisch-weltlichen Bereich konzentriert ist, ohne daß der menschliche Handlungskontext in die Analyse eingeschlossen wird.

So mag es wenig erstaunen, daß bisher weder in der philosophischen noch in der sozialwissenschaftlichen Literatur beachtet wurde, daß die Antwort auf die Frage nach dem ontologischen Status von "Raum" für das Gesellschaftsverständnis durchaus relevant sein kann. Dementsprechend wurde bisher die Bedeutung der Frage nach der Vereinbarkeit von Raum- und Gesellschaftskonzeptionen nicht erkannt. Man ist immer davon ausgegangen, daß die Angemessenheit von Raum- und Gesellschaftskonzeption – auch im Hinblick auf sozialwissenschaftliche Fragestellungen – unabhängig voneinander diskutiert werden könnten. So ist beispielsweise bei keiner einzigen im ersten Kapitel diskutierten Gesellschaftskonzeption das Thema der Kompatibilität mit einer Raumkonzeption angesprochen worden. Dies ist umso bemerkenswerter, als in wichtigen Gesellschaftsformen, wie beispielsweise den Nationalstaaten, die räumliche Komponente eine zentrale Rolle spielt.

Ein wichtiger Grund für diese isolierte Betrachtungsweise von "Raum" und "Gesellschaft" scheint darin zu liegen, daß die Verbindungsbrücke zwischen Natur- sowie Geistes-/Sozialwissenschaften nie besonders stark ausgebaut war und im Verlaufe der Wissenschaftsgeschichte eher schmaler als breiter wurde. Dies hat auch für die Geographie, insbesondere für die Sozialgeographie besondere Konsequenzen. Denn hier steht das Verhältnis, zunächst von Mensch und Raum, später dann von Gesellschaft und Raum im Zentrum des Interesses. So kann man davon ausgehen, daß sich innerhalb der Geographie ein Problem eröffnet, das am angemessensten als Ausdruck einer umfassenderen Entwicklung der Wissenschaftsgeschichte zu verstehen ist. Das heißt somit auch, daß die Bearbeitung dieses für die geographische Wissenschaft so zentralen Problemfeldes in seinen Konsequenzen durchaus nicht nur auf diese beschränkt bleibt.

Dies gilt insbesondere auch für die Sozialwissenschaften, vorab für die *Soziologie*. Giddens (1979; 1988a) wirft älteren Gesellschaftstheorien und der soziologischen Gesellschaftsforschung vor, die Analyse der Bedeutung des Raumes für die sozialen Prozesse vernachlässigt zu haben. Demgegenüber weist er auf die zentrale Bedeutung von "Raum" für die Gesellschaftsanalyse hin und fordert, daß diese von der Soziologie bisher unbeachtete Dimension sozialer Praxis zu einem Kernelement der Sozialforschung gemacht werden solle: "An adequate account of human agency must (...) situate action in time and space" (1979, 2) "(and therefore) social theory must acknowledge, as it has not done previously, time-space intersections as essentially involved in all social existence" (1979, 54). Daraus folgert Giddens (1979, 206ff.; 1988b, 171ff.), daß die soziologische Forschung der Regionalisierung der Sozialwelt besondere Aufmerksamkeit schenken solle.

Ob dies eine angemessene Beschreibung der Situation in der Soziologie ist, soll hier noch nicht diskutiert werden. Hingegen soll darauf hingewiesen sein, daß die Beurteilung dieser Einschätzung eng von dem Raum- beziehungsweise Zeitverständnis, das ihr zugrunde gelegt wird, abhängt. Es könnte durchaus sein, daß diese Lagebeurteilung nur im Rahmen einer bestimmten Raum- und Zeitkonzeption zutreffend ist, nicht aber in bezug auf jede mögliche Auffassung von Raum und Zeit.

Im Vergleich zur eben zitierten Forderung bleibt der Status von "Raum" in der Strukturationstheorie eher zwiespältig. Die meisten Kommentatoren und Kritiker[94] kommen denn auch zum Schluß, daß Giddens mit dem Hinweis auf die Bedeutung der räumlichen Dimension eher "Pandora's box" geöffnet, als eine systematische Behandlung dieses Themenfeldes erreicht hätte. Ich stimme dieser Einschätzung zwar nicht zu, doch es muß darauf verwiesen werden, daß Giddens' eigene explizite *Darstellung* seiner Beschäftigung mit dieser Thematik wenig systematische Züge aufweist. "Dahinter" gibt es jedoch eine Systematik, die wesentlich konsequenter ist, als dies Kommentatoren wie Gregory (1989, 185ff.; 1981; 1982; 1986a; 1986b; 1994) oder Saunders (1989, 215ff.) in ihren als "Lösungen" gedachten Beiträgen bisher festgestellt haben, oder wie dies Kritiker wie Soja (1989) in ihren "Alternativen" darstellen. Das heißt allerdings noch immer nicht, daß Giddens' Konzeption in jeder Beziehung widerspruchsfrei wäre. Eine differenzierte Beurteilung setzt aber zunächst eine systematische Auseinandersetzung mit dem ontologischen Status von "Raum" voraus.

Ein wesentlicher Teil der Differenz zwischen Giddens' Anspruch und dem Urteil der Rezeption scheint darin begründet zu sein, daß Giddens (1979, 54ff.; 1981, 30ff.) die Raumdiskussion mit einer Kant-Kritik beginnt. Anschließend stellt er Leibniz' Konzept als die angemessenere Lösung dar, um dann aber schließlich Heideggers Vorschläge zum Leitfaden seiner Überlegungen zu machen: "In this context the Kantian positing of time and space as categories of mind was in some part a step backwards, for time and space are removed from the thing, from the Being itself" (Giddens, 1981, 31). Die hier vertretene These lautet, daß Giddens' Interpretation der genannten philosophischen Vorgaben zu undifferenziert ausfällt, was dann zu den eben angedeuteten Konsequenzen der Rezeption führt. Dies ist jedoch nicht der zentrale Punkt.

94 Vgl. Urry, 1991, 175.

Bedeutender ist, daß Giddens dazu neigt, in dieser Interpretation dem Raum eine substantialistische Eigenschaft zuzuschreiben. "Raum" an sich wird ansatzweise als ein Ding an sich betrachtet, das für soziale Prozesse konstitutive Kapazitäten aufweist. Das hat – so lautet die These – auch damit zu tun, daß er, aufgrund seiner Bezugnahme auf die Zeitgeographie, weder auf Heideggers, noch Kants oder Leibniz' Raumkonzeption Teile seiner Strukturationstheorie aufbaut, sondern auf Newtons absoluten oder gar substantialistischen Raum. Wenn man aber, wie im vorangehenden Kapitel begründet wurde, die Subjekte mit ihren Handlungen als die zentrale Instanz der Konstitution der Gesellschaft betrachtet, dann eröffnet sich mit dieser Raumkonzeption eine tiefgreifende Widersprüchlichkeit. Wie später gezeigt wird, ist diese Widersprüchlichkeit gerade in Zusammenhang mit Regionalismus und Nationalismus von zentraler Bedeutung. Wenn die zuvor entwickelte Konzeption der Gesellschaft akzeptabel sein soll, dann muß auch nachgewiesen werden können, daß "Raum" an sich keinen konstitutiven Charakter für die soziale Welt aufweist.

Damit soll angedeutet sein, daß die Auseinandersetzung mit "Raum" einer differenzierten Nachzeichnung der philosophischen Begriffsgeschichte bedarf, wenn man nicht höchst konsequenzenreiche Widersprüchlichkeiten in Kauf nehmen will. Die Bestimmung eines möglichst widerspruchsfreien Gesellschaft-Raum-Verhältnisses bedarf eben – wie mehrfach betont – nicht nur einer sorgfältig entwickelten Theorie der Gesellschaft, sondern auch einer ebenso sorgfältigen Abklärung der Ontologie des Raumes.

Im Gegensatz zur Situation in der soziologischen Theoriebildung sind Geographen – mindestens seit Ratzel und Hettner – bestrebt, die *Geographie* als jene wissenschaftliche Disziplin zu definieren, in der man sich konsequent mit dem "Raum" beschäftigt. Damit wird die Position, die man in der geographischen Raumdiskussion einnimmt, zur Gretchenfrage des Geographen. Dabei wird allerdings eine wesentlich zentralere Frage unterschlagen. Diese Frage lautet: Ist "der Raum" ein Forschungsgegenstand, dessen sich eine Disziplin annehmen kann, oder ist "er" es nicht?

In der Sozialgeographie stellt sich zudem das Problem der Interrelationen von Gesellschaft und Raum. Sozialgeographen und Sozialgeographinnen sind denn auch traditionsgemäß mit der Behebung jenes Defizits vom geographischen Standpunkt aus beschäftigt, das Giddens für die soziologische Gesellschaftsforschung feststellt. Dabei setzen sie sich zum Ziel, die räumliche Komponente des Gesellschaftlichen aufzudecken. Doch was kann "Raum" heißen, und wie kann man zu einem angemessenen, abgestimmten Verhältnis von Gesellschafts- und Raumkonzeptionen gelangen?

Die *erste Bedingung* ist – wie bereits darauf hingewiesen wurde – darin zu sehen, daß jeder Klärungsversuch des Gesellschaft-Raum-Verhältnisses jeweils von der akzeptierten Konzeption der Sozialwelt einerseits und der akzeptierten Raumkonzeption andererseits abhängt. Zudem müssen unter Berücksichtigung der Anforderung der Konsistenz beide Konzeptionen miteinander verträglich sein. Die *zweite Bedingung* besteht in der genauen Abklärung dessen, worauf sich die verwendete Raumkonzeption beziehen kann. Traditionelle Raumkonzeptionen beziehen sich auf die physische Welt. Wenn man nun davon ausgeht, daß zwischen physischer und sozialer Welt ontologische Unterschiede bestehen, dann stellt sich die Frage, ob in Kategorien einer physisch-weltlichen Raumkonzeption überhaupt angemessen über sozial-weltliche Gegebenheiten gesprochen werden kann. In der Sprache des vorangehenden Abschnittes formuliert: Wenn sich "Raum" ausschließlich auf die physisch-weltlichen Gegebenheiten bezieht, dann können räumliche Kategorien nur zur Beschreibung physisch-materieller Komponenten von Handlungen relevant sein.

Die *dritte Bedingung* bezieht sich auf die Abklärung der Ontologie des Raumes. Dies ist deshalb notwendig, weil sowohl in geographischer wie auch in soziologischer Hinsicht diesbezüglich auf wenig reflektierte Weise von "Raum" gesprochen wird. Dabei wird vor allem nicht klar, welcher Status "Raum" aufweisen kann. Ist damit "etwas" gemeint, das sich von materiellen Gegebenheiten in dem Sinne unterscheidet, daß damit "mehr" gemeint ist, als die bloße Summe materieller Objekte mit bestimmten Positionen, oder handelt es sich dabei "lediglich" um eine formale Komponente der physischen Welt, die selbst keine besondere Substanz aufweist?

Die Klärung dieser letzten Bedingung ist – wie das erwähnte Beispiel von Giddens zeigt – auch für die sozialwissenschaftlichen Handlungswissenschaften bedeutsam. Akzeptiert man nämlich, daß menschliche Handlungen immer auch eine physische Komponente aufweisen, dann ist auch zu klären, ob für angemessene Handlungsbeschreibungen und -erklärungen die Berücksichtigung der materiellen Bedingungen ausreichen oder ob daneben zudem dem "Räumlichen" ein besonderer Status beizumessen ist. In diesem Sinne kommt der Klärung der Raumkonzeption nicht nur für naturwissenschaftliche Disziplinen eine besondere Bedeutung zu, sondern insbesondere auch für jede Handlungsforschung, welche die materiellen Aspekte menschlicher Handlungen nicht ausblendet.

Was bedeuten nun diese Rahmenbedingungen und die bisherige Argumentation für die soziologische und geographische Forschung? Zuerst einmal, daß in der Sozialgeographie im Vergleich zur Soziologie bisher ein zusätzliches Defizit feststellbar ist. Hier verfügt man bisher – zumindest außerhalb der marxistischen Forschungsrichtung – über kein empirisch fruchtbares und interdisziplinär akzeptables Konzept der sozialen Welt. Daher mag es auch wenig erstaunen, daß die Implikationen der Verwendung räumlicher Kategorien im Rahmen der Sozialforschung bisher wenig oder gar nicht diskutiert beziehungsweise als unproblematisch betrachtet wurden: Von den Soziologen, weil sie sich für die räumlichen Aspekte nicht oder wenig interessierten, und von den Sozialgeographen, weil sie die Implikationen aufgrund der undifferenzierten Konzeption der sozialen Welt gar nicht erkennen konnten.[95]

Deshalb ist die Auseinandersetzung mit der Diskussion der Raumproblematik im Rahmen der *Philosophie* von besonderer Bedeutung. Sie soll es ermöglichen, eine höhere Sensibilität für die Konsequenzen verschiedener Raumkonzepte im Hinblick auf die soziale Welt zu erlangen. Dabei ist es sinnvoll zu klären, aufgrund welcher Argumente sich die verschiedenen Auffassungen von "Raum" in unterschiedlichen historischen Situationen jeweils durchsetzen konnten und weshalb andere verworfen wurden. Aufgrund dieser Abklärungen sollten wir auf mögliche "Denkfehler" aufmerksam werden. Diese Abklärung wird im Rahmen der Unterscheidung zwischen absoluter/substantialistischer, relationaler und (moderner) epistemologischer Raumkonzeption durchgeführt.

Diese Unterscheidungen sollen hier auch deshalb übernommen werden, weil sie für die geographische und sozialwissenschaftliche Auseinandersetzung mit der Raumproblematik den zentralen Streitpunkt bilden. In der geographischen Theorie- und Methodologiediskussion wird – wie bereits angedeutet – mit der Entscheidung für die eine oder andere Variante die Frage nach der weiteren Existenzberechtigung der Disziplin verknüpft. Die

95 Gregory (1981, 11) diskutiert zwar in gewisser Hinsicht verschiedene Konzeptionen der sozialen Wirklichkeit (die er "Reifikation", "Voluntarismus", "dialektische Reproduktion" und "Strukturation" nennt), ohne allerdings erstens konsequent Unterscheidungskategorien durchzuhalten und ohne zweitens auf die sozial-weltlichen Konsequenzen räumlicher Kategorien einzugehen.

Ergebnisse dieser Auseinandersetzung mit der philosophischen Raumdiskussion sollten es erlauben zu klären, ob es bei der Frage nach dem Raum tatsächlich um die Existenzfrage der Geographie geht oder nicht. Wie bedeutsam die Auseinandersetzung mit dem ontologischen Status von "Raum" insgesamt ist, vor allem aber auch im Hinblick auf die Entwicklung einer "Sozialgeographie der Regionalisierung", wird in Band 2 gezeigt.

3.2 Absolute/substantialistische Raumkonzeptionen

Den Ausgangspunkt hat diese Konzeption in Aristoteles' "Physikvorlesung". Hier setzt er sich mit verschiedenen Raumauffassungen der physischen Welt auseinander. Dabei kommt der substantialistischen Konzeption eine prominente Stellung zu, allerdings ohne daß Aristoteles sie vollends akzeptiert. Er nennt vielmehr Bedingungen, die gegeben sein müßten, damit man eine substantialistische Konzeption akzeptieren könnte. Die nächsten Stufen innerhalb substantialistisch-absoluter Argumentation werden mit der Publikation von Descartes' "Principia Philosophiae" im Jahre 1644 und schließlich mit Newtons "Principia Mathematica" von 1687 erreicht. Newtons Position wird von Clarke in einem Briefwechsel im Jahre 1717 mit Leibniz präzisiert und ausdifferenziert.[96] Bevor die einzelnen Beiträge ausführlicher vorgestellt und analysiert werden, soll zuerst ein Überblick über die zentralen Thesen vermittelt werden.

Die Vertreter der absoluten Konzeption[97] behaupten: "Space is an entity which exists independently of the objects located in it. (...) (S)pace can exist even if no spatial objects ever existed at all" (Buroker, 1981, 3). Und: "To understand space as a thing in our ontology is to understand it as a thing that has shape" (Nerlich, 1976, 1). "Raum" ist somit für die Vertreter der absoluten bzw. substantialistischen Raumkonzeption etwas an sich, ein Objekt,[98] das sich von seinen – konstituierenden – Teilen unterscheidet und

96 Dieser Briefwechsel ist in deutscher Übersetzung in den von Cassirer herausgegebenen "Philosophischen Hauptschriften" von Leibniz (1904) enthalten. Alexander (1956) editierte die englische Fassung des Briefwechsels.

97 Für den allgemeinen Überblick vgl. Jammer, 1960; Sklar, 1974; Nerlich, 1976, und Burocker, 1981.

98 Vgl. Sklar, 1974, 161.

deshalb nicht nur einer besonderen Analyse bedarf, sondern dem auch eine erklärende Kraft beizumessen ist.

Die Eigenschaften von "Raum" reichen demgemäß über das hinaus, was aufgrund der Bezugnahme auf die Eigenschaften der materiellen Gegebenheiten erklärt werden könnte. Zudem gehen die Substantialisten davon aus, daß auch die Struktur des "gegenständlichen" Raumes unabhängig von den materiellen Objekten existiert und demgemäß auch eine Form aufweist, die von diesen Objekten unabhängig ist. Dies impliziert, daß es selbst dann einen Raum gäbe, wenn keine materiellen Objekte existierten.

Die Tatsache, daß der Raum zumindest nicht im gleichen Sinne beobachtet werden kann wie ein materielles Objekt, beeindruckt die Substantialisten nicht. Sie weisen nämlich darauf hin, daß ein Magnetfeld auch nicht sinnlich beobachtbar wäre, daß dies aber niemanden zur Leugnung des Bestehens eines solchen verführt hätte. Die Wirkungen des Raumes halten sie in gleichem Maße für beobachtbar wie jene eines Magnetfeldes. Die Form dieses absoluten Raumes ist die eines Behälters (Container). Gelegentlich wird auch der Begriff "Arena" verwendet. So sind auch die Formulierungen zu verstehen, daß sich Objekte "im" Raum befinden.

Aufgrund der oben genannten Namen der wichtigsten Vertreter der substantialistischen Position könnte man den Eindruck gewinnen, daß es sich hier um längst überholte Positionen handelt, die keiner weiteren Diskussion bedürfen. Dies ist aber aus drei Gründen nicht der Fall. *Erstens* sind die dort angeführten Argumente – und natürlich auch die Gegenargumente – für die aktuelle Auseinandersetzung mit der Raumproblematik weiterhin relevant. Mit der Rekonstruktion dieser Argumente sollte geklärt werden können, was alles in Kauf zu nehmen ist, wenn man sich auf eine substantialistische Argumentationslinie einläßt. *Zweitens* sind die Argumentationslinien dieser Philosophen jederzeit für jene Wissenschaften relevant, die ihre Besonderheit in der Berücksichtigung des Raumes an sich sehen oder ihre Disziplin sogar als Raumwissenschaft definieren. Wenn diese Projekte überhaupt legitimierbar sind, dann dürften die entsprechenden Argumente am ehesten hier zu finden sein.

Drittens sind diese Positionen nicht überholt, weil eine andere Entwicklungslinie substantialistisch-absoluter Raumkonzeptionen – die nicht explizit und unmittelbar mit der physikalischen Tradition verbunden ist – sich heute wieder einer besonderen Beliebtheit erfreut. Dabei handelt es sich um jene im Anschluß an Heideggers "Sein und Zeit" entfachte Auseinandersetzung mit der "Räumlichkeit des Seins",[99] die ihrerseits allerdings unmittelbar auf Aristoteles Bezug nimmt.

Im Rahmen der aktuellen Diskussion der angelsächsischen Geographie schließlich sind zudem vielfältige Kombinationen und Interpretationen dieser Entwicklungslinien feststellbar, die teilweise auch wiederum auf die Soziologie zurückwirken, insbesondere auf die Strukturationstheorie von Giddens. So baut Hägerstrands (1970; 1977; 1982; 1984) Zeitgeographie unmittelbar auf Newtons Mechanik auf, und deren ex-post-Rechtfertigungen und Interpretationen werden von Gregory (1989b) und Buttimer (1976; 1984) mit Heideggers (1983; 1986a; 1987) Gedankengängen kombiniert.

Diese zeitgenössische Raumdiskussion in Soziologie und Geographie wirkt zwar neu, führt von der Struktur der Argumente her aber nicht eigentlich über den Diskussionsstand der traditionellen deutschen Geographie hinaus, die sich bisher – zumindest auf implizite Weise – weitgehend auf substantialistische Raumkonzeptionen bezieht. In der Humangeographie reicht sie von Ratzels (1882; 1892) Anthropogeographie über Hettners (1927; 1929) Länderkunde und die Landschaftskunde bis in die Anfänge der deutschen Sozialgeographie hinein. Otremba beispielsweise geht davon aus, daß neben den physischen und geistigen Kräften des Menschen den Räumen an sich eine konstitutive Wirkung beizumessen ist. "Alle Räume wirken aufeinander" (Otremba, 1961, 134) und wirken determinierend auf menschliche Tätigkeiten: In "der Beachtung des Wertes der Räume als Persönlichkeiten in der Gesellschaft der Räume liegt eine unendliche, sich stetig erneuernde Aufgabe" (Otremba, 1961, 135) der geographischen Regionalforschung.

Der Otremba-Schüler Wirth (1979, 229ff.) vertritt mit seiner "kulturgeographischen Kräftelehre" ein durchaus vergleichbares Argumentationsmuster. Auch Heymann (1989) weist mit der Studie "Komplexität und Kontextualität des (autopoiëtischen) Sozialraumes" dem Raum an sich eine generative Fähigkeit zu, und Boesch (1989) plädiert ebenfalls weiterhin dafür, den Raum als zentrales Forschungsobjekt und dessen (normative) Ordnung als praktische Aufgabe der Geographie zu betrachten. Bartels (1970, 23), wie Wirth ein Otremba-Schüler, teilt zwar die Idee der Wirkungskraft von Räumen nicht, spricht aber – im Rahmen seiner raumwissenschaftlichen Humangeographie – in Zusammenhang mit Distanzen von der "ent-

99 Vgl. Pickels, 1985.

scheidenden Bestimmungsgröße" für die Struktur erdräumlicher Anordnungsmuster.

Nach diesem allgemeinen Überblick sollen nun die Argumente für eine substantialistische Position systematisch wiedergegeben werden. Dabei werden die einzelnen Positionen in der Reihenfolge der entsprechenden Textpublikationen vorgestellt. Wiederholungen späterer Argumentationen im Vergleich zu früheren brauchen auf diese Weise nicht ausführlich erörtert zu werden.

3.2.1 Aristoteles

In der philosophischen Literatur zur substantialistisch-absoluten Raumkonzeption wird Aristoteles zwar erwähnt.[100] Meistens wird die Ausarbeitung einer substantialistischen bzw. absoluten Raumkonzeption Newton zugewiesen. Wie die folgende Auseinandersetzung klarzumachen hofft, diskutierte aber bereits Aristoteles diese Raumvorstellung. Wenn dies auch im Zusammenhang mit der modernen Physik – wenn überhaupt – nur von untergeordneter Bedeutung ist, so ist dies im hier diskutierten Rahmen trotzdem relevant. Denn Heideggers Analyse der Räumlichkeit menschlicher Existenz greift auf Aristoteles zurück, und in dieser Form ist seine Raumkonzeption für die aktuelle Diskussion in Soziologie und Humangeographie von beachtenswerter Bedeutung.

3.2.1.1 Die Frage nach der Ontologie

Aristoteles setzt sich mit dem Raum in Buch IV der "Physikalischen Vorlesung" auseinander. Seine Ausgangsfrage lautet: Was ist das Wesen von Ort und Raum? Eingebettet ist diese Frage in die Frage nach dem Wesen der Natur, die Aristoteles anhand der Bestimmung von Bewegung, Raum, Zeit und Kontinuität genauer zu erfassen bestrebt ist, wobei er gleichzeitig auch das Problem der Endlich-/Unendlichkeit des Universums behandelt.

Die Frage nach dem Wesen des Raumes, auf die ich mich hier ausschließlich konzentriere, soll nun ausführlich zitiert werden, da sie die

100 Vgl. dazu Sklar, 1974; Nerlich, 1976, und Buroker, 1981.

Kernelemente der aristotelischen Argumentation enthält.[101] Sie lautet wie folgt: "Die Frage nach dem Wesen des Raumes enthält viele Schwierigkeiten, da er nicht nach allen seinen Eigenschaften als dasselbe erscheint. (...) Daß es Raum gibt, scheint (jedoch) aus dem Ortswechsel sich klar zu ergeben. Wo nämlich jetzt Wasser ist, da wird, wenn es wie aus einem Gefäß ausgegossen ist, wieder Luft sein, und dann wird wieder einer von den anderen Körpern diesen selben Raum einnehmen, der doch offenbar von allem, was in ihm ist und durch ihn hindurchgeht, sich unterscheidet. Denn an der Stelle, wo jetzt Luft ist, war vorher Wasser, so daß man sieht, daß der Raum und die Stelle von beiden verschieden ist, worin und woraus sie den Platz wechselten. Auch beweisen die Bewegungen der einfachen natürlichen Körper, wie Feuer, Erde und dergleichen, daß es nicht nur den Raum gibt, sondern daß er auch eine gewisse Wirkung ausübt. *Denn jedes Element drängt an seinen Ort,* wenn es nicht gehindert wird, das eine nach oben, das andere nach unten und in die übrigen der sechs Richtungen. Diese sind nicht nur von uns aus bestimmt, oben und unten, rechts und links. Denn von uns aus sind sie nicht immer dasselbe, je nach der Lage die wir einnehmen, weswegen oft auch oben und unten, rechts und links, vorn und hinten dasselbe ist. Aber in der Natur ist jede Richtung *für sich* bestimmt. Oben ist keine beliebige Richtung, sondern die, wohin die Flamme und das Leichte getragen wird. Ebensowenig ist unten beliebig, sondern der Ort, an dem sich Erde und Schweres befindet. *Also unterscheiden sich die Richtungen nicht nur nach der Lage, sondern auch durch ihre Wirkung.* (...) Auch muß, wer ein Leeres annimmt, ebenso den Raum gelten lassen. Denn das Leere ist ein von Körpern entblößter Raum. Daß es also einen Raum außer und neben den Körpern gibt, und daß jeder *wahrnehmbare*[102] Körper seinen Ort hat, davon kann man sich aus diesen Gründen überzeugen. (...) Wenn das so ist, dann ist die Wirkung des Raumes erstaunlich und allem anderen überlegen. Denn das muß ja das erste sein, ohne welches die anderen Dinge nicht sein können, während es selber ohne jene

101 Auf diese Textstellen nehmen Heideggers (1986, 102–114; 1983, 5–14; 1954; 1959; 1987, 11–18, 151–159) und Bollnows (1980, 26–31) Raumvorstellungen Bezug. Deren ausführliche Wiedergabe soll den Lesern und Leserinnen eine kritische Auseinandersetzung – auch mit den hier vorgetragenen Thesen – ermöglichen.

102 Alle Hervorhebungen durch B. W. – Mit der Betonung des Wahrnehmbaren meint Aristoteles alle physisch-materiellen Gegebenheiten, was im Hinblick auf spätere Interpretationen besonders zu beachten ist.

auskommen kann. Und der Raum geht ja nicht mit den Dingen in ihm zugrunde" (Aristoteles, Physik, Buch IV, 208a-b).[103] Welches sind die Hauptmerkmale dieser Raumkonzeption? Welche Implikationen sind mit ihr verbunden? Was ist in Kauf zu nehmen, wenn man ihr zustimmt?

Das *erste* Hauptmerkmal bezieht sich auf die Art der Fragestellung selbst, nämlich der Frage nach dem Wesen, dem "was ist". Damit wird das gesamte Problemfeld verdinglicht, so daß in der Folge "Raum" in gegenständlichen Kategorien gedacht wird. Die radikalste Fassung einer substantialistischen Raumkonzeption ist somit dadurch zu kennzeichnen, daß "Raum" als Gegenstand aufgefaßt wird: Es gibt einen Raum außer und neben den wahrnehmbaren Körpern, und er ist selbst ein Gegenstand. Er wird als Ding an sich gedacht, obwohl er sinnlich nicht wahrnehmbar ist. Darin findet die Behauptung, daß der Raum mehr und etwas anderes sei als die ihn konstituierenden Gegenstände, ihren radikalen Ausdruck.

3.2.1.2 Der natürliche Ort

Der *zweite* Aspekt betrifft die Wirksamkeit des Raumes – in der geographischen Literatur unter der Bezeichnung "Raumwirksamkeit" bekannt. Aristoteles führt dafür das Argument an, daß die Wirksamkeit des Raumes aus den Bewegungen und insbesondere den Bewegungsrichtungen der Körper ersichtlich sei. Die zusätzliche Behauptung, daß in der Natur jede Richtung für sich bestimmt sei (jedes Element drängt an seinen Ort!), belegt er mit den Hinweisen, daß a) diese Richtungen für den Beobachter nicht immer dieselben seien und somit ihm etwas Äußerliches sein müßten, und daß sich b) Richtungen nicht nur nach ihrer Lage, sondern auch durch ihre Wirkungen unterscheiden ließen. Dies letztere impliziert, daß der Richtung an sich eine Wirkungskraft beizumessen ist.

Stimmt man diesem zweiten Aspekt zu, dann ist davon auszugehen, daß in letzter Konsequenz Lage und Richtungen die Qualitäten der lokalisierbaren und bewegbaren Körper bestimmen würden. Das würde implizieren, daß ein Körper, sobald er eine neue Lage einnimmt, durch die Richtung der Lageveränderung seine Qualitäten verändert. Dies müßte umso eher gegeben sein, wenn zudem behauptet wird, "daß die Wirkung des Raumes erstaunlich und allen anderen überlegen ist". Wie schwierig es ist, dafür

103 Vgl. dazu die Hauptthese der Vertreter der absoluten Raumkonzeption in der Einleitung zu diesem Unterabschnitt.

einen Nachweis zu erbringen, ist allein schon aus der Tatsache ablesbar, daß Gegenstände mit gleichen inhaltlichen Merkmalseigenschaften an verschiedenen Orten auffindbar sind, und daß es möglich ist, Gegenstände ohne Veränderung der inhaltlichen Merkmale zu transportieren. Würde Aristoteles' Argumentation zutreffen, dann dürfte dies nicht der Fall sein.

Wird behauptet, daß die Richtungen etwas dem Beobachter Äußerliches sein müßten, weil sie sich je nach dessen Lage verändern würden, dann wird *drittens* übersehen, daß diese Richtungen eben auf eine bestimmte Position des Beobachters hin definiert sind. Oder in anderen Worten: Die Richtungen oben, unten, links, rechts, vorne und hinten sind auf den Körper des Beobachters hin angelegt, und zwar in Blickrichtung des Betrachters. Der Körper des Beobachters bildet genau in dieser Position den Koordinatennullpunkt. Ändert der Beobachter seinen Körperstandort, dann ändern sich nicht die Gegenstände, die je nach der Veränderung des Körperstandortes unter eine oder mehrere bzw. alle der sechs Richtungskategorien fallen, sondern deren (formale) Lagemerkmale in bezug auf die genannten Kategorien.

Daraus kann nicht abgeleitet werden, daß die Richtungen etwas an sich Bestehendes seien, sondern nur, daß es sich bei den genannten Kategorien um körpergebundene Kategorien handelt. Die Lagebeschreibung verschiedener Gegenstände kann sich demgemäß je nach Position und Blickrichtung des Beobachters ändern, ohne daß sich der Gegenstand bewegt. Eine Zustimmung zu Aristoteles' hypothetischen Formulierungen würde jedoch verlangen, daß sich mit der Veränderung der Blickrichtung auch alle beobachtbaren Gegenstände mitbewegen. Dies ist die Implikation der Behauptung, daß der Richtung eine Wirkkraft zukommt.

Wird zudem *viertens* behauptet, daß in der Natur jede Richtung für sich und in ihrer Wirkung bestimmt sei, dann bedarf es zur Widerlegung lediglich einen Hinweis auf den Widerspruch in der entsprechenden Argumentation, den Hinweis nämlich – unabhängig davon, ob in dieser Form akzeptierbar oder nicht – daß jedes Element an seinen Ort drängt. Wenn es nämlich die Qualität eines Elementes ist, daß dieses an einen bestimmten Ort "drängt", dann ist weder "Raum" noch "Richtung" an sich wirksam. Vielmehr ist es die Konstitution des Elementes, in Beziehung zur Konstitution der anderen Elemente, die dafür ausschlaggebend ist. Es ist also nicht eine absolute Eigenschaft eines Elementes, die dafür ausschlaggebend sein könnte, sondern eine relationale.

Die radikalste These der substantialistischen Konzeption, die These der Wirkungskraft des Raumes, wäre demgemäß nur dann haltbar, wenn man die Eigenschaften der Gegenstände für die Eigenschaften des Raumes hält und sie in dieser Form jenen der Gegenstände für überlegen hält. Diese Konstruktion muß in Kauf genommen werden, wenn man diese radikale Fassung der substantialistischen Raumkonzeption akzeptieren will.

3.2.1.3 Kritische Diskussion

Neben diesen vier Punkten ergeben sich weitere Schwierigkeiten und Fragen, falls man dieser Konzeption zustimmt. Sie können – in Anlehnung an Aristoteles – wie folgt formuliert werden:[104] Was können wir tatsächlich unter Raum verstehen, wenn er offensichtlich weder Element ist, noch aus Elementen besteht? “Welche Eigenschaften der Dinge sollen wir auf den Raum zurückführen” (Aristoteles, Physik, 209a)? Wo kann der Raum selbst sein (denn er muß, wenn er selbst ein Ding ist, auch irgendwo sein), und wo können wir demzufolge einen Ort für den Ort finden? Wie sollen wir uns die Vergrößerung des Raumes denken, die notwendig ist, “wenn der Raum, den etwas einnimmt, weder größer noch kleiner ist, als das Ding” (Aristoteles, Physik, 209a)? Schließlich: Warum sind die Ideen nicht im Raum, “wenn der Raum das ist, was sie aufnimmt?” (Aristoteles, Physik, 209b), “und wie kann etwas an seinen Ort kommen, wenn der Ort der Stoff oder die Gestalt des Dinges ist” (Aristoteles, Physik, 210a)?

Das wichtigste Merkmal dieser Raumauffassung ist sicher darin zu sehen, daß kein homogener Raum möglich ist. Aristoteles’ Auseinandersetzung geht vielmehr von der Frage aus, wohin etwas hingehört. Er fragt nach der natürlichen Gliederung der physischen Welt, dem physisch-weltlichen Raum, in dem die Dinge ihrem Wesen gemäß hingehören, ihren angemessenen Ort haben. “Es ist ein kosmisch geordneter und dabei notwendig endlicher und übersehbarer Raum” (Bollnow, 1980, 31).

104 Diese Fragen müssen konsequenterweise auch von den übrigen Vertretern radikaler absoluter Raumkonzeptionen, wie sie etwa bis heute in der geographischen (und nicht nur in der sogenannten raumwissenschaftlichen Richtung), der sozialphilosophischen und -wissenschaftlichen Fachliteratur feststellbar sind (und alle die dem “Raum” eine generative Kraft zumessen), schlüssig beantwortet werden können. Hier sollen sie lediglich vorgestellt werden. Die Diskussion wird in Zusammenhang mit anderen Raumkonzeptionen folgen.

Es ist wichtig, darauf hinzuweisen, daß sich Aristoteles hier ausschließlich mit der physischen Welt bzw. den vier Elementen "Feuer", "Luft", "Wasser" und "Erde" auseinandersetzt. Bereits den Artefakten weist er (Aristoteles, Physik, Buch II) einen anderen Status zu, auf die dann konsequenterweise die Raumkonzeption der physischen Welt nicht unbedacht angewendet werden kann. Die entsprechende Textstelle lautet: "Alles nämlich, was von Natur aus ist, hat offenbar in sich selbst den Ursprung für Bewegung und Ruhe, sei es Ortsbewegung oder Wachstum und Schwinden oder Veränderung. Ein Bett dagegen und ein Gewand und was es sonst derartiges gibt, das hat als Träger dieser Bezeichnung und als Kunsterzeugnis nicht diesen eingewurzelten Trieb zur Wandlung, sondern nur, insofern sie Dinge aus Stein oder Erde sind oder Mischungen daraus, haben auch sie ihn, und zwar nur in dieser Eigenschaft" (Aristoteles, Physik, Buch II, 192b).

Diese Textstelle ist äußerst kompliziert formuliert, und sie erfährt in verschiedenen deutschsprachigen Ausgaben unterschiedliche Übersetzungen. Gemäß Wagners Übersetzung von Aristoteles' "Physikvorlesung" von 1989 ist diese Stelle so zu interpretieren, daß alle materiellen Artefakte (Bett, Mantel usw.) immer zwei Bestimmungen aufweisen: erstens die Bestimmtheit, Bett, Mantel usw. zu sein und zweitens aus bestimmten Materialien zu bestehen. Die erste kann man als bedeutungsspezifische bzw. soziale Bestimmtheit auffassen, die zweite als materielle Bestimmtheit. Nach Aristoteles ist dies offensichtlich so zu verstehen, daß die Artefakte in ihrer sozialen Bestimmung nicht von der materiellen Bestimmtheit determiniert sind. Die Position eines Bettes ist somit nicht allein Ausdruck der natürlichen Kräfte und der entsprechenden natürlichen Lage, sondern auch Ausdruck seiner sozialen Bestimmtheit. Allerdings weist die Formulierung "und zwar nur in dieser Eigenschaft" darauf hin, daß die materielle Bestimmtheit ihre Bedeutung erlangt. Damit ist gemeint, daß die Materialität dieser Artefakte im sozialen Kontext berücksichtigt werden muß und in dieser interpretierten Form auch sozial bedeutsam ist. Die Positionierung des Bettes kann nicht beliebig erfolgen, sondern hat die materiellen Eigenschaften dieses Artefakts in Rechnung zu stellen.

Werden diese Unterschiede mißachtet, dann hat dies deterministische Konsequenzen für das Gesellschaft-Raum-Verhältnis. Das würde nämlich heißen, daß ausschließlich die verwendete Materie die Lage eines Artefakts bestimmen würde, und nicht menschliche Entscheidungen. Diese und weitere Konsequenzen von Aristoteles' Raumkonzeption sollen in Abschnittt 3.4 zusammen mit jenen der "radikalen" Vertreter einer absoluten/substantialistischen Position, ausführlicher diskutiert werden. Zuerst will ich mich nun weiteren Vertretern dieser Richtung zuwenden.

3.2.2 Descartes

1644 legte René Descartes in den "Principia Philosophiae" ausführlich seine Raumauffassung vor.[105] Dieses Werk umfaßt vier Teile. Im ersten Teil setzt sich Descartes mit den "Prinzipien der menschlichen Erkenntnis", im zweiten mit den "Prinzipien der körperlichen Dinge" auseinander, der dritte Teil ist mit "Über die sichtbare Welt" betitelt, und der vierte Teil trägt die Überschrift "Von der Erde". Die Auseinandersetzung mit der Raumproblematik ist aber nicht in diesem vierten Teil zu finden, sondern im zweiten. Dort weist Descartes nach, daß wir keine andere Möglichkeit hätten, als eine substantialistische Raumkonzeption zu akzeptieren. Um dies verständlich machen zu können, ist zuerst kurz auf seinen argumentativen Kontext einzugehen.

3.2.2.1 Philosophische Grundlagen

Mit der Rekonstruktion des philosophischen Kontextes sollen gleichzeitig weitere Aspekte der (geographischen) Raumproblematik beleuchtet und insbesondere auch die These erläutert werden, daß es sich beim Gesellschaft-Raum-Verhältnis um einen Sonderaspekt des kartesianischen Leib-Seele- bzw. Körper-Geist-Dualismus handelt.

Um die Wahrheit zu erkennen, bleibt gemäß Descartes kein anderes Mittel übrig, als "an allem zu zweifeln, worin man nur den geringsten Verdacht einer Ungewißheit antrifft" (Descartes, 1922, 1): Die Wahrheitssuche setzt den Zweifel an der Wahrnehmung voraus. Wir müssen daran zweifeln, "ob es überhaupt solche Dinge gibt, wie sie sich der Wahrnehmung oder der Einbildung darbieten; denn erstens bemerken wir, daß die Sinne bisweilen irren, und die Klugheit fordert, niemals denen allzusehr zu trauen, die uns auch nur einmal getäuscht haben" (Descartes, 1922, 2). Derart ist es möglich, abgesehen von einer einzigen Ausnahme, alles zu be-

105 Für die folgende Auseinandersetzung beziehe ich mich auf die vierte Auflage der deutschen Übersetzung von Arthur Buchenau, Leipzig 1922.

zweifeln. Selbst die Tatsache, daß wir selbst einen Körper haben, kann bezweifelt werden. "Aber wir können nicht annehmen, daß wir, die wir solches denken, nichts sind; denn es ist ein Widerspruch, daß das, was denkt, zu dem Zeitpunkt, wo es denkt, nicht existiert. Demnach ist der Satz: 'Ich denke, also bin ich' die allererste und gewisseste aller Erkenntnisse" (Descartes, 1922, 2f.). Der erste entscheidende Unterschied zwischen Körper und Geist ist somit darin zu sehen, daß wohl die Existenz des Körpers, nicht aber jene des Bewußtseins bezweifelt werden kann.

Damit wird die Philosophie der Empiristen – auf der nicht zuletzt auch jene Newtons beruht – auf den Kopf gestellt. Nicht das Erfahrbare beziehungsweise Wahrnehmbare wird als Überprüfungsinstanz der Wahrheit akzeptiert, sondern allein das rationale Denken, das rationale Bewußtsein, kann uns vor Vorurteilen und irrenden Urteilen bewahren und zur Wahrheit führen. Wenn wir jedoch alles bezweifeln können außer dem Bewußtsein, wie ist es dann möglich, trotzdem von einem substantialistischen oder körperlichen Raum – wie sich Descartes ausdrückt – zu sprechen, wenn dieser an sich nicht einmal der Erfahrung zugänglich ist?

3.2.2.2 Kartesianische Raumkonzeption

Die Unterscheidung von Körper und Geist bzw. Denken nimmt Descartes (1922, 18) mittels Anführung der jeweiligen Eigenschaften ihrer Substanzen vor. Die "Ausdehnung in Länge, Breite und Tiefe (bildet) die Natur der körperlichen Substanz, und das Denken macht die Substanz der denkenden Substanz aus. Denn alles, was sonst dem Körper zugeteilt werden kann, setzt die Ausdehnung voraus und ist nur ein Zustand der ausgedehnten Sache; ebenso ist alles, was man im Geiste antrifft, nur ein besonderer Zustand des Denkens". Damit ist ein weiterer wichtiger Aspekt des Unterschiedes zwischen Körper und Geist benannt. Körperliche Substanzen weisen, im Gegensatz zu geistigen Substanzen, eine Ausdehnung auf. Daraus leitet Descartes die drei Folgerungen ab, daß

erstens die Gestalt nur an einer ausgedehnten Sache vorgestellt werden kann;

zweitens Bewegung nur für ausgedehnte Substanzen in einem ausgedehnten Raum möglich ist und

drittens das Wahrnehmen nur einem denkenden Körper möglich ist und die Art der Wahrnehmung vom Bewußtsein abhängig ist.

"Dagegen kann die Ausdehnung ohne Gestalt und Bewegung vorgestellt werden, und das Denken ohne Einbilden oder Wahrnehmen (...). So haben wir also zwei klare und deutliche Begriffe oder Ideen, die eine von einer erschaffenden denkenden Substanz, die andere von einer körperlichen Substanz; wenn wir nämlich alle Attribute des Denkens genau von den Attributen der Ausdehnung unterscheiden" (Descartes, 1922, 18f.).

Damit ist zunächst festgestellt, daß körperlichen Substanzen keine Handlungsfähigkeit zugemessen werden kann. Denn wenn selbst Descartes einem materiellen Artefakt, einem Automaten beispielsweise, dem dies vielleicht noch am ehesten zugesprochen werden könnte, keine Handlungsfähigkeit zusprechen kann, dann ist dies erst recht nicht für andere materielle Körper möglich. Körperliche Dinge können somit nichts bewirken, sondern sie "unterliegen" dem menschlichen Willen und ihre Wahrnehmung hängt vom Bewußtsein ab.

Dieser Argumentation entspricht dann auch Descartes' Auffassung von "Dauer", "Ordnung" und "Zahl". Sie können nur dann angemessen aufgefaßt werden, wenn wir ihnen nicht eine Substanz beilegen, "sondern die Dauer eines Dinges nur als den Zustand nehmen, unter dem wir die Sache, sofern sie zu sein fortfährt, vorstellen. Ähnlich ist dann die Ordnung und die Zahl nichts Besonderes neben den geordneten und gezählten Dingen, sondern es sind nur Zustände, unter denen wir sie betrachten" (Descartes, 1922, 19). Mit anderen Worten ausgedrückt heißt dies, daß Dauer beziehungsweise Zeit,[106] Ordnung und Zahl formale Aspekte sind, die vom Bewußtsein den körperlichen Dingen auferlegt werden, nicht aber als deren "substantielle" Eigenschaften betrachtet werden können.

Wie bereits erwähnt, bildet für Descartes die Ausdehnung in Länge, Breite und Tiefe die besondere Eigenschaft von Materie, den körperlichen Dingen, und nicht Gewicht, Härte, Farbe oder eine andere sinnliche, das heißt wahrnehmbare Eigenschaft. Ausgedehnte Sachen sollen wir also Körper oder Materie nennen, und in ihrer Ausdehnung unterscheiden sie sich auch von der Seele, dem Bewußtsein. Dies bildet denn auch den Ausgangspunkt für Descartes' Überlegungen zur Raumkonzeption, und zwar zunächst anhand von zwei möglichen Einwänden gegen seine Charakterisierung des Materiellen.

106 Zum Verhältnis von "Dauer" und "Zeit" vgl. Descartes, 1922, 20; dort wird "Zeit" als metrisierte Dauer definiert.

Der erste Grund dagegen könnte der Einwand sein, daß die Ausdehnung nicht zentral sein könne, weil Materie verdichtet und verdünnt werden kann, so daß sie jeweils eine andere Ausdehnung aufweist, bzw. mehr oder weniger Raum einnehmen würde. Der zweite Grund ist, "daß, wo wir bloß eine Ausdehnung in Länge, Breite und Tiefe annehmen, wir nicht zu sagen pflegen, es sei kein Körper da, sondern nur ein Raum, und zwar ein leerer Raum, der nach aller Überzeugung ein reines Nichts ist" (Descartes, 1922, 33). Hinter diesem zweiten Einwand versteckt sich die Frage, wie ein leerer Raum möglich ist, wenn nur Materielles eine Ausdehnung aufweist, nicht aber ein Nichts.

Descartes läßt beide Einwände nicht gelten. Den *ersten* nicht, weil sich die Ausdehnung einer Materie weder bei Verdünnung noch bei Verdichtung ändert. Wenn sich zum Beispiel ein Schwamm mit Wasser vollsaugt, dann wird damit die Ausdehnung der Teile des Schwammes nicht größer, denn das hinzukommende Wasser kann nicht zum Schwamm gezählt werden.

Den *zweiten* Grund läßt er nicht gelten, weil es einen leeren Raum nicht geben kann. Wenn wir etwa von einem leeren Glas sprechen, dann meinen wir nur, daß nicht darin ist, was eigentlich darin sein könnte. "So gilt ein Wassergefäß für leer, wenn es nur mit Luft gefüllt ist; so heißt es, daß nichts in dem Fischbehälter ist, obgleich er voll Wasser ist, wenn keine Fische darin sind; so gilt ein zum Warentransport eingerichtetes Schiff als leer, wenn es bloß mit Ballast (...) beladen ist; so gilt endlich ein Raum als leer, in dem nichts wahrgenommen wird, wenn er auch ganz mit geschaffener und selbständig existierender Materie angefüllt ist, weil man nur die sinnlich wahrgenommenen Dinge zu beachten pflegt" (Descartes, 1922, 39).

Daraus leitet Descartes die Folgerung ab, daß es einen leeren Raum gar nicht geben kann. Denn es ist ebenso widersinnig, sich eine Ausdehnung ohne ausgedehnte Substanz vorzustellen, wie sich einen Berg ohne Tal vorstellen zu wollen: Das Nichts kann keine Ausdehnung haben und so kann es auch keinen leeren Raum geben. Und zudem: "Jeder Abstand ist ein Zustand der Ausdehnung und kann deshalb nicht ohne eine ausgedehnte Substanz sein" (Descartes, 1922, 40). Diese Festlegungen haben nun entscheidende Konsequenzen für seine Raumkonzeption.

Descartes geht davon aus, daß "die Ausdehnung in Länge, Breite und Tiefe, welche den Raum ausmacht, dieselbe ist, welche den Körper ausmacht." (Descartes, 1922, 35). Das Verhältnis zwischen der Ausdehnung eines Körpers und jener des Raumes ist dasselbe wie jenes "zwischen Gattung (...) und dem Einzelnen" (Descartes (1922, 36). Das heißt, daß die Körper, die materiellen Dinge, die Einzelteile des Raumes bilden. "Raum" bezeichnet "nicht etwas von dem darin befindlichen Körper Verschiedenes, sondern nur seine Größe, Gestalt und Lage zwischen anderen Körpern" (Descartes, 1922, 37).

Dementsprechend kann man Descartes' Argumentation wie folgt zusammenfassen: *Da jede materielle Substanz durch ihre Ausdehnung zu charakterisieren ist und die Ausdehnung der Substanz dieselbe ist wie jene des Raumes, muß der Raum auch eine materielle Substanz sein.* Daraus folgt zweitens, daß sich die Bewußtseinsgehalte nicht im physisch-weltlichen Raum befinden können. Der erste Teil des Schlusses ist kaum haltbar, der zweite kann als haltbar akzeptiert werden. Dies soll nun abschließend erläutert und begründet werden.

3.2.2.3 Kritische Diskussion

Descartes' erste Folgerung, die Ausdehnung des Raumes wäre genau jene der materiellen Körper, kann man durchaus akzeptieren. Sie widerspricht nämlich auch der radikalsten These der Substantialisten, die ja davon ausgehen, daß der Raum mehr sei, als die Summe der materiellen Körper. Das Problem entsteht dann, wenn er daraus die Folgerung ableitet, "daß die Idee der Ausdehnung, die wir bei irgendeinem Raum uns denken, dieselbe ist wie die Idee der körperlichen Substanz" (Descartes, 1922, 41), bzw. daß der Raum ein materieller Gegenstand sein müsse.

Dieser Schluß ist durchaus mit jenem der Holisten zu vergleichen, daß das Ganze mehr sei als die Summe seiner Teile. Aber so wie gemäß Wittgenstein (1984) die Klasse der Löwen nicht ein Löwe sein kann, kann die Klasse der materiellen Körper auch kein materieller Raum sein. In beiden Fällen wird dem Resultat der Zusammenfassung bestimmter Verhältnisse auf eine klassenlogische Kurzformel eine eigene, unabhängige und besondere Existenz zugesprochen. Somit verletzt Descartes mit seinem Schluß auch seine eigene, zuvor vorgestellte Argumentation.

Descartes selbst schreibt, daß das Verhältnis von Ding und Raum dasselbe wäre wie das Verhältnis zwischen einem Einzelnen und der Gattung. Aber genau so wie die Gattung nichts Eigenes ist, das von den Einzelnen real eine besondere Existenz aufweist, kann auch der Raum nicht eine Substanz an sich sein. Die angemessene Schlußfolgerung wäre dann: Der Raum ist nichts anderes als eine begriffliche Konstruktion, der die Summe der materiellen Körper unter einem Kriterium – nämlich der Ausdehnung – zusammenfassend beschreibt. Da er eine begriffliche Konstruktion ist, ist er – im Sinne der Begrifflichkeit von Descartes – auch dem Bewußtsein und nicht der körperlichen Welt zuzuschreiben. Raum ist ein Begriff für die körperlichen Dinge, aber nicht selbst ein körperliches Ding.

Wendet man seine Argumentation auf diese Weise, dann wird sie auch mit seinen Aussagen über das Verhältnis von "Dauer", "Ordnung" und "Zahl" kompatibel. Denn dort weist Descartes darauf hin, daß diese nur dann angemessen aufgefaßt werden könnten, wenn wir ihnen nicht eine Substanz beilegten. Wie "Ordnung" ist auch "Raum" bzw. "räumliche Ordnung" ein Zustand, unter dem wir uns die Sachen vorstellen. "Räumliche Ordnung" ist nichts anderes als ein formaler Aspekt, der den körperlichen Dingen vom Bewußtsein derart auferlegt wird, daß ihr besonderes Merkmal – nämlich die Ausdehnung – angemessen berücksichtigt werden kann. "Raum" ist dann als ein klassifikatorischer Begriff aufzufassen, nicht aber als eine Substanz an sich.

Dem zweiten Teil der Folgerung, daß sich Ideen, Gedanken, Bewußtseinsgehalte nicht im physisch-weltlichen Raum befinden könnten, kann trotzdem zugestimmt werden. Allerdings ist eine Präzisierung notwendig. An die Stelle der Formulierung "im Raum befinden", müßte die Formulierung treten, "nicht mit dem Raumbegriff der physischen Welt erfaßt werden". Sie können deshalb nicht mit einer physisch-weltlichen Raumkonzeption erfaßt werden, weil Bewußtseinsgehalte keine Ausdehnung in Länge, Breite und Tiefe aufweisen oder kurz: weil sie keine materiellen Körper sind.

Mit dieser Klarstellung sind denn auch zwei Probleme lösbar, die wir im Zusammenhang mit Aristoteles' Raumkonzeption kennengelernt haben. Das erste Problem bezieht sich auf Aristoteles' Frage, wo denn der Ort des Raumes wäre, wenn es ihn gibt. Wenn "Raum" als Raumbegriff, als gedankliche Konstruktion, aufgefaßt wird, dann wird auch ersichtlich, daß er in der physischen Welt gar nicht als materielle Gegebenheit auftreten kann und dort somit auch keinen Ort beansprucht. Das Problem entsteht nur, wenn man "Raum" substantialistisch interpretiert.

Die Unangemessenheit dieses Vorgehens wird auch vor allem darin ersichtlich, daß dann ein Grundprinzip der materiellen Welt verletzt wird, nämlich die Prämisse, daß immer nur ein materielles Ding zur selben Zeit an einer bestimmten Stelle sein kann. Wird "Raum" substantialistisch aufgefaßt, dann muß immer ein materielles Ding und der substantivierte Raum an derselben Stelle auffindbar sein. Und dies, so lehrt uns die Erfahrung, kann nicht der Fall sein.

Das zweite Problem betrifft den Status der materiellen Artefakte. Aristoteles behandelt es im Zusammenhang mit einem Bett, Descartes mit einem Automaten. Wenn wir nun die obigen Unterscheidungen und Argumentationen akzeptieren, so können wir feststellen, daß nur die materielle Komponente materieller Artefakte mittels eines Raumbegriffes festgestellt werden kann, nicht aber die Bedeutungen, die diese für deren Produzenten oder Benutzer aufweisen. Denn diese sind als Bewußtseinsgehalte zu betrachten und demgemäß nicht dem Bereich der körperlichen Dinge zuzuordnen. Sie weisen keine Ausdehnung auf und sind dementsprechend mittels eines physisch-weltlichen Raumbegriffs auch nicht angemessen erfaßbar. Die Bedeutung wird dem materiellen Ding vom Bewußtsein auferlegt und ist nicht als materielle Eigenschaft zu begreifen.

Daß Artefakte gerade aufgrund einer bestimmten materiellen Anordnung bzw. einer bestimmten Konstruktion eine bestimmte Bedeutung erlangen, soll damit nicht bestritten werden. Man kann diese Tatsache aber nicht einfach damit abtun, indem man sie einseitig materialistisch interpretiert. Denn die Bedeutungen weisen keine materielle Seinsweise auf, und die Materialität an sich ist auch nicht bedeutungs-determinierend. Für eine differenziertere Bestimmung reicht die bisher entwickelte Begrifflichkeit allerdings noch nicht aus.

3.2.3 Newton

Isaac Newtons "Philosophiae naturalis principia mathematica" aus dem Jahre 1687 war nicht nur für die Physik wegweisend, sondern auch Gegenstand zahlreicher philosophischer Analysen. Diese reichen von Kant über Hegel bis in die Gegenwart. Dabei bildet Newtons Raumkonzeption den Hauptgegenstand des philosophischen Interesses. Eine der jüngsten Anwendungen hat Newtons Raumkonzeption in der Zeitgeographie von Hägerstrand (1970; 1984) und Carlstein (1982; 1986) erfahren. In dieser Anwendungsform wurde sie schließlich von Giddens (1979; 1988a) in die Strukturationstheorie integriert. Newtons Raumkonzeption spielt somit in der aktuellen Theoriediskussion zur angemessenen Thematisierung und Interpretation des Gesellschaft-Raum-Verhältnisses eine bedeutende Rolle, wenn dies bisher auch kaum zur Kenntnis genommen wurde.

3.2.3.1 Historischer Kontext

Newton revolutionierte mit seiner Raumkonzeption – gemäß Albert Einstein (1960) – die gesamte Naturphilosophie und Physik. Er führte "Raum" als "selbständige Ursache des Trägheitsverhaltens der Körper (ein), um damit dem klassischen Trägheitsprinzip (und damit dem klassischen Bewegungsgesetz) einen exakten Sinn zu geben. Dies in voller Klarheit erkannt zu haben, ist nach (Einsteins) Ansicht eine von Newtons größten Leistungen. (...) Der Raum wird (von ihm) nicht nur als selbständiges Ding neben den körperlichen eingeführt, sondern es wird ihm im ganzen kausalen Gefüge der Theorie eine absolute Rolle zugeschrieben. Absolut ist die Rolle insofern, als er (als Inertialsystem) zwar auf alle körperlichen Objekte wirkt, ohne daß diese auf ihn eine Rückwirkung ausüben" (Einstein, 1960, XIV). Diese Raumkonzeption wurde dann von den Physikern allgemein akzeptiert, bis Einstein schließlich mit der Relativitätstheorie ein neues überzeugendes Raumkonzept vorlegte. Dieses weist gemäß Popper (1976) den Vorteil auf, daß es mehr erklären kann, als jenes von Newton, ohne aber dessen Nachteile aufzuweisen.

Newtons Raumkonzeption[107] entsteht aus zwei von ihm zusammengeführten Argumentationslinien. Die eine hat, gemäß Jammer (1960, 2) "ihre Wurzel in der Emanzipierung des Raumbegriffs von dem scholastischen Substanz-Accidens-Schema, das die italienischen Naturphilosophen der Renaissance endgültig aufgeben. Das zweite Element ruht auf gewissen Vorstellungen, welche Raum als Attribut Gottes fassen".[108] Damit soll auf

107 Als Grundlage dient dabei die deutsche Übersetzung (Mathematische Prinzipien der Naturlehre) von Wolfers, Berlin, 1872.

108 In der Substanz-Accidens-Debatte in der italienischen Naturphilosophie geht es darum, ob "Raum" körperlich (Substanz) oder unkörperlich (Accidens) ist. Das scholastische Denken vertrat die Accidens-These. Patritius wies schließlich nach, daß weder Substanz noch Accidens angemessene Raumkonzeptionen sind.

das Spannungsfeld hingewiesen sein, in dem Newtons Argumentation steht, und auf die zentrale Bedeutung seiner Definition des Raumes als "Sensorium Gottes" aufmerksam gemacht werden.

Welches sind nun die zentralen Merkmale von Newtons Raumkonzeption und welche Implikationen weist sie auf? Wie Jammer (1960, 105) darlegt, nimmt das Raumkonzept in seinem Gedankengebäude einen eigenartigen Platz ein. "Newton, selbst ein gläubiger Mann, leugnete niemals die Existenz von Wesen und Wirklichkeiten, welche die Kräfte menschlicher Erfahrung übersteigen. Er behauptete lediglich, daß ihre Existenz mit wissenschaftlicher Erfahrung nichts zu tun haben: in einem *mundus discorsi* hat die Wissenschaft keinen Raum für sie." Newton gelang es, diese Trennung von Metaphysik – abgesehen von einer einzigen Ausnahme – konsequent durchzuhalten. Diese Ausnahme betrifft seine Theorie des Raumes bzw. seine Raumkonzeption.[109]

3.2.3.2 Absoluter und relativer Raum

Da man sich in der Mechanik primär mit Bewegungen beschäftigt, bildet für Newton "Raum" das Korrelat zum Massenpunkt und wird auf diese Weise zu einer der zentralen Gegebenheiten seiner physikalischen Theorie. Gleich am Anfang der "Principia Mathematica" geht es denn auch um die Auseinandersetzung mit "Raum": "Zeit, Raum, Ort und Bewegung als allen bekannt erkläre ich nicht. Ich bemerke nur, daß man gewöhnlich diese Größen nicht anders als in bezug auf die Sinne auffaßt und so gewisse Vorurteile entstehen, zu deren Aufhebung man sie passend in absolute und relative, wahre und scheinbare, mathematische und gewöhnliche unterscheidet. (...) Der *absolute Raum* bleibt vermöge seiner Natur und ohne Beziehung auf einen äußeren Gegenstand *stets gleich und unbeweglich.* Der *rela-*

"Raum" wäre vielmehr als eine notwendige Bedingung von allem, was in ihm existiert, zu begreifen; vgl. dazu ausführlicher Jammer, 1960, 92ff.

109 Neben den "Principia Mathematica" sind vor allem in "Treatise of Opticks" und im Briefwechsel, den Samuel Clarke unter der Anleitung seines Meisters Newton mit Leibniz führte, die wichtigsten Stellen zu finden, die über seine Raumkonzeption Aufschluß geben (vgl. dazu The Leibniz-Clarke Correspondence, hrsg. von Alexander, 1956). In allen drei Quellen kommt zum Ausdruck, daß für Newtons Mechanik neben "Raum" und "Zeit" "Kraft" und "Masse" die grundlegenden Begriffe bildeten. "Kraft" bedeutete für Newton, im Gegensatz zur modernen Physik, wo sie als Abstraktion gehandhabt wird, eine reale, absolute physikalische Gegebenheit.

tive Raum ist ein Maß oder ein *beweglicher Teil des ersteren,*[110] welcher von unseren Sinnen durch seine Lage gegen andere Körper bezeichnet und gewöhnlich für den unbeweglichen Raum genommen wird, zum Beispiel ein Teil des Raumes innerhalb der Erdoberfläche; ein Teil der Atmosphäre; ein Teil des Himmels, bestimmt durch seine Lage gegen die Erde. Der absolute und relative Raum sind dasselbe in Art und Größe, aber sie bleiben es nicht immer an Zahl. Bewegt sich zum Beispiel die Erde, so ist der Raum unserer Atmosphäre, welcher in bezug auf unsere Erde immer derselbe bleibt, bald der eine, bald der andere Teil des absoluten Raumes, in welchen die Atmosphäre übergeht und ändert sich so beständig" (Newton, 1872, 25).

Newtons Argumentation geht somit davon aus, daß die genannten Begriffe nur deswegen zu differenzieren sind, weil sie im Zusammenhang mit sinnlich wahrnehmbaren Gegenständen auftreten und sinnliche Wahrnehmungen mit Vorurteilen verbunden sind. Aus diesem Grund führt er die Differenzierungen zwischen "absolut" und "relativ" einerseits, "wahr" und "scheinbar" sowie "mathematisch" und "gewöhnlich" andererseits ein.

Gemäß Newton ist "Raum" homogen und undifferenziert. Deshalb sind seine Teile für unsere Sinne weder wahrnehmbar noch unterscheidbar, so daß man an ihre Stelle sichtbare Maße bzw. Koordinatensysteme setzen muß, den relativen Raum: "Weil aber diese Teile (des Raumes) weder gesehen, noch vermittels unserer Sinne voneinander unterschieden werden können, nehmen wir statt ihrer wahrnehmbare Maße an" (Newton, 1872, 27). Für die Sichtbarmachung des unsichtbaren wahren, absoluten Raumes müssen wir uns des relativen und beweglichen Raumes bedienen, der auf einer Abstraktion beziehungsweise auf einer bestimmten Metrik beruht. Deshalb kann sich der relative Raum im absoluten Raum bewegen.

Der wahre Raum ist der absolute Raum, und die letzte Wahrheit über die Natur läßt sich nur in bezug auf diesen feststellen. Damit wird zum Ausdruck gebracht, daß es sich beim absoluten Raum um etwas handeln muß, das neben oder zusätzlich zur natürlichen Welt bestehen und selbst auch materiell sein muß. Diese substantialistische-absolute Raumkonzeption ist für Newton in zweierlei Hinsicht von zentraler Bedeutung: in theologischer und in mechanischer. Auf den theologischen Aspekt wird im Zu-

110 Hervorhebungen durch B. W.

sammenhang mit seiner Definition von "Raum" als Sensorium Gottes weiter eingegangen.

In *mechanischer Hinsicht* bildet die Konzeption des absoluten Raumes für Newton "eine logische und ontologische Notwendigkeit, (...) die notwendige Vorbedingung für die Gültigkeit für sein erstes Bewegungsgesetz" (Jammer, 1960, 108), das wie folgt lautet: "Jeder Körper beharrt in seinem Zustand der Ruhe oder der gleichförmigen geradlinigen Bewegung, wenn er nicht durch einwirkende Kräfte gezwungen wird, seinen Zustand zu verändern" (Newton, 1872, 32). Denn um "geradlinige gleichförmige Bewegungen" und "absolute Ruhe" feststellen zu können, reicht der relative Raum nicht aus, weil dieser selbst beweglich ist. Vielmehr bedürfen wir, so Newton (1872, 26), damit diese feststellbar sind, eines absoluten Raumes: "Die absolute Bewegung ist die Übertragung des Körpers von einem absoluten Orte nach einem anderen absoluten Orte; die relative Übertragung von einem relativen Orte nach einem anderen relativen Orte."

Daraus ist ersichtlich, daß die Gültigkeit des ersten Bewegungsgesetzes ein absolutes Referenzsystem voraussetzt, und von seiner Gültigkeit hängt wiederum die Gültigkeit der Newtonschen Mechanik ab. Somit könnte man folgern, daß diese Mechanik, die sich über Jahrhunderte als erfolgreich erwiesen hat, nicht ohne einen ontologisch eigenständigen absoluten Raum auskommen kann und damit ein ausreichender Nachweis für dessen Existenz erbracht ist. Genau so lautete die Argumentation unter Physikern und einer Vielzahl von Philosophen, wenn es um die Begründung der Existenz des unsichtbaren absoluten Raumes ging.

Da der absolute Raum der Beobachtung nicht zugänglich ist, bietet sich schließlich allein die Möglichkeit an, die Dynamik von Bewegungen zu untersuchen: "Bewegung und insbesondere beschleunigte Bewegung sind Mittel und Wege, durch die der Raum sich erforschen läßt. Insofern die Bewegungen sich entweder auf den relativen oder absoluten Raum beziehen, sind sie relativ oder absolut. Aus der Möglichkeit zur Feststellung einer absoluten Bewegung würde sich die Feststellung des absoluten Raumes ergeben" (Jammer, 1960, 113). Und absolute Bewegungen lassen sich gemäß Newton (1871, 28) durch ihre Eigenschaften, Ursachen und Wirkungen von relativen Bewegungen unterscheiden.

Als Ursachen der absoluten Bewegungen sind jene Kräfte zu betrachten, "welche zur Erzeugung der Bewegung auf die Körper (selbst) eingewirkt haben" (Newton, 1872, 28). Relative Bewegungen hingegen sind erzeugbar und können abgeändert werden, ohne daß die Kräfte auf diese Körper einwirken. Als Beispiel solcher Kräfte nennt Newton Fliehkräfte von der Achse der Bewegung. "Bei einer nur relativen Kreisbewegung existieren diese Kräfte nicht, aber sie sind kleiner oder größer je nach Verhältnis der Größe der Bewegung. (...) (Trotzdem), die wahren Bewegungen der einzelnen Körper zu erkennen und von den scheinbaren scharf unterscheiden, ist (...) sehr schwer, weil die Teile jenes unbeweglichen Raumes, in denen die Körper sich wahrhaft bewegen, nicht sinnlich erkannt werden können" (Newton, 1872, 30). Daraus dürfte ersichtlich sein, daß die Verschiebung der Forschung vom Raum auf die Bewegungen das Problem auch nicht löst. Newton bietet für die Verteidigung seines Vorgehens drei Argumente an. Diese Argumentation eröffnet gleichzeitig einen tieferen Einblick in seine Auffassung vom substantialistischen Raum, auf welcher Grundlage sie zustande kommt und mit welchen Konsequenzen sie verbunden ist.

Das *erste Argument* für den Nachweis absoluter Bewegungen bezieht sich auf die These, "daß eine reale Kraft eine reale Bewegung erzeugt" (Jammer, 1960, 113). Immer wenn es um den Nachweis des absoluten Raumes geht, muß sich Newton auf die Existenz metaphysischer Wirklichkeiten berufen, deren Berücksichtigung für physikalische Erklärungen er an allen anderen Stellen seiner Mechanik strikte zurückweist.[111] Auf dieser Basis ist er gezwungen, zu einer zirkulären Argumentation Zuflucht zu nehmen. Die Zirkularität äußert sich in der Bezugnahme auf "real" in Ursache (reale Kraft) und Wirkung (reale Bewegung), die sich beide ihrerseits auf den realen Raum, den absoluten Raum beziehen.

Das *zweite Argument* Newtons für die Existenz absoluter Bewegungen bezieht sich auf deren Wirkungen, die Zentrifugalkräfte. Dabei bezieht er sich auf die Ergebnisse seines sogenannten Eimerexperimentes. Newton sieht in ihnen den definitiven Beweis für die Existenz absoluter Bewegungen.[112] Am Anfang, wenn der Eimer sich allein dreht und am Ende, wenn

111 Vgl. dazu Jammer, 1960, 114.

112 Das Experiment ist von Newton wie folgt beschrieben worden: "Man hänge ein Gefäß an einem sehr langen Faden auf, drehe dasselbe beständig im Kreis herum, bis der Faden durch die Drehung sehr steif wird; hierauf fülle man es mit Wasser und halte es zugleich mit letzterem in Ruhe. Wird es nun durch eine plötzlich wirkende Kraft in entgegengesetzte Wirkung versetzt und hält diese, während der Faden sich ablöst, längere Zeit an, so wird die Oberfläche des Wassers anfangs eben sein, wie vor der Bewegung des Gefäßes, hierauf, wenn die Kraft allmählich auf

das Wasser sich allein dreht, bewegen sich Eimer und Wasser in derselben Weise relativ zueinander. "Wäre nun alle Bewegung (Drehung) rein relativ, so dürfte zwischen den beiden Zuständen kein physikalischer Unterschied sichtbar werden. Da jedoch die Oberfläche des im Eimer enthaltenen Wassers im ersten Fall eben und im zweiten Fall parabolid ist, muß die Bewegung, so schließt Newton, absolut sein" (Jammer, 1960, 116).

Darin äußert sich Newtons Überzeugung, daß das Experiment in einem körperleeren Raum zu demselben Ergebnis führen würde, weil der absolute Raum dann auf dieselbe Weise wirken würde. Was Newton für die Wirkungen des absoluten Raumes beziehungsweise als die Wirkung absoluter Bewegungen hielt, ist, wie später Mach und Einstein zeigten,[113] nichts anderes als der Einfluß einer anderen Masse auf die Bewegung der einen. Was Newton für die Wirkungen des Raumes hält, erweist sich somit als Eigenschaften der Masse bzw. der Körper, aber nicht des körperhaften Raumes.

Newtons *drittes Argument* wird von Jammer (1960, 118) wie folgt umschrieben: "Ein Körper, der sich in relativer Bewegung befindet, (kann) sich gegenüber dem absoluten Raum in absoluter Bewegung oder in Ruhe befinden. Man vermag keine Entscheidung zwischen diesen beiden Möglichkeiten zu treffen. Bewegt sich indes ein zweiter Körper relativ zum ersten, so muß offensichtlich mindestens einer von ihnen mit absoluter Bewegung ausgestattet sein. Es ist unmöglich, daß beide in bezug auf den absoluten Raum in Ruhe sind".

Die Schwäche dieses Arguments – so Jammer – liegt vor allem in der unakzeptierbaren These, daß ein absolutes Bezugssystem eine wesentliche Vorbedingung für die angemessene Beschreibung der Bewegung dieser Körper ist. Da Newton glaubte, die Eigenexistenz des (absoluten) Raumes

das Wasser einwirkt, bewirkt das Gefäß, daß dieses (das Wasser) merklich sich umzudrehen anfängt. Es entfernt sich nach und nach von der Mitte und steigt an den Wänden des Gefäßes in die Höhe, indem es eine hohle Form annimmt. (...) Durch eine immer stärkere Bewegung steigt es mehr und mehr an, bis es in gleichen Zeiträumen mit dem Gefäße sich umdreht und relativ in demselben ruhet. Dieses Ansteigen deutet auf ein Bestreben, sich von der Achse der Bewegung zu entfernen, und durch einen solchen Versuch wird die wahre absolute kreisförmige Bewegung des Wassers, welche der relativen hier ganz entgegengesetzt ist, erkannt und gemessen" (Newton, 1672, 29). Selbst wenn der Eimer zum Stillstand gekommen ist, führt das Wasser, aufgrund der Fliehkraft, die Kreisbewegung weiter.

113 Vgl. dazu ausführlicher Jammer, 1960, 116ff.

und dessen Unabhängigkeit von den in ihm enthaltenen Körpern bewiesen zu haben, konnte er auch behaupten, daß ein bestimmter Körper immer einen bestimmten Teil des Raumes einnimmt, unabhängig des Bezugs zu anderen Körpern. Er bemerkte somit insbesondere nicht, daß er damit gegen seine eigene Methodologie verstieß, die ja nichts zulassen will, was der Erfahrung nicht zugänglich ist. Das dritte Argument ist aber als Ableitung aus den ersten beiden Argumenten zu sehen.

3.2.3.3 Raum als Sensorium Gottes

Die bisherige Auseinandersetzung mit Newtons Raumkonzeption mag mehrmals zu der Frage geführt haben, warum es Newton derart wichtig war, an seiner Konzeption des absoluten Raumes festzuhalten. Bereits zu seiner Zeit gab es eine Reihe von scharfen Kritikern, die ihn unter anderem auch darauf hinwiesen, daß seine Mechanik, die Gültigkeit seiner Bewegungsgesetze usw. davon gar nicht abhängig wären, was im Verlauf der Weiterentwicklung der mechanischen Physik Bestätigung fand. Zahlreiche der von Newton formulierten Gesetze behielten ihre Gültigkeit, obwohl die Idee des absoluten Raumes unter Physikern kaum Beachtung fand. (Aber gerade weil seine Mechanik erfolgreich war, nahmen dies viele zum Anlaß, darin einen Beweis für die Gültigkeit seiner Raumkonzeption zu sehen.)

Der wichtigste Grund für Newtons Festhalten an der substantialistischen-absoluten Raumkonzeption ist nicht in der Mechanik, sondern in seinen theologischen Überzeugungen, seinem Gottesbild, zu finden bzw. in der Tatsache, daß Newton den absoluten Raum mit Gott oder einem seiner Attribute gleichsetzte. Dies ist denn auch der Grund, weshalb Newton nicht davor zurückschreckte, seine eigenen methodologischen Prinzipien zu verletzen und zu metaphysischen Argumenten Zuflucht zu nehmen.[114]

Dies wird in einem Brief Newtons an Richard Bentley vom 10. Dezember 1692 bestätigt, in dem er seinen Standpunkt wie folgt erläutert: "Als ich meine Abhandlung über mein System schrieb, da dachte ich (an) solche

114 Besonderen Einfluß auf Newton übten diesbezüglich insbesondere Heinrich More, dem Newton in seiner Jugend begegnet war, Isaac Barrow sowie Joseph Mende, einer seiner Lehrer am Christ College in Cambridge, aus. Alle drei waren von der jüdisch-kabbalistischen Raumlehre beeinflußt, die den Raum mit der Idee der Absolutheit Gottes verknüpft. In Mores Geometrie beispielsweise ist der Raum Ausdruck der Allgegenwart und die Zeit Ausdruck der Ewigkeit Gottes; vgl. ausführlicher dazu More, 1934 und Jammer, 1960, 119f.

Prinzipien, welche die Menschen zum Glauben an eine Gottheit zu führen vermöchten. Nichts kann mir größere Freude machen, als mein Werk in dieser Hinsicht hilfreich zu finden."[115] Oder in anderen Worten: Newton glaubte, mit seinem Werk neue Beweise für die Existenz Gottes geliefert zu haben.[116] Damit ist auf die starke Beziehung zwischen Newtons naturwissenschaftlichen und theologischen Absichten hingewiesen.

Es gibt zahlreiche Stellen in Newtons eigenem Werk, in denen er Raum und Zeit mit Attributen Gottes gleichsetzt. Dies ist auch in Samuel Clarkes Briefwechsel mit Leibniz der Fall, in dem dieser Schüler Newtons unter dessen Kontrolle diese Gleichsetzung zu untermauern versucht. In den "Prinzipien" (1872, 509) schreibt er: "Die Herrschaft eines geistigen Wesens ist es, was Gott ausmacht; sie ist wahr im wahren Gott, die höchste im höchsten und die erdichtete im erdichteten Gotte. Es folgt hieraus, daß der wahre Gott ein lebendiger, einsichtiger und mächtiger Gott, daß er über dem Weltall erhaben und durchaus vollkommen ist. (...) Er ist weder die Ewigkeit noch die Unendlichkeit, aber er ist ewig und unendlich; er ist weder Dauer noch Raum, aber er währt fort und ist gegenwärtig; er währt stets fort und ist überall gegenwärtig, er existiert stets und überall, er macht den Raum und die Dauer aus."

Hier werden wir darauf aufmerksam gemacht, was damit gemeint ist, wenn Newton den absoluten Raum als Attribut Gottes bezeichnet. So wie Gott nicht die Ewigkeit ist, aber trotzdem ewig existiert, ist Gott nicht der Raum, aber er ist allgegenwärtig. Aus der Allgegenwart Gottes schließt Newton, daß er den Raum ausmacht. Gott hat die Welt erschaffen, und er bestimmt über sie allgegenwärtig. Keiner der materiellen Körper ist allgegenwärtig. Diese Fähigkeit kann einzig und allein dem absoluten Raum zukommen. Denn dieser ist gemäß Newton als einziger wie Gott, das heißt unendlich und in seinem Wesen unteilbar.

Newton (1852, 403) spricht an anderer Stelle von "der Weisheit und Geschicklichkeit eines machtvollen immer-lebenden Agens; der, da er an allen Orten ist, mit seinem Willen die Körper besser bewegen kann (...) in seinem *grenzenlosen, gleichförmigen Sensorium*[117] und dadurch die Teile des Universums zu gestalten und umzugestalten vermag, wie wir durch unseren Willen die Teile unseres eigenen Körpers zu bewegen vermögen".

115 Zitiert nach Jammer, 1960, 120.
116 Vgl. dazu Alexander, 1956, xv.
117 Hervorhebung durch B. W.

Hier wird also die bisher angedeutete Beziehung zwischen Gott und dem absoluten Raume präzisiert. Allgegenwärtig wie Gott wird er von Newton als dessen Sensorium begriffen. *Der absolute Raum wird Mittel der Gestaltung und Umgestaltung der natürlichen Welt.* Zwar nicht selbst Agens, aber als ein sensorisches Mittel eines allgegenwärtigen Agens wird der absolute Raum für die natürliche Welt kausal wirksam.

Ähnlich wie die Seele im menschlichen Körper ohne den Körper materiell nicht wirksam werden kann, wie die Sinnesorgane vermittels des Bewußtseins die Voraussetzung für die Gestaltung und Umgestaltung der materiellen Welt durch den Menschen bilden, ist offensichtlich auch die Rolle des absoluten Raumes in der Natur zu begreifen. Bezogen auf die Leib-Seele-Diskussion bedeutet dies, daß Newton den absoluten Raum als Instrument der Beherrschung und Kontrolle der Welt durch den allgegenwärtigen Willen Gottes begreift.

Dem Raum wird dadurch in gewissem Sinne eine Vermittlerrolle zwischen Geist und Materie zugewiesen. Doch der ontologische Status dieses Vermittlungsinstrumentes scheint materieller Art zu sein. Diese Unklarheiten sind nun in bezug auf Clarkes und Newtons eigene Begründungen und deren Implikationen kritisch zu diskutieren.

3.2.3.4 Kritische Diskussion

Den Begriff des "Sensoriums" verwendet Newton (1952, 370)[118] zudem in "Opticks", seinem zweiten Hauptwerk. Dort schreibt er: "Machen es nicht die Phänomene deutlich, daß es ein unkörperliches, lebendiges, intelligentes, allgegenwärtiges Wesen gibt, das im unendlichen Raum wie in einem Sensorium die Dinge ganz selbst unmittelbar schaut, sie durch und durch wahrnimmt und sie durch ihre unmittelbare Gegenwart vor ihm vollständig erfaßt". Die entscheidende Formulierung, "das im unendlichen Raum wie in einem Sensorium die Dinge selbst ganz unmittelbar schaut", bleibt mehrdeutig. Wie wir gleich anschließend sehen werden, interpretierte dies Leibniz dahin, daß Newton behauptete, "der Raum sei ein Organ, dessen Gott sich bediene, um die Dinge wahrzunehmen", beziehungsweise um sie zu registrieren. Clarke (1717) ließ dies nicht gelten und wies darauf hin, daß dies für Newton lediglich eine Analogie wäre, die wie folgt zu verste-

118 Die Seitenzahlen beziehen sich auf die 4. Auflage, Dover/New York 1952.

hen sei: Gott "ist in der Gesamtheit der Dinge selbst wirklich und innerlich gegenwärtig, wie die menschliche Seele es allen im Gehirn gebildeten Bildern der Dinge ist (...). Dies allein ist der Sinn seines Vergleichs, wenn er den unendlichen Raum 'sozusagen das Sensorium' des allgegenwärtigen Wesens nennt" (Leibniz, 1904, 122).[119]

Diese Darstellung ähnelt stark der Beschönigung eines Mißgeschicks. Denn wenn dies tatsächlich die Bedeutung wäre, die Newton mit dem Begriff "Sensorium" verbindet, dann könnte er das Konzept des absoluten Raumes in bezug auf seine theologische Argumentation aufgeben. Wäre es nämlich Newtons Auffassung, daß Gott in den Dingen ist, wie die "menschliche Seele es allen im Gehirn gebildeten Bildern der Dinge ist", dann bräuchte man nicht mehr einen dinghaften Raum an sich außerhalb der Dinge zu postulieren.

Warum verknüpft Newton seine Raumkonzeption aber überhaupt mit der Theologie? Die Antwort kann nur angedeutet werden. Offensichtlich war Newton aus kosmologischen, möglicherweise aber auch aus sozialen bzw. politischen Gründen daran interessiert. Ihm ging es zunächst um die Einbettung der Physik in das Ideal der Vollendung von Gottes Werk. Er war an absoluten Werten interessiert. Das Absolute hielt er für wahr, die relativen Konzepte lediglich für scheinbar. Da das relative Konzept eine *soziale Konvention* impliziert, kann man auch sagen, daß Newton Konventionen mißtraute und nach etwas Absolutem Ausschau hielt, nach einer unerschütterlichen Begründungsbasis.

Dies ist schließlich auch im Zusammenhang mit der absolutistischen Denkweise, die zu seinen Lebzeiten den sozialen Kontext dominierte, zu sehen. Die Gottesfrage war ja nicht zuletzt deswegen von zentraler Bedeutung, weil Könige bzw. absolute Herrscher die Legitimation ihrer Position auf Gott bezogen: Wenn kein Gott, dann auch keine Legitimation für absolute Herrscher. So betrachtet kann man den Einbezug der Theologie in die Mechanik auch als Selbstschutz interpretieren, was in Kenntnis von Galileis Biographie durchaus nicht als abwegige Strategie – aber in hypothetischem Sinne eben doch als (politische) Strategie – interpretiert werden

119 Die einzige deutsche Übersetzung des Briefwechsels zwischen Clarke und Leibniz ist jene von Buchenau und in der von E. Cassirer editierten Ausgabe von Leibniz' "Hauptschriften zur Grundlegung der Philosophie" (Leipzig 1904) abgedruckt. Deshalb werden Clarkes Aussagen unter Angabe ihrer Stelle in Leibniz' Hauptschriften zitiert.

kann. So würde jedenfalls auch begreiflich, weshalb Newton bereit war, zugunsten der Annahme des substantialistischen-absoluten Raumes die von ihm postulierten methodischen Prinzipien der Naturwissenschaften zu verletzen.

Newtons absolutes Konzept kann zusammenfassend wie folgt charakterisiert werden: "Substantialistischer-absoluter Raum" wird durchweg als wirkliches Ding gedacht. Seine Teile müssen demgemäß auch als physische Bestandstücke vorgestellt werden. Dadurch sind Raum und Ding nicht losgelöst voneinander denkbar, ohne daß man die Existenz des absoluten Raumes negiert. Die Dinge werden dann vom Raum zumindest konstituiert, worin ein räumlicher Determinismus impliziert ist. Da für Newton der Raum ein Attribut Gottes ist, drückt sich im Raum die Gottbestimmtheit der Natur aus. Begreift man ihn sogar als Sensorium Gottes, dann setzt dies voraus, daß Gott körperlich ist, womit dann im Extremfall Gott zum Versatzstück für die Determiniertheit materieller Dinge durch eine Meta-Materialität wird.

Auf die potentiellen Konsequenzen dieser Raumkonzeption für die (sozial-)geographische Forschung wird in Abschnitt 3.4.3 ausführlicher eingangen. Hier soll aber abschließend bereits eine erste (zusammenfassende) Bemerkung erlaubt sein. Wie gleich anschließend in der Auseinandersetzung mit Leibniz' relationalen Raumkonzeption ausführlicher gezeigt wird, ist Newtons absolutes Raumkonzept nur deshalb formulierbar, weil er Hypostasierungen des Raumes unter dem "Etikett" Sensorium Gottes vornimmt.

Die raumwissenschaftliche Redeweise im Rahmen der Geographie, wie wir im Zitat von Otremba gesehen haben, oder wie dies auch die zeitgeographische Argumentation zeigt, weist dieselbe Struktur auf; mit der Einschränkung allerdings, daß Raum nicht mehr als Sensorium Gottes betrachtet wird, sondern als "eigenständige Persönlichkeit". In beiden Fällen wird aber aus "Raum" eine eigenständige metaphysische Wesenheit.

3.3 Relationale Raumkonzeption

"Raum" wird in der relationalen Konzeption als eine Ordnung koexistierender Dinge betrachtet, die in einer bestimmten Sprache beschrieben werden kann, neben der aber nicht zusätzlich ein substantialistischer Raum besteht. Der klassische Vertreter dieser Position ist G. W. Leibniz. Insbesondere vertrat auch Mach zur Widerlegung von Newtons absoluter Raumkonzeption diese Position. Hier soll jedoch die Analyse von Leibniz' Position ausreichen. Zuerst soll ein Überblick über die Argumentation der Relationisten vermittelt werden.

Die Relationisten[120] greifen die Behauptung der Substantialisten an, daß Raum real sei, indem sie letztere mit der Frage konfrontieren, ob denn Raum wirklich unabhängig von physischen Objekten existieren könne. Das Hauptmerkmal relationaler Raumkonzeptionen ist denn auch konsequenterweise darin zu sehen, daß sie grundsätzlich davon ausgehen, daß jede Rede von Raum an sich, das heißt als besonderer Gegenstand, räumlichen Wirkkräften oder räumlichen Eigenschaften irreleitend ist. Denn es könne – so argumentieren sie – keine physisch-weltlichen Eigenschaften geben, als jene, welche die einzelnen materiellen Körper aufweisen.

Damit ist allerdings nicht gemeint, daß auch jede Rede von "Räumlichkeit" abzulehnen wäre. Unter "Räumlichkeit" sind im relationistischen Sinne die Beziehungen *zu* materiellen Objekten und Beziehungen *unter* diesen zu verstehen. Sklar (1974, 167) verdeutlicht diesen Unterschied anhand des folgenden Beispiels: "To think of, say, space as an object is to think that because the relation of brotherhood can hold between male siblings, there must be in the world not only people and their relations but some mysterious entity, the brotherhoodness, as well."[121] Das heißt mit anderen Worten, daß *die Beziehungen lediglich zwischen ausgedehnten Objekten bestehen können, nicht aber zwischen einem Objekt und "Raum"*.

Im Gegensatz zu den Vertretern substantialistischer Raumkonzeptionen gehen Relationisten somit davon aus, daß "Raum" an sich nicht existiert. Ihre Thesen werden von Nerlich und Buroker wie folgt zusammengefaßt:

120 Für den allgemeinen Überblick vgl. Jammer, 1960; Sklar, 1974; Nerlich, 1976, und Buroker, 1981.

121 Vgl. dazu die Debatte in bezug auf individualistische und holistische Konzeptionen der sozialen Welt. Diese Gemeinsamkeit zwischen handlungstheoretischer und relationistischer Konzeption wird uns in der Folge noch ausführlicher beschäftigen.

"The idea of space is nonsense. Only talk about material things and their relations can be understood" (Nerlich, 1976, 1). "Space has no independent metaphysical status. Space is nothing more than the set of actual and possible relations physical objects have to one another" (Buroker, 1981, 3).

3.3.1 Ausgangssituation und philosophische Grundlagen

Wie bereits angedeutet, war Leibniz zu Newtons Lebzeit der herausragendste und schärfste Kritiker der absoluten/substantialistischen Raumkonzeption. Er stellte ihr eine relationale, relativistische Konzeption gegenüber. Seine Umschreibung dieser Raumkonzeption formuliert er zu Beginn des 18. Jahrhunderts wie folgt: "Diese Herren behaupten also, der Raum sei ein reelles absolutes Wesen, doch führt sie das auf große Schwierigkeiten. Denn, wie es scheint, muß dieses Wesen ewig und unendlich sein. Deshalb haben manche geglaubt, es sei Gott selbst oder doch ein Attribut, seine Unermeßlichkeit. (...) Ich habe mehrfach betont, daß ich den Raum ebenso wie die Zeit für etwas Relatives halte; für eine Ordnung der Existenzen im Beisammen, wie die Zeit eine Ordnung des Nacheinander ist. Denn der Raum bezeichnet unter dem Gesichtspunkt der Möglichkeit eine Ordnung der gleichzeitigen Dinge, insofern sie zusammen existieren, ohne über ihre besondere Art des Daseins etwas zu bestimmen" (Leibniz, 1904, 134).[122] In welchen allgemeineren Argumentationskontext ist Leibniz' Raumkonzeption eingebettet und welche Betrachtungsperspektive kann mit ihm eröffnet werden?

Die Tatsache, daß weder Newton noch Clarke die Bedeutung des Prinzips des zureichenden Grundes für Leibniz' Raumkonzeption erkannten und deshalb letzteres auch nicht angemessen verstehen konnten, kommt am Ende des letzten Briefes von Clarke zum Ausdruck. Clarke schreibt in jenem, in Leibniz (1904, 241) abgedruckten Brief: "Was das große Prinzip des zureichenden Grundes angeht, so wird in allem was der gelehrte Ver-

122 Die folgende Auseinandersetzung bezieht sich auf die deutsche Übersetzung von Arthur Buchenau, die von Ernst Cassirer unter dem Titel "Hauptschriften zur Grundlegung der Philosophie I–III" herausgegeben wurde. Sie umfassen alle wichtigen Texte, die Leibniz zur Raumproblematik verfaßt hat. Vgl. zudem Alexander (ed.): The Clarke-Leibniz Correspondence, 1956, 5–126.

fasser noch dafür beibringt, nur immer von neuem behauptet, nirgends aber bewiesen, ich brauche darauf also nicht einzugehen."

Das Prinzip vom zureichenden Grund besagt, daß "niemals etwas ohne eine Ursache oder einen Grund geschieht" (Leibniz, 1915, I § 44). Damit ist erstens gemeint, daß "jeder Sachverhalt eine kausale Ursache und damit eine nicht abreißende unendliche Kausalkette besitzt. Es gilt zweitens für menschliche Handlungen; dann spricht es aus, daß es zu jedem Handeln eine vollständige Kausalkette gibt, die auch die inneren Zustände einschließt. Schließlich gilt das Prinzip (drittens) für das Handeln Gottes, denn Gott handelt nie aus Willkür; entsprechend verlangt das Prinzip finale Gründe göttlichen Handelns" (Poser, 1981, 386).

Die Tatsache, daß Leibniz im Zusammenhang mit Sachverhalten und menschlichen Handlungen von "Ursachen", im Zusammenhang mit dem göttlichen Handeln aber von "Gründen" spricht, ist Ausdruck seiner Prämisse. Denn gemäß seiner Auffassung ist jedes Ereignis in dieser Welt zugleich Teil einer Kausalkette als auch Ausdruck des Willens beziehungsweise der Gründe Gottes. "Ursachen" sind dementsprechend eigentlich "Gründe", nämlich Ausdruck der Gründe Gottes. Deshalb ist die Welt für den Menschen verstehbar, obwohl die unendlichen Begründungsketten für ihn nicht überschaubar sind. Das heißt nun aber nicht, daß das menschliche Leben von Gott determiniert wäre.

Jede Handlung muß rückblickend zwar als vollständig determiniert erscheinen, weil sonst das Prinzip des zureichenden Grundes verletzt wäre. Doch dies schließt die Freiheit des Menschen nicht aus. Für Leibniz bestehen vielmehr mehrere mögliche Welten,[123] und die Handlungsmöglichkeiten eröffnen sich in der Bezugnahme auf die verschiedenen Welten. Diese Bezugnahmen sind nicht von Gott im voraus entschieden, sondern Gott sieht die freie Entscheidung der Individuen voraus. An dieser Stelle der Argumentation wird nun Leibniz' Monadenlehre wichtig.

Gott ist nach Leibniz die oberste Substanz und schafft eine unendliche Zahl individueller, seelenhafter Substanzen, die Monaden. In ihnen ist die Körperwelt fundiert, ohne daß sie als körperliche Dinge begriffen werden können. Monaden sind als Einheiten, als einfache Substanzen, zu betrachten, die keine Teile aufweisen, "sie werden nur von Lebewesen – Men-

123 Zu Leibniz' Theorie der möglichen Welten, auf die auch Hintikkas logisch-mathematische Theorie der möglichen Welten zurückgeht, vgl. Poser, 1981, 400ff.

schen, Tieren, Pflanzen – verkörpert, niemals von anorganischen Körpern;[124] die Monade ist dabei dasjenige, was einen Organismus zu einer Einheit macht. (...) Monaden sind also immaterielle, gleichsam 'metaphysische Punkte', die als Substanzen auf natürliche Weise weder herstellbar noch zerstörbar sind" (Poser, 1981, 396).

Sie unterscheiden sich gemäß Leibniz durch ihre inneren Zustände und den darauf aufbauenden Perzeptionsfähigkeiten. Vereinfacht kann man sagen, daß die Monaden auf der höchsten Stufe ein Selbstbewußtsein, eine "reflexive Erkenntnis", beinhalten; die erinnerungsfähigen Monaden nennt Leibniz "Seelen". Jene unterhalb der bewußten Stufe nennt er die "schlummernden Monaden", welche unbewußte Wahrnehmungen machen können. Zusätzlich unterscheidet Leibniz die Monas monadem, die nur Gott zusteht, und schließlich die Tier- und Pflanzenmonaden. "Das Verhältnis von Körper und Seele ist damit in der Monadenlehre als ein Hervorgehen der Erscheinung des Körpers aus dem Zustand der tätigen Monade bestimmt" (Poser, 1981, 397). Der beseelte Kosmos ist für Leibniz voller Harmonie, und er wiederholt sich als Mikrokosmos in jeder Seele.

Dieses Weltbild unterscheidet sich wesentlich von der kartesianischen Philosophie und der Raumkonzeption von Newton. Hinsichtlich von Descartes' Philosophie ist zuerst im allgemeinsten Sinne darauf hinzuweisen, daß der Leib-Seele-Dualismus nicht mehr haltbar ist. Er wird auf der Grundlage der Monadenlehre durch den Leib-Seele-Parallelismus ersetzt. Dies hat wiederum Konsequenzen für die Auffassung des Materiellen, des Bewußtseins sowie des Verhältnisses von organischer und anorganischer Natur, und dies alles zusammengenommen weist radikale Konsequenzen für das Raumverständnis auf.

Hinsichtlich des Raumverständnisses weist Leibniz[125] Descartes' Rückführung aller materiellen Dinge auf die Ausdehnung scharf zurück; somit kann er auch dessen Raumkonzeption nicht akzeptieren. Im einzelnen erläutert dies Leibniz (1904, 329) wie folgt: "Die Kartesianer setzen das Wesen der Körper in die bloße Ausdehnung. Ich dagegen (...) daß im Körper

124 Vgl. dazu die völlig entgegengesetzte Interpretation von Pohl (1986) und seine darauf aufbauende Argumentation zur Entwicklung einer "Geographie als hermeneutischer Wissenschaft". Ausführlicher wird darauf in Abschnitt 3.4.4 eingegangen.

125 Vgl. dazu seinen Artikel vom Mai 1702 "Gegen Descartes" in Leibniz, 1904, 329–334, und "Bemerkungen zum allgemeinen Teil der Kartesianischen Prinzipien" in Leibniz, 1904, 285–328.

abgesehen von der Ausdehnung (...) ein Prinzip vorhanden ist, wodurch er der Durchdringung Widerstand leistet, (...) und außerdem erkenne ich (...) im Körper eine tätige Kraft. (...) Damit will ich (...) sagen, daß jeder Körper eine bewegende Kraft, ja eine innerliche, wirkliche Bewegung schon vom Ursprunge der Dinge in sich hat". Und diese Kraft liegt für Leibniz, wie erwähnt, in den Monaden.

Da die Ausdehnung für Leibniz nicht das einzige spezifische Charakteristikum der Materie sein kann, ist es für ihn auch nicht möglich, den Raum von diesem Standpunkt aus als materielles Ding zu betrachten. Nach Leibniz bedarf es "zur Feststellung der Bewegung eines Körpers solcher Eigenschaften, die nicht auf Ausdehnung reduzierbar sind; denn wären alle Körpereigenschaften nur durch Ausdehnung bestimmt, ließe sich gar nicht sagen, daß es dieser Körper sei, der erst diese, dann jene Lage eingenommen habe" (Poser, 1981, 395). Damit ist folgendes gemeint: Wird nur "Ausdehnung" berücksichtigt, dann ist es weder möglich, klare Spezifizierungen einzelner Körper vorzunehmen, noch seine Bewegung zu erklären. Denn Ausdehnung kann nicht durch Ausdehnung allein begrenzt werden, und sie kann auch nicht die Ursache von Bewegungen sein.

Diese Stellungnahme impliziert *erstens,* daß Descartes' Schluß von der Ausdehnung der Körper auf die Körperlichkeit des Raumes für Leibniz unhaltbar ist. "Ausdehnung", so Leibniz, kann deshalb nur die Verbreitung mehrerer (gleicher) Körper bedeuten. "Ausbreitung" bezeichnet die "wiederholte Setzung einer bestimmten Wesenheit" (Leibniz, 1904, 330). Und die "stetigen Setzungen" diskreter Elemente zerfallen in zwei Unterarten. Entweder sind sie "successiv, wie Zeit und Bewegung, oder simultan, das heißt aus gleichzeitig existierenden Teilen bestehend, wie Raum und Körper. Und wie wir im Begriff der Zeit nichts anderes denken, als die Gliederung oder Reihenfolge der Veränderungen, die in ihr vorgehen können, so verstehen wir auch unter Raum nichts anderes, als die mögliche Gliederung der Körper. Sagt man daher, der Raum dehne sich aus, so ist damit dasselbe gemeint, wie wenn man sagt, die Zeit dauere oder die Zahl werde gezählt" (Leibniz, 1904, 330f.). Da sich "Ausdehnung" nur in bezug auf die Verbreitung mehrerer einzelner Körper – im Sinne der Verbreitung diskreter Körper – oder jene eines einzelnen Körpers nur in bezug zu anderen Körpern spezifizieren läßt, kann für Leibniz Raum nicht ein Ding an sich sein. "Raum" ist nicht mehr als "substantialistischer-absoluter Raum" begreifbar.

Deshalb kann *zweitens* auch die Größe der Ausdehnung nach Leibniz niemals absolut sein. "Ein absoluter Raum (...) ist weder feststellbar, noch kann er möglich sein, weil Gott keinen Grund gehabt hätte, die Welt eher an dieser als an irgendeiner anderen Stelle des absoluten Raumes zu schaffen" (Poser, 1981, 395).

Die *dritte* Konsequenz bezieht sich auf die Ursachen von Bewegungen. Nach Leibniz muß es sich bei diesen Ursachen um nicht-materielle Gegebenheiten handeln, die lebendige Kraft, die kinetische Energie, die von den Monaden ausgeht. Wenn nun etwas Nicht-Materielles die Ursache von Bewegung ist, dann kann die Ausdehnung nicht das Wesen der Körper ausmachen. Das bedeutet, daß nicht die Geometrisierung das Ziel der Naturwissenschaft sein kann. An seine Stelle soll die Dynamisierung der Physik treten. "Indem ein sich bewegender Massenpunkt in sich in jedem Augenblick die Dynamik trägt, dem nächsten Zustand zuzustreben, enthält er ein finales Element, das der vorantreibenden Kraft der Seele entspricht. (...) (Auch deshalb) ist die Auffassung, Raum und Zeit könnten Substanzcharakter haben oder Attribute Gottes sein, nicht mehr haltbar" (Poser, 1981, 395). Dies ist mit wichtigen Folgen für die Raumkonzeption verbunden, um die es im Streit mit Newton geht.

3.3.2 Leibniz' relationale Raumkonzeption

Leibniz eröffnet die Kontroverse mit Newton in seinem ersten Brief, den er im November 1715 an Prinzessin Caroline von Wales schickt, mit den folgenden Worten: "Newton sagt, der Raum sei ein Organ, dessen sich Gott bediene, um die Dinge wahrzunehmen. Wenn er jedoch eines Mittels bedarf, um sie wahrzunehmen, so sind sie nicht völlig von ihm abhängig und nicht in jeder Hinsicht sein Erzeugnis. Newton und seine Anhänger haben außerdem noch eine recht sonderbare Meinung vom Wirken Gottes. Nach ihrer Ansicht muß Gott von Zeit zu Zeit seine Uhr aufziehen, – sonst bliebe sie stehen. Er hat nicht genügend Einsicht besessen, um ihr eine immerwährende Bewegung zu verleihen" (Leibniz, 1904, 120). Damit wird bereits offensichtlich, daß diese Debatte um die angemessene Raumkonzeption, wie von Newton initiiert, auf der theologischen Argumentationslinie geführt wird. *Die Fragen nach der Ontologie des Raumes werden zu Fra-*

gen zur Ontologie Gottes, nach dem Wesen Gottes und dessen Verhältnis zur Welt.

Für Leibniz beruht Newtons Mechanik auf der Vorstellung von einem körperlichen Gott. An Newton gerichtet schreibt er: "Viele sehen die Seelen, andere Gott selbst als körperlich" (Leibniz, 1904, 120). Wenn Gott nämlich über ein Organ verfügt, dann muß er auch körperlich sein. Und dies ist mit Leibniz' Monadenlehre nicht zu vereinbaren. Gott ist nicht materiell, er braucht kein Organ, er wirkt nicht von außen, sondern er ist in den Dingen und zwar über die von ihm geschaffenen Monaden. Da er die Welt nicht von außen bewegt, kann der absolute/substantialistische Raum auch nicht eine den Dingen äußerliche Wirkkraft besitzen. Die einzige bestehende Wirkkraft ist die "lebendige Kraft", "die kinetische Energie", die jeder einzelne Körper selbst aufweist, die aber nicht dem absoluten Raum zugerechnet werden kann.

Wenn nun jede Wirkkraft als Eigenschaft der Körper bestimmt wird, dann kann die These vom kausal wirksamen substantialistischen Raum nicht mehr aufrechterhalten werden. Vielmehr ist damit gemäß Leibniz nur ein relationales Raumkonzept zu vereinbaren. Die Bewegungen eines Körpers sind als Ausdruck seiner Eigenschaften in bezug auf jene anderer Körper zu begreifen und nicht als darüber hinausgehende Eigenschaften oder Kräfte, also insbesondere auch nicht eines Raumes, dem dann eine eigene metaphysische oder ontologische Eigenexistenz zugesprochen werden müßte. Für eine differenziertere Begründung der relationalen Raumkonzeption sind weitere Abklärungen notwendig.

Im letzten Brief an Clarke beschreibt Leibniz, die absolute Konzeption kontrastierend, seine Raumauffassung. "Wie mir scheint, verwechselt man die Unermeßlichkeit oder die Ausdehnung der Dinge mit dem Raume, im Verhältnis zu dem diese Ausdehnung bestimmt wird. Der unendliche Raum ist ebensowenig die Unermeßlichkeit Gottes, der endliche Raum so wenig die Ausdehnung der Körper, wie die Zeit mit der Dauer gleichbedeutend ist. Die Dinge behalten ihre Ausdehnung, aber nicht stets ihren Raum bei. Jedes Ding hat seine eigene Ausdehnung, seine eigene Dauer, nicht aber seine eigene Zeit und seinen eigenen Raum, den es beibehält" (Leibniz, 1904, 181).

In seiner Kritik an Malebranche fügt er präzisierend hinzu: "Die Ausdehnung verhält sich zum Raume etwa wie die Dauer zur Zeit. Dauer und Ausdehnung sind Attribute der Dinge, Zeit und Raum werden wie etwas außerhalb der Dinge angesehen und dienen dazu, sie zu messen" (Leibniz, 1904, 341). Daraus schließt er konsequenterweise: "Es gibt keine Substanz, die man Raum nennen könnte" (Leibniz, 1904, 324). "Raum" ist vielmehr als ein ideales Konzept zu begreifen, und erst diese Auffassung ermöglicht es uns, dieses beispielsweise für Messungen zu verwenden.

In einer Anmerkung in Leibniz' philosophischen Hauptschriften weist Ernst Cassirer darauf hin, daß damit eine wichtige Eigenschaft von "Raum" und "Zeit" bestimmt wird: "Raum und Zeit können als selbständige Relationen außerhalb der Dinge angesehen werden, sofern die logische Bedeutung beider sich begreiflich machen läßt, ohne auf die besondere Bestimmtheit der Dinge, die sich in ihnen ordnen, einzugehen. So dienen uns beide vor allem als die ursprünglichen Bezugssysteme, auf die jede konkrete physikalische Messung zurückgehen muß: die Feststellung einer bestimmten Größe, einer unendlichen 'Ausdehnung' wie einer begrenzten 'Dauer', setzt stets die qualitative Eigenart von Raum und Zeit, also die Begriffe 'Beisammen' und des 'Nacheinander' schon voraus". In Leibniz' Argumentation und Cassirers Kommentar sind damit drei Punkte entscheidend, die einer Erläuterung bedürfen.

Erstens ist der Ausdruck, "Raum und Zeit (sind) selbständige Relationen außerhalb der Dinge", eine radikale Absetzung vom absoluten Raum. Damit ist gemeint, daß alle besonderen Qualifikationen von körperlichen Dingen vorgenommen werden können, ohne daß man sich auf "Raum" bezieht, und daß damit die Relationalität und Äußerlichkeit des Raumes demonstriert ist. So kann ich beispielsweise "Tisch" definieren, ohne daß ich dabei auf seine räumliche Position Bezug nehmen muß. Wäre das absolute/substantialistische Raumkonzept zutreffend, dann könnte dies nicht der Fall sein. Dann müßten – weil ja die räumlichen Kräfte auf ihn wirken würden und somit an keiner Stelle exakt dieselben Eigenschaften zulassen würden – räumliche Aspekte in die Definition einfließen.[126]

126 Gleichzeitig heißt diese Festlegung auch, daß mit der hier umschriebenen definitorischen Unabhängigkeit empirischer Begriffe ein weiterer wichtiger Hinweis darauf gemacht wird, daß es auf dieser Grundlage keine empirische Raumwissenschaft geben kann. Gleichzeitig wird hier auch die kritische Instanz benannt, an der die gesamte Begrifflichkeit traditioneller und raumwissenschaftlicher Geographie im Hinblick auf ihre Sinnhaftigkeit zu beurteilen wäre. Wenn es nämlich jenen gegenständlichen Raum nicht gibt, auf dem die genannten geographischen Forschungskonzeptionen aufbauen, dann verliert – so kann man hypothetisch formulieren – natürlich auch ein großer Teil von deren empirischen Begrifflichkeit

Wäre diese Bedingung nicht gegeben, wären Beschreibungsmerkmale, die eine Bezugnahme auf räumliche Kategorien voraussetzen, nur in der menschlichen Praxis relevant. Und sie wären Orientierungs- und Beschreibungskategorien in bezug auf den eigenen Körperstandort oder einen idealisierten Ersatz des Körperstandortes, dem Koordinatennullpunkt.

Der *zweite* Ausdruck, "so dienen uns beide (Raum und Zeit) vor allem als die ursprünglichen Bezugssysteme", ist als Konsequenz der ersten Festlegung zu betrachten. Da "Raum" als etwas den körperlichen Dingen Äußerliches zu begreifen ist, kann es nicht gleichzeitig als inhärentes Merkmal dieser Dinge gelten. "Raum" und "Zeit" weisen vielmehr kategoriale Eigenschaften auf, die den Dingen auferlegt werden können. Sie bilden Konzepte, auf die Dinge bezogen werden können, "ohne auf die besondere Bestimmtheit der Dinge einzugehen". Genau dies ist mit der zu Beginn wiedergegebenen Definition gemeint: "Raum bezeichnet unter dem Gesichtspunkt der Möglichkeit eine Ordnung der gleichzeitigen Dinge, (...) ohne über ihre besondere Art des Daseins etwas zu bestimmen" (Leibniz, 1904, 134).

Drittens ist die Formulierung, "die qualitative Eigenart von Raum und Zeit, also die Begriffe 'Beisammen' und des 'Nacheinander'", zentral für das Raum- und Zeitverständnis von Leibniz. Geht man von einem relationalen Raumverständnis aus, das "Raum" nicht hypostasiert, dann ist genau zu klären, wie eine Raumkonzeption überhaupt generiert werden kann. Oder: Wenn "Raum" offensichtlich nicht etwas ist, das an sich existiert, dann ist anzugeben, aufgrund welcher Beobachtungen ein angemessener Raumbegriff abgeleitet werden kann. Die angemessenere These könnte lauten, daß die Raumkonzeption im Zusammenhang mit der Erfahrung des Beisammenseins von Körpern zustande kommt und daß "Zeit" bzw. der Zeitbegriff aus der Erfahrung des Nacheinanders von Ereignissen abgeleitet ist.[127]

ihre Referenzinstanz. Sollte sich die hier entwickelte Argumentation als haltbar erweisen, dann müßte entsprechend eine kritische Überprüfung eines beachtlichen Teils geographischer Begriffsfelder ins Auge gefaßt werden.

127 Man könnte allerdings auch genau umgekehrt argumentieren: "Beisammensein" setzt einen Raumbegriff und "Nacheinander" einen Zeitbegriff voraus. Damit werden wir uns in Zusammenhang mit Kants Raumkonzeption ausführlicher beschäftigen.

3.3.3 Kritik an der substantialistischen Raumkonzeption

Am Ende des letzten Briefs an Clarke beschreibt Leibniz genauer und sehr ausführlich, wie man zu einer angemessenen Raumkonzeption gelangen kann. Diese Textstelle soll hier, aufgrund ihrer Bedeutung für Leibniz' Argumentation gegen die substantialistische Raumkonzeption ungekürzt wiedergegeben werden. "Zur Bildung der Raumvorstellung gelangt man etwa in folgender Weise. Man beobachtet, daß verschiedene Dinge gleichzeitig existieren und findet in ihnen eine bestimmte Ordnung des Beisammens, der gemäß ihre wechselseitige Lage oder Entfernung. Ändert nun eins der Elemente seine Beziehung zu einer Mehrheit anderer Glieder, ohne daß unter diesen selbst eine Veränderung vor sich geht, und nimmt ein neu hinzukommendes eben die Beziehung zu den anderen ein, die das erste hatte, so sagt man, es sei an seine Stelle getreten und nennt diese Veränderung eine Bewegung, die man demjenigen Element zuschreibt, in dem die unmittelbare Ursache der Veränderung liegt.

Wenn nun mehrere oder selbst alle Glieder nach gegebenen Regeln der Richtungs- und Geschwindigkeitsänderung fortschreiten, so kann man stets die Lagebeziehung bestimmen, die jedes Glied *mit Bezug auf jedes andere erwirbt;*[128] man könnte selbst von jedem Element, unter der Voraussetzung, daß es sich gar nicht oder in anderer Weise als tatsächlich geschah, bewegt hätte, sein Lageverhältnis zu allen anderen angeben. Nimmt man nun (zudem) an, oder macht man die Fiktion, daß es unter diesen koexistierenden Körpern eine genügende Anzahl von solchen gibt, die untereinander keine Veränderung erleiden, so wird man von Gliedern, die zu diesen festen Elementen in eine Beziehung getreten sind, wie sie früher anderen Körpern zukam, sagen, daß sie sich jetzt an der 'Stelle' dieser anderen befinden.

Der Inbegriff all dieser Stellen wird aber Raum genannt. Es zeigt dies, daß es, um den Begriff der Stelle und folglich den des Raumes zu bilden, genügt, diese Beziehungen und die Regeln ihrer Veränderung zu betrachten, ohne daß man nötig hätte, sich eine absolute Realität außer den Dingen, deren Lage man betrachtet vorzustellen. (...) Der Raum endlich ist das, was sich aus dem Inbegriff aller Stellen insgesamt ergibt. (...) Er kann indessen nur ideal sein; enthält er doch nichts als eine gewisse Ordnung, in

128 Hervorhebung durch B. W.

der der Geist eine fortgesetzte Anwendung von Beziehungen begreift" (Leibniz, 1904, 182f.).

Damit weist Leibniz auf zwei kritische Argumente gegen die substantialistische Raumauffassung hin: *Erstens* betrachtet er die Lagebeziehung als eine völlig ausreichende Bedingung, um daraus die Idee des Raumes abzuleiten. Damit ist gemeint, daß es vor allem nicht der Einführung eines absoluten Raumes bedarf. Das Voraussetzen der Eigenexistenz des absoluten/substantialistischen Raumes ist somit einerseits gar nicht notwendig, andererseits völlig irreführend. Leibniz stellt denn auch fest, daß "der Raum (...) dem Körper, welchen er enthält, und der durch ihn gemessen wird, (gemäß Newtons Konzeption) unmittelbar gegenwärtig (sei) (Leibniz, 1904, 125)". Falls dies zutreffe, dann müßte daraus folgen, "daß der Raum sich dessen bewußt wird, was im Körper vorgeht, und daß er sich erinnert, nachdem der Körper ihn verlassen hat" (Leibniz, 1904, 125).[129]

Newtons Raumkonzeption stellt denn für Leibniz auch nichts anderes als eine nicht zu rechtfertigende Hypostasierung dar. Er demonstriert das anhand eines Stammbaums: "So kann sich z.B. der Geist eine Reihe von genealogischen Beziehungen vorstellen und in dieser nach der Anzahl der Generationen eine bestimmte Größenordnung feststellen, in der jedem Individuum ein fester Platz zukäme. Wenn man weiterhin etwa die Fiktion der Seelenwanderung hinzunähme, so könnten die Individuen nunmehr auch ihre Stelle innerhalb dieser Ordnung vertauschen: wer Vater oder Großvater gewesen ist, könnte Sohn oder Enkel werden usw. Dennoch aber wären die genealogischen Stellen, Linien und Räume, wenngleich sie reale Wahrheiten ausdrückten, ideal" (Leibniz, 1904, 184). Würde man sie nämlich hypostasieren – also diesem Raum eine Eigenexistenz mit eigener Wirkkraft beimessen –, dann würde dies implizieren, daß die genealogische

129 An anderer Stelle wird Leibniz (1904, 186) noch polemischer: "Ist übrigens der körperliche Raum, den man sich vorstellt, nicht gänzlich leer, womit, frage ich dann, ist er erfüllt? Gibt es etwa ausgedehnte Geister oder immaterielle Substanzen, die imstande sind, sich auszubreiten und wieder zusammenzuziehen, die sich umherbewegen und einander durchdringen, ohne einander zu stören, wie die Schatten zweier Körper auf der Oberfläche einer Wand? Ich sehe schon im Geiste die kurzweiligen Phantasien des Herrn Morus auftauchen, – übrigens eines gelehrten Mannes von den besten Absichten – und anderer, die der Meinung waren, diese Geister könnten sich, wenn es ihnen gerade gefällt, undurchdringlich machen. Heißt das nicht, alle Vorstellungen der Dinge auf den Kopf stellen, wenn man Gott Teile, den Geistern Ausdehnung gibt?"

Position einerseits den physischen Körperstandort beeinflussen, und andererseits an sich die soziale Definition der Stelle determinieren würde. Doch beides ist, wie das Beispiel von Leibniz demonstriert, nicht der Fall. Die Idealität der Konstruktion kommt gerade darin zum Ausdruck, daß die Rekonstruktion der Verwandtschaftsbeziehungen keinen unmittelbaren Einfluß auf die tatsächlichen Beziehungen der verschiedenen Personen ausübt.

Zweitens weist das zuvor ausführlich wiedergegebene Zitat darauf hin, daß "Raum" (im relationalen Sinne) nie mehr sein kann als eine Kurzformel für Lage und Beziehungen: *Die wahren Wirkkräfte sind Eigenschaften der Körper, aber nicht jene des Raumes.* Dieser kann nur eine ideale Kurzformel sein. In Leibniz' Formulierung: "Der Inbegriff all dieser Stellen wird aber Raum genannt". Das heißt, daß der Raumbegriff nichts anderes als eine ideale Konstruktion sein kann, die einerseits bestimmte Spezifizierungen ermöglicht, und andererseits das Reden anhand einer Kurzformel über Gegebenheiten in der physischen Welt ermöglicht. Leibniz stellt denn auch fest, daß er mit seiner Definition des Raumes, die diesen als eine "Ordnung der koexistierenden Dinge" bzw. "als ein System von Relationen" begreift, nichts anderes getan habe, als den Ausdruck, "den gleichen Ort haben", zu definieren. Doch dies sei für eine angemessene Raumkonzeption für die physische Welt vollkommen ausreichend.

3.3.4 Kritische Diskussion

Leibniz' Argumentationslinie kann hinsichtlich des hier verfolgten Interesses wie folgt zusammengefaßt werden. Die entschiedene Ablehnung einer absoluten Raumkonzeption beruht auf drei Gründen. Der *erste Grund* betrifft das Gottesbild. Akzeptiert man einen absoluten, gegenständlichen Raum und interpretiert ihn als Sensorium Gottes, dann muß man auch einen körperlichen Gott annehmen. Dies widerspricht nicht nur seiner Monadenlehre, sondern kommt einer Verweltlichung Gottes gleich, was letztlich auf eine materialistische Interpretation der Wirklichkeit hinauslaufen würde: Der materialisierte Raum bestimmt und kontrolliert die physischen Prozesse als Instrument eines körperlichen Gottes. Zudem würde das bedeuten, daß Gott nicht eine perfekte Welt geschaffen hat, sondern ständig korrigierend eingreifen müßte. Dies war für Leibniz ebenfalls unannehmbar, denn Gott ist den Dingen nicht äußerlich, sondern wirkt über die Monaden in den Körpern und durch sie. Sie unterliegen somit insbesondere nicht einer instrumentalistischen Außensteuerung.

Leibniz' *zweiter Grund* für die Ablehnung des gegenständlichen Raumes hängt unmittelbar mit dem letztgenannten Aspekt zusammen. Da die Monaden nicht nur die Ursache der Bewegung sind, sondern zudem auch individuell und immateriell sind und darüber hinaus das eigentliche Agens bilden, kann es neben ihnen nicht noch einen unsichtbaren materiellen Raum als Bestimmungsinstanz geben. Denn diese wäre ja dann rein materiell. Wer in den Ursachen den Ausdruck der Gründe Gottes sieht und zudem die Freiheit der Menschen postuliert, kann nicht noch gleichzeitig einen materiellen Raum als Determinante akzeptieren. In diesem Sinne muß jede Argumentationslinie, die eine Handlungsfähigkeit für möglich hält, einen substantialistischen Raum mit eigener Wirkkraft ablehnen. Konsequenterweise müßte man dann auf ein materialistisch-deterministisches Erklärungskonzept[130] Bezug nehmen.

Der *dritte Grund* ist als Sonderaspekt der zwei bereits genannten zu betrachten. Da Leibniz vom Prinzip des zureichenden Grundes und der Monadenlehre ausgeht, ist es für ihn nicht möglich, die Ausdehnung als einziges spezifisches Merkmal von Körpern zu betrachten. Denn damit ist es nicht möglich, die Bewegungen ohne Annahme eines wirksamen Raumes zu erklären, und zudem könnte die Kraft, die in den Monaden gründet, nicht mitberücksichtigt werden. "Ausdehnung" ist in diesem Sinne nur als eine Eigenschaft von Körpern zu betrachten, und sie ist vor allem auch im Sinne von Verbreitung von Körpern zu interpretieren. Die entsprechende Raumkonzeption fällt dann relational und ideal aus, als eine "Ordnung koexistierender Dinge". Somit ist jede substantialistische Raumkonzeption als nichts anderes als eine unangemessene Hypostasierung auszuweisen, die alles auf den Kopf stellt: Geister werden undurchdringlich und bekommen eine Ausdehnung!

Diese drei Gründe sind alle mit der handlungszentrierten Betrachtungsweise zu vereinbaren. Man kann nämlich Leibniz' Argumentation für eine relationale Raumkonzeption auch so verstehen, daß es ihm darum geht, die Idee einer *völlig* außengesteuerten Welt in Frage zu stellen. Leibniz geht

130 Vgl. dazu Leibniz' zweiter Brief an Clarke: "Die Prinzipien der Materialisten (tragen) viel dazu (bei), den Unglauben zu unterstützen. (...) Die christlichen Mathematiker lassen außerdem noch immaterielle Substanzen gelten" (Leibniz, 1904, 123f.).

von der Entscheidungsfähigkeit der Menschen (unter bestimmten Bedingungen) aus, und dies ist neben der Frage nach dem angemessenen Gottesbild einer der zentralen Gründe, weshalb er die substantialistische Raumkonzeption ablehnt. Doch diese Ausgangsbasis wird – vom Standpunkt einer modernen Betrachtungsweise aus – nicht vollumfänglich ausgebaut.

Vor allem ist in diesem Zusammenhang darauf hinzuweisen, daß Leibniz zwar auf überzeugende Weise auf zahlreiche problematische Konsequenzen einer substantialistischen Raumkonzeption aufmerksam macht, die Gegenposition aber nicht radikal "durchzieht". Allerdings reicht bereits seine Argumentation für den Nachweis, daß es keinen gegenständlichen Raum an sich geben kann. Und wenn es keinen gegenständlichen Raum an sich gibt, dann muß man "Raum" als empirische Konzeption ablehnen. Ist dem so, stellt sich sodann die Frage, auf welchen Erfahrungen räumliche Vorstellungen beruhen. Sein Hinweis auf die Erfahrung des "Beisammen" reicht in dieser Hinsicht nicht aus. Dem kann man nämlich entgegenhalten, daß die Erfahrung des "Beisammen" bereits ein Raumkonzept voraussetzt.

Leibniz bezieht im Vergleich zu Newton zwar die Entscheidungs- und Handlungsfähigkeit der Menschen in gewissem Sinne ein, doch nur innerhalb der von Gott vorgegebenen Gründe. Mit diesem Einbezug bereitet er die moderne Raumkonzeption in entscheidendem Maße vor. Doch den Durchbruch zu dieser gelingt ihm wohl deshalb nicht vollständig, weil er die handelnden Subjekte nicht radikal als Zentren der sinnhaften Konstitution "weltlicher" Wirklichkeit betrachtet. Auf diese Zusammenhänge wird im nächsten Kapitel einzugehen sein. Jedenfalls kann Leibniz aufgrund dieses Zusammenhangs nicht als Vertreter einer modernen Raumkonzeption betrachtet werden, obwohl er der substantialistischen Ontologie, dem harten Kern der prä-modernen Raumvorstellung, weitgehend den Boden entzieht. Bevor diese Zusammenhänge ausführlicher diskutiert werden können, ist zuerst auf die Konsequenzen der Auseinandersetzung mit den prä-modenen Ontologien des Raumes einzugehen.

3.4 Konsequenzen für die Sozialgeographie alltäglicher Regionalisierungen

Bevor moderne Raumkonzeptionen, moderne Vorstellungen von der Ontologie des Raumes, vorgestellt werden, soll zuerst eine Zwischenbilanz gezogen werden. Es soll im Rahmen eines knappen Überblicks die in diesem Kapitel bisher geführte Argumentation konzentriert und auf die Zielsetzung dieses Projektes ausgerichtet werden. Dabei wird die Reihenfolge der bisherigen Präsentation beibehalten.

3.4.1 Aristoteles' Konzeption

Das wichtigste Merkmal von Arristoteles' substantialistischer Raumkonzeption in bezug auf das Gesellschaft-Raum-Verhältnis – im Rahmen einer handlungszentrierten Betrachtungsweise – ist in der Tendenz oder gar der Tatsache zu sehen, daß die Eigenschaften der Elemente als Eigenschaften des Ganzen bzw. des Raumes interpretiert werden. Damit ist die Konsequenz verbunden, daß dem Raum an sich eine generative Kraft zugewiesen wird, daß der Raum zur kausal-deterministischen Instanz wird. Wird dies auch auf die menschlichen Körper bezogen und wird keine scharfe Trennung zwischen natürlichen und artefakt-weltlichen Gegebenheiten sowie menschlichen Körpern gemacht, dann ergibt sich konsequenterweise auch ein geodeterministisches Argumentations- und Erklärungsmuster für den körperzentrierten Aspekt menschlicher Tätigkeiten.

Man kann als Hypothese formulieren, daß die Bestimmung des ontologischen Status von "Raum" als "Substanz" und eine Mißachtung der ontologischen Verschiedenheiten zwischen physisch-materiellen, artefakt-weltlichen, mentalen und sozial-kulturellen Gegebenheiten ein (vulgär-)materialistisches Verhältnis im Gesellschaft-Raum-Verhältnis impliziert und somit mit einer handlungstheoretischen Konzeption nicht kompatibel ist. Dabei ist insbesondere die Tatsache von grundsätzlicher Bedeutung, daß dann die Anordnung von Artefakten und etwa der Wohnstandorte der Personen nicht mehr als beabsichtigte oder unbeabsichtigte Ergebnisse von menschlichen Entscheidungen begriffen werden können, sondern als Ausdruck der generativen und determinierenden Kraft des Raumes.

Damit können infrastrukturelle Bedingungen gesellschaftlichen Lebens der rationalen Argumentation entzogen und als Ausdruck der gestaltenden Kräfte des Raumes dargestellt werden. Ebenso können letztlich lokale Traditionen als Ausdruck der Eigenschaften eines Raumes interpretiert werden. Die Sichtweise von Otremba (1961) illustriert die Konsequenzen dieser Konstruktion ziemlich genau: Das "Spiel der Räume" wird als gestaltende Instanz gesellschaftlicher Verhältnisse betrachtet. Kulturen und Gesellschaften sind nicht mehr Ausdruck bzw. Folgen menschlichen Handelns, sondern als diesem entzogen zu betrachten. Werden zusätzlich normative bzw. diskriminierende Kriterien eingeführt, dann können bestimmte Kulturen leicht als raumbestimmt höher beziehungsweise überlegen dargestellt werden. Doch diese Konstruktionen sind erst dann möglich, wenn die von Aristoteles geforderten Unterscheidungen nicht berücksichtigt werden. Die Frage, warum die Bedeutungen materieller Artefakte nicht räumlich lokalisiert werden können, ist nun im Zusammenhang mit Descartes' Raumkonzeption zu beantworten.

3.4.2 Descartes' Konzeption

Ein substantieller Raum ist gemäß Descartes dann möglich, wenn man – mit einer scharfen Unterscheidung von Substanzen und der Definition der Körperlichkeit über die Ausdehnung – der Summe der Teile einen besonderen, von den Teilen unabhängigen Status beimißt. Dann wird es nämlich plausibel, aufgrund der Ausdehnung von "Raum" auch auf die Existenz eines gegenständlichen, substantiellen Raumes zu schließen. Was Descartes als die Materialität des Raumes bezeichnet, ist nichts anderes als die Ausdehnung einer Vielzahl von materiellen Gegebenheiten.

Damit sollte die Parallelität zwischen holistischer Gesellschaftskonzeption und der Ontologie des substantialistischen Raumes klar erkennbar sein. In beiden Fällen wird aus der Summe der Teile etwas konstruiert, das sich von den Eigenschaften der Bestandteile völlig unterscheiden soll. Bei Descartes ist diese Stelle des argumentativen "Richtungswechsels" besonders leicht als logische Bruchstelle identifizierbar. Er impliziert die Verwechslung eines formalen Aspekts von ausgedehnten Körpern mit einer besonderen Substanz.

Dies macht es Descartes “möglich”, trotz der scharfen Trennung zwischen Körper und Geist und der Vorherrschaft des Geistes gegenüber dem Körper, in seine Konstruktion einen körperlichen Raum einzuführen. Auf diese Weise kann Descartes offensichtlich nicht erkennen, daß “Raum” – wie “Dauer”, “Ordnung” und “Zahl” – angemessen als ein Zustand aufzufassen ist, unter deren Aspekt wir etwas betrachten können, nicht aber als eine Substanz, die zusätzlich zu den ausgedehnten Objekten besteht. “Raum” ist wie “Dauer”, “Ordnung” und “Zahl” formaler Art, unter deren Gesichtspunkt etwas beschrieben oder benannt werden kann. “Raum” ist wie die holistischen Konstruktionen somit eine Gegebenheit des Bewußtseins. “Raum” kann dementsprechend nicht eine Gegebenheit der Körperwelt sein.

Die klare ontologische Differenzierung zwischen Materialität und Bewußtsein führt dazu, daß – ähnlich wie bei Aristoteles – auch eine klare Trennlinie zwischen natürlichen körperlichen Dingen, Artefakten und gedanklichen Gegebenheiten (abgesehen vom “Raum) gezogen wird. Das führt dazu, daß “Raum” zwar ein eigener substantieller Status, aber keine eigene generative Kraft beigemessen wird.

Ebenso führt diese Trennung dazu, daß “Raum” weder als Produktionsinstanz von Bedeutungen gesehen wird, noch geht Descartes davon aus, Bedeutungen könnten im Raum lokalisiert werden. “Raum” wird von Descartes allein mit ausgedehnten Gegebenheiten in Zusammenhang gebracht, was jeder Form von mentalitätsmäßigem und sozial-kulturellem Geodeterminismus einen Riegel schiebt. So kann man sagen, daß die wichtigste problematische Konsequenz dieser Art von gegenständlicher Raumkonzeption darin liegt, daß sie die Vorstellung eines eigenständigen, ganzheitlichen Raumes fördert, der in der Art, wie er konstruiert ist, weder rational noch empirisch nachweisbar sein dürfte.

3.4.3 Newtons Konzeption

Earmans (1970) Frage – “Who’s afraid of absolute space?” – mag in naturwissenschaftlicher Hinsicht vielleicht weniger wichtige Implikationen aufweisen als in (sozial-)geographischer Hinsicht. Die Bedeutung der Implikationen des substantialistisch-absoluten Raumes werden mit Newtons Argumentation jedenfalls offensichtlich. Verschiebt man die Argumentation von den Körpern und deren Eigenschaften zu der Wirksamkeit des Raumes, dann eröffnet sich in physisch-weltlicher Hinsicht die Möglichkeit für metaphysische Spekulation. Allgemeiner formuliert heißt das, daß an die Stelle rationaler Argumentation und Beweisbarkeit, eine dogmatische Festlegung tritt. In diesem Fall ist es der metaphysisch konstruierte substantialistische Raum, dem aber lediglich im Rahmen einer theologischen Argumentationslinie, letztlich aber nicht im Rahmen einer naturwissenschaftlichen Beweisführung, Bedeutung zukommt.

In der geodeterministischen und raumwissenschaftlichen Argumentationslinie im Rahmen der Humangeographie,[131] in der die Behauptung der Wirksamkeit des substantialistischen Raumes bzw. der Existenz einer determinierenden Raumwirksamkeit nicht nur auf den physisch-weltlichen Bereich beschränkt wird, ist diese Konstruktion mit radikaleren Konsequenzen verbunden. Denn dann werden nicht nur physisch-weltliche Zustände, Gegebenheiten und Anordnungen der Zugänglichkeit rationaler Argumentation entzogen, sondern auch sozial-weltliche Verhältnisse. Räumliche Anordnungen materieller Artefakte brauchen dann nicht mehr als beabsichtigte oder unbeabsichtigte Folge menschlicher Handlungen gesehen zu werden, sondern als Ausdruck der Wirksamkeit von "Raum".

Folgt man Newtons Argumentation in bezug auf diese Zusammenhänge noch weiter, dann werden räumliche Anordnungen materieller Artefakte auch dem Verantwortungsbereich menschlicher Handlungen entzogen. Verantwortlich dafür ist dann vordergründig der substantialistische-absolute Raum, eigentlich aber Gott, denn dieser Raum ist ja als Medium von Gottes Wille wirksam. Mit dieser Argumentation werden die menschlichen Tätigkeiten als determinierter Ausdruck des "Spiels der Räume" begreifbar. So kann ihnen Verantwortlichkeit abgesprochen werden, und gleichzeitig werden sie der argumentativen Sphäre entzogen. Darin äußert sich eine prä-moderne Sicht der sozialen Welt, regiert von absoluten Herrschern, deren Macht mit Rekurs auf Gottes Wille legitimiert wird. Und es könnte durchaus sein, daß Newtons Festhalten am substantialistisch-absoluten Raum im Festhalten am absolutistischen Weltbild begründet liegt.

Unabhängig davon kann jedoch festgehalten werden, daß die Bezugnahme auf einen kausal wirksamen substantialistischen Raum in sozial-

131 Vgl. dazu ausführlicher die Auseinandersetzung mit der raumwissenschaftlichen Geographie in Band 2.

weltlicher Hinsicht zwei absolutistisch-deterministische Implikationen aufweist: erstens wird mit ihr die Entscheidungsfähigkeit der Subjekte unterschlagen oder gar negiert; zweitens wird jenen Unterscheidungen nicht Rechnung getragen wird, die Aristoteles und Descartes zwischen rein natürlichen und artefakt-weltlichen Gegebenheiten auf begründete Weise eingeführt haben.

In bezug auf die innergeographische Diskussion ist zudem bedeutsam, daß die Argumente, die Newton für die Existenz eines substantialistisch-absoluten Raumes vorbringen konnte, primär theologischer oder metaphysischer Art waren. Alle wissenschaftlichen Beweise, die er für die Existenz und kausale Wirksamkeit des substantialistischen Raumes im Rahmen des Eimerexperimentes anführen konnte, wurden gemäß Jammer später von Mach und Einstein widerlegt. Auf philosophischer Ebene brachte bereits zu Newtons Lebzeiten Leibniz eine radikale Kritik an dessen Konzeption des absoluten Raumes an und formulierte gleichzeitig die erste relationale Raumkonzeption.

3.4.4 Leibniz' Konzeption

Für die relationale Raumkonzeption ist "Raum" nicht mehr ein Objekt, das Forschungsgegenstand einer empirischen Wissenschaft sein kann. Vielmehr werden die Relationen unter den einzelnen materiellen Gegebenheiten von zentraler Bedeutung. Bei Leibniz sind es die Monaden, die zur Aufnahme dieser Beziehungen fähig sind. Für die hier durchgeführte Abklärung der Ontologie des Raumes im Hinblick auf eine "Sozialgeographie der Regionalisierung" ist es nicht notwendig, Leibniz' Monadenlehre in jederlei Hinsicht zu übernehmen. Man braucht insbesondere nicht seine metaphysischen Annahmen hinsichtlich der Existenz und Wirkungsweise zu akzeptieren. Wichtig sind in dieser Hinsicht aber zwei Punkte.

Der erste wurde eben angesprochen und bezieht sich auf die Beziehung zwischen entscheidungsfähigen Instanzen – wie sie auch immer begründet sein mögen – und der Raumkonzeption. Poser (1981, 400) hält dazu fest: "Die neuzeitliche Wendung zum Subjekt kommt einen Riesenschritt weiter: die Individualität des Einzelnen erlangt eine noch nie dagewesene Bedeutung. Und obwohl jedes Ich mit sich vollkommen allein gelassen ist und alle Veränderungen nur aus sich hervorbringt, konstituiert es zugleich das Universum, das es spiegelt. Der beseelte Kosmos wiederholt sich so als Mikrokosmos in jeder Seele, beide sind aufeinander bezogen, kein Individuum wäre möglich ohne die unermeßliche Zahl der anderen." Die relationale Raumkonzeption ist nicht zuletzt aufgrund des Einbezuges einer Handlungs- und Entscheidungsinstanz gegen die absolute Raumkonzeption gerichtet. Gemäß dieser gibt es in letzter Konsequenz nur reagierende, mechanisch gesteuerte, außengelenkte körperliche Einheiten.

Der zweite Punkt nun richtet sich auf die Konsequenzen, die sich aus Leibniz' Unterscheidung ergeben zwischen dem, was er als den Bereich der Monaden bezeichnet, und den übrigen Wirklichkeitsbereichen, die er nicht von Monaden "beseelt" hält. Wie gezeigt wurde, bezeichnet Leibniz neben der Sphäre der *monades monadem* (Gott) den Bereich der entscheidungsfähigen Subjekte und den Tier- und Pflanzenbereich als "Orte" der Monaden, der "seelenhaften Substanzen". Die unbelebte Natur zählt er nicht zu diesem verstehbaren Bereich. Den ersten hält er vom zweiten insofern unabhängig, als er ausdrücklich betont, daß sich nur der *beseelte* Kosmos, der Bereich der Monaden also, "als Mikrokosmos in jeder Seele" wiederholt, nicht aber die unbeseelte/unbelebte Natur.

Diese Differenzierung zu betonen ist aus zweifacher Hinsicht wichtig. Der erste Grund bezieht sich auf eine Fehlinterpretation im Rahmen der innerphilosophischen Debatte und der zweite auf die Konsequenzen daraus in der geographischen Theoriediskussion, die bis in die Gegenwart hinein reichen. Die Fehlinterpretation im Rahmen der Philosophiegeschichte ist insbesondere mit den Namen Wolff und Hegel verbunden: "Die seit Hegels *Geschichte der Philosophie* immer wieder anzutreffende Mißdeutung, auch Unorganischem den Charakter von Monaden zuzusprechen, geht wohl auf Chr. Wolffs Fassung der Monadenlehre zurück" (Poser, 1981, 397). Die Unterschlagung dieser Differenzierung kommt vor allem in seinem Werk "Von den Absichten der natürlichen Dinge" (Wolff 1980) zum Ausdruck. Dort geht er von folgendem Axiom aus: wenn wir "die Absichten der natürlichen Dinge erklären wollen, so müssen wir vor allen Dingen zeigen, daß die Welt so eingerichtet ist, daß man darinnen klare und deutliche Gründe findet" (Wolff 1980, 2f.).

In dieser "verfremdeten" Form wurde dann Leibniz' Monadenlehre von Herder und Hegel (1986, 130f., 136ff.) übernommen. Mit der Aufhebung der Differenz zwischen belebter und unbelebter Sphäre wird innerhalb der Argumentation, daß sich der Kosmos im Mikrokosmos jeder Seele abbildet, letztlich entweder einer "materialistischen Theologie" (Eisel 1987) oder dem materialistischen Determinismus das Wort geredet, was mit Leibniz' Philosophie in keiner Weise zu vereinbaren ist. Darin sind die angedeuteten Konsequenzen enthalten, die zuerst anhand von Hegels Anwendung von Wolffs (1980a; 1980b) Fehlinterpretation angedeutet werden sollen. Anschließend geht es um die Auswirkungen innerhalb der Geographie. Sie werden anhand Herders Interpretation und Jürgen Pohls Vorschlag einer "Geographie als hermeneutische Wissenschaft" (1986) und der Erforschung von "Regionalbewußtsein" (1993) vorgestellt.

Hegel (1961, 137f.) schreibt 1834 in der "Philosophie der Geschichte" im Kapitel "Geographische Grundlagen der Weltgeschichte": "(Der) Naturzusammenhang des Volksgeistes (ist) ein Äußerliches, aber insofern wir ihn als Boden, auf welchem sich der Geist bewegt, betrachten müssen, ist er wesentlich und notwendig eine Grundlage. Wir gingen von der Behauptung aus, daß in der Weltgeschichte die Idee des Geistes in der Wirklichkeit als eine Reihe äußerlicher Gestalten erscheint, deren jede sich als wirklich existierendes Volk kundgibt. Die Seite dieser Existenz fällt aber sowohl in die Zeit als in den Raum, in der Weise natürlichen Seins, und das besondere Prinzip, das jedes welthistorische Volk an sich trägt, hat es zugleich als Naturbestimmtheit in sich. (...) Es ist uns nicht darum zu tun, den Boden als äußeres Lokal kennenzulernen, sondern den Naturtypus der Lokalität, welcher genau zusammenhängt mit dem Typus und Charakter des Volkes, das der Sohn solchen Bodens ist."[132] Darin äußert sich somit die materialistisch-deterministische Betrachtungs-, Argumentations- und Erklärungsweise, gemäß der die erdräumlich unterschiedlich ausgeprägten Naturbedingungen als Bedingungsfaktor für die "Volkskultur" gesehen wird. Dies ist genau dann – aber nur dann plausibel – wenn man davon ausgeht, daß sich auch der unorganische Bereich des Kosmos im Mikrokosmos jeder Seele abbildet.

Was hier bei Hegels Interpretation zum Ausdruck kommt, entspricht auch Herders Leibniz-Verständnis und beide sind gleichzeitig repräsentativ für jenen kulturellen und philosophischen Kontext, mit dem das auf die Prä-moderne rekurrierende "völkische Denken" genährt werden konnte, aber auch der Geodeterminismus – als geographische Variante davon – zu

132 In diesem Zusammenhang ist wohl auch der Untertitel von Ratzels (1892) "Anthropo-Geographie I": "Grundzüge der Anwendung der Erdkunde auf die Geschichte" zu interpretieren.

sehen ist und freilich auch deren normative Interpretationen, die schließlich die Blut-und-Boden-Ideologien förderten.[133] Bei Herder führt diese Logik zur argumentativen Erschließung und Begründung der sogenannten "Völkerindividuen": "Wie die Quelle von dem Boden, auf dem sie sich sammelte, Bestandtheile, Wirkungskräfte und Geschmack annimmt: so entsprang der alte Charakter der Völker aus Geschlechtszügen, der Himmelsgegend, der Lebensart und Erziehung aus den früheren Geschäften und Thaten, die diesem Volke eigen wurde".[134] Wenn hier Herder auch sozialkulturelle Aspekte angibt, welche gemäß seinem Verständnis die "Völkerindividuen" prägen, nennt er zuerst doch die materiellen Grundlagen als primäre "Prägungsinstanz" der "Seele des Volkes". Die materialistische Interpretation der Bezugnahme Herders auf die Monadenlehre kommt somit nicht nur als Metapher zum Ausdruck, sondern ist offensichtlich auch im geodeterministischen Sinne gemeint.

Die Auseinandersetzung mit Pohls Arbeiten ist hier nicht als Einzelkritik zu verstehen. Es geht viel mehr darum, sie als ein Fallbeispiel einer sozial- und Raumontologie genauer zu untersuchen, die zum Kernbereich klassisch-traditioneller Weltinterpretation und -darstellung gehören, exemplarisch zu rekontruieren. In diesem Sinne ist um die Aufdeckung der Implikationen prä-moderner Raumkonzeption und Sozialontologie, wenn sie auf die spät-modernen Verhältnisse angewendet werden. Daß darin auch eine Beurteilung auf dem Hintergrund der hier geführten Argumentation enthalten ist, bleibt dabei allerdings unvermeidlich.

Pohls (1986) Vorschlag, die "Geographie als hermeneutische Wissenschaft" zu begreifen, ist in der Form, wie er es verlangt, weitgehendst auf Herders Fehlinterpretation von Leibniz' Monadenlehre aufgebaut:[135] "Herder und die Romantik mit ihrer ganzheitlichen und zugleich idiographischen Weltsicht hatten möglicherweise recht" (Pohl, 1986, 137) und so ist "die Aufgabe der Geographie als hermeneutisches Verstehen von regio-

133 Vgl. Schultz, 1980, und auch Bourdieu, 1988a; 1988b, sowie Eisel, 1980.

134 Herder: Herders Sämtliche Werke, Bd. 5, S. 84; zit. nach Pohl, 1986, 102f.

135 Der Vorschlag von Pohl soll hier primär zur Illustration der sozial-weltlichen Implikationen eines spezifischen Raumbegriffs dienen und zur Veranschaulichung der gegenseitigen Abhängigkeiten. Eine differenzierte Beurteilung der von ihm vorgeschlagenen Forschungskonzeption kann wohl erst in Zusammenhang mit den von ihr geförderten empirischen Resultate erfolgen. Hier kann jedoch hypothetisch bereits auf die kategoriellen und ontologischen Implikationen dieses Vorschlages verwiesen werden.

nalen Subjekten" (Pohl, 1986, 146) zu definieren. "Auch die moderne Geographie der Gegenwart ist prinzipiell monadisch angelegt, wenn sie sich mit konkreten Regionen oder Raumstrukturen beschäftigt. Zur sinnvollen Bearbeitung eines solchen Individuums, das ebenso eine Stadtstruktur wie die Dritte Welt (im Verhältnis zur Ersten Welt) sein kann, muß man idiographisch, genetisch und hermeneutisch vorgehen. (...) In der monadischen Geographie ist das regionale Individuum oder der erdräumliche Organismus der Gegenstand der ganzheitlichen Einzelfallbeschreibung, und das Erkenntnisziel ist wie der Erkenntnisweg hermeneutisch" (Pohl, 1986, 215). Kurz: Das Ziel der so konstruierten hermeneutischen Geographie soll im Verstehen der "Geopsyche" bestehen, im Verstehen der Seele der unbelebten Natur, des nicht bewußtseinsbegabten Subjekts "Stadtstruktur", oder gar dem "erdräumlichen Organismus" usw.

Über die Mißachtung der Unterschiede zwischen Unorganischem und der sozial-kulturellen Welt des sinnhaften Handelns wird der relationale Raum – mindestens auf implizite Weise – wieder zum substantialistischen Raum, der sich gegen Leibniz' Emanzipation des modernen Subjekts richtet. Das führt letztlich zu einem materiell determinierten völkischen oder regionalistischen Holismus. Darin äußert sich aber auch eine materialistisch-deterministische Betrachtungs-, Argumentations- und Erklärungsweise, dergemäß die erdräumlich unterschiedlich ausgeprägten Naturbedingungen als Bestimmungsfaktor für die "Volkskultur" bzw. für die räumliche Differenzierung prä-moderner Kulturen und Lebensformen gesehen wird.

Dies ist genau dann – aber nur dann plausibel – wenn man davon ausgeht, daß sich auch der unorganische Bereich des Kosmos im Mikrokosmos jeder Seele abbildet. Akzeptiert man die Überdehnung des monadischen Bereichs in Richtung unbelebter, anorganischer Natur, dann wird das Verhältnis von Körper und Seele bzw. Bewußtsein zu einem Hervorgehen beobachtbarer Sozial- und Kulturphänomene aus diesem "toten" Bereich uminterpretiert. Das tätige Subjekt kann dann nicht mehr als fähig betrachtet werden, autonom bewußtseinsmäßige Überlegungen über sein Tun anzustellen. Selbst sein Bewußtsein ist dann nur noch bloßer Ausdruck des unorganischen Bereichs. So ist dann auch die Formulierung, der "Naturtypus der Lokalität hängt mit dem Typus und Charakter des Volkes zusammen", zu verstehen. Der "Boden" bestimmt dann in dieser Konstruktion nicht nur die körperlichen Eigenschaften der belebten Welt, sondern auch noch den Bewußtseinsbereich!

Die entsprechende Kombination von Bewußtsein und gegenständlichem Raum läßt dann in der neueren geographischen "Regionalismus-Debatte"[136] schließlich die Vorstellung eines räumlich begrenzten Regionalbewußtseins plausibel erscheinen, ja sogar "Maßstabsprobleme des Regionalbewußtseins". Herders Vorstellung von einem Völkerindividuum, Pohls Idee vom verstehbaren erdräumlichen Organismus und einem räumlich lokalisierbaren regionalen Bewußtsein können auf dem Hintergrund von Leibniz' relationaler Raumkonzeption und der Monadenlehre als verwandte Konstruktionen identifiziert werden.

Doch alle drei sind weder auf der Basis einer anti-substantialistischen Ontologie von "Raum" – wie sie von Leibniz vertreten wurde – noch in bezug auf die sozialontologischen Bedingungen spät-moderner Gesellschaften haltbar. Diese Konstruktion ist jedoch eine gute Illustration von internem Zusammenhang und gedanklicher Verwandtschaft zwischen substantialistischer Raumkonzeption, holistischer Gesellschaftskonzeption, deterministischen Tendenzen und prä-moderner Sozialontologie. Eine hermeneutische Geographie kann sich wohl nur auf die subjektzentrierte (und nicht raumzentrierte) verstehbare Welt des sinnhaften Handelns und dessen Folgen beziehen. Das könnten die Konsequenzen von Leibniz' Subjekt- und (relationalem) Raumverständnis sein.

136 Vgl. dazu Blotevogel/Heinritz/Popp, 1986; 1987; 1989; Pohl, 1993; Hard, 1987a; 1987b; Bahrenberg, 1987, sowie Werlen, 1989; 1992; 1993b; 1993c; 1995c, und Weichhart, 1990.

IV

Ontologie des modernen Raumes

Das Verhältnis von Moderne bzw. Spät-Moderne und "Raum" ist, wie beispielsweise der beachtliche Erfolg und das häufig bedrohliche Potential regionalistischer und nationalistischer Diskurse zeigt, zu einem wichtigen Aspekt der Alltagswirklichkeit geworden. Auf der wissenschaftlichen Ebene ist ebenfalls ein bemerkenswertes Interesse an diesem Verhältnis festzustellen, sei es als empirischer Forschungsbereich oder als Gegenstand der Theoretisierung im Hinblick auf die Integration von "Raum" und "Zeit" in die allgemeine Gesellschaftstheorie. "Raum" und "Zeit" sind heute nicht mehr "bloß" für Geographie und Geschichte, Philosophie und Physik privilegierte Themen und Probleme. Wissenschaftlerinnen und Wissenschaftler aller sozialwissenschaftlichen Disziplinen beschäftigen sich inzwischen mit der raum-zeitlichen Dimension des Alltagslebens und mit der räumlichen und zeitlichen Organisation von Gesellschaftsformen.

Dabei werden allerdings die Resultate philosophischer und geographischer Auseinandersetzungen mit "Raum" nicht selten unbeachtet gelassen, was in aller Regel nicht qualitätsförderlich ist. Zudem ist nicht zuletzt für die Steigerung der alltagsweltlichen Relevanz dieser Untersuchungen – gemäß der hier vertretenen Auffassung – eine sorgfältige Abstimmung auf die sozialontologischen Verhältnisse der Moderne bzw. Spät-Moderne erforderlich. Diese Verhältnisse implizieren im Vergleich zu den prä-modernen nicht zuletzt eine radikale Transformation der geographischen Bedingungen des Handelns.

Wie wir im zweiten Kapitel und in der Einleitung zum vorangegangenen gesehen haben, ist der wohl wichtigste Aspekte der Moderne in der Subjektzentrierung des Weltverständnisses zu sehen. Wird das Subjekt zur zentralen erkennenden und sinnkonstitutiven Instanz, dann wird auch eine Trennung zwischen Bezeichnetem und Bezeichnendem möglich. Wenn das erkennende Subjekt die Zuständigkeit für die Sinnkonstitution zugewiesen bekommt, kann nicht gleichzeitig behauptet werden, Dinge selbst würden über eine Bedeutung an sich verfügen. Die Bedeutung der Dinge wird ihnen, mit anderen Worten, von den erkennenden und handelnden Subjekten auferlegt. Dinge *haben* nicht einfach Bedeutungen, sondern sie bedeuten einem Subjekt etwas. Begriffe *bezeichnen* Gegenstände. Die Definitionen der Begriffe sind ein Resultat sozialer Konvention und nicht Ausdruck des an sich feststehenden Wesens einer bestimmten Entität.

Damit ist die Abkehr vom Essentialismus beschrieben. Bedeutungen von Gegebenheiten werden also nicht mehr als *ihre* Eigenschaft betrachtet, sondern als Ausdruck einer sozialen Vereinbarung, die von Subjekten getroffen wird. Man geht nun davon aus, daß innerhalb einer Sprachgemeinschaft Sachverhalte eine Benennung, einen Namen, mit je besonderer Bedeutung zugewiesen bekommen. Dies kann man als einen wichtigen Aspekt der Modernisierung betrachten und gleichzeitig als Bestandteil eines umfassenderen Rationalisierungsprozesses, dessen Konsequenzen in idealtypischer Form bereits beschrieben wurden.

Den konventionellen Charakter von Bedeutungsfeldern zu erkennen ist gerade auch für die hier behandelte Thematik eine wichtige Implikation dieser philosophischen Revolution, der Aufklärung. Eine weitere ist die radikale Ausweitung jener Bereiche, die subjektiver Entscheidbarkeit erschlossen werden. Immer umfassendere Wirklichkeitsbereiche werden dem Feld subjektiver Entscheidungen unterworfen. Moderne *Wissenschaft* macht die Sinnhaftigkeit der Konventionen von ihrem Wahrheitsgehalt abhängig, welcher über die empirische Forschung sichergestellt werden soll. Moderne *Politik* wird als Ausdruck demokratischer Entscheidungsprozesse definiert, in welchen die Übereinkunft, die Konvention, an das Prinzip der Mehrheitsverhältnisse gebunden wird.

Mit der Subjektzentriertheit der Welterkenntnis ist zudem die radikale Konsequenz verbunden, daß sich mit der Veränderung der Subjekte bzw. der subjektiven Erfahrung auch die erfahrene Welt verändert: Es gibt keine unmittelbar identifizierbare objektive Welt mehr. Dies ist, hypothetisch formuliert, der Kern der Ungewißheiten in modernen Lebensformen.

Als Kernaspekt eines modernen Weltbildes in geographischer Sicht kann damit zunächst auch das identifiziert werden, was die Basis der Entzauberung bzw. der Rationalisierung der Welt bildet: eine Erkenntnistheorie, in der das erkennende und handelnde Subjekt die zentrale Position einnimmt. Damit sind wichtige geographiespezifische Konsequenzen verbunden. Als erste kann in geographischer Hinsicht die Förderung subjektzentrierter, perspektivischer Erfahrung und Darstellung der Objektwelt identifiziert werden. Die Perspektive ist dabei als unmittelbarer Ausdruck des Bedürfnisses der subjektzentrierten Orientierung innerhalb dieser Welt zu begreifen. Diese Orientierung ist nicht mehr theologischer Art, sondern pragmatisch und handlungsspezifisch. Die gottzentrierte Weltdeutung wird durch eine pragmatische ersetzt, der *absolute Standpunkt* durch einen *relativen, subjektiven Standpunkt.* Damit wird dem erkennenden und handelnden Subjekt die Entscheidung abverlangt, welchen Blick auf die Welt es annehmen will.

Wird diese Subjektzentriertheit mit der Objekterfahrung in Verbindung gebracht, kann man feststellen, daß der Bezug aller Objekte auf das Subjekt gleichzeitig einen wichtigen Aspekt der Sichtbarmachung des Standpunktes und Standortes eines körperhaften erkennenden Egos impliziert. Dabei wird die Natur subjektzentriert räumlich geordnet und in dieser Form dargestellt und erfahrbar gemacht. Dies kann ebenfalls als Ausdruck einer Eroberung der entzauberten, enttheologisierten Welt durch das weltliche Subjekt begriffen werden. Das Subjekt fängt auf diese Weise die Welt von einem gewählten Standort aus darstellend ein und vermittelt so die Erfahrung der subjektzentrierten Welt"eroberung".

Die Subjektzentriertheit hat schließlich für die Raumkonzeption insgesamt wichtige Folgen. Nicht nur die perspektivische Darstellung wird möglich, sondern auch die bisherigen substantiellen Raumkonzeptionen werden überwunden. Leibniz' relationale Raumkonzeption kann zwar als Ausgangspunkt dafür betrachtet werden. Doch erst Kants Vorschlag der apriorischen Auflösung des substantiellen Raumes ist eine radikale Folgerung daraus. Ihm geht es um die Frage, wie wir unser Wissen von "Raum" erwerben (können) und welche Bedeutung räumliche Kategorien der physischen Welt bei der menschlichen Erkenntnis von Wirklichkeiten spielen oder spielen können; für welche Wirklichkeitsbereiche diese räumlichen Kategorien sinnvoll und leistungsfähig sein können und für welche Wirklichkeitsbereiche sie als unangemessen auszuweisen sind.

"Raum" ist nun nicht mehr ein substantielles Ding neben den ausgedehnten materiellen Objekten, sondern eine Möglichkeit der Wahrnehmung, Ordnung und Beschreibung ausgedehnter Gegebenheiten. Diese Raumkonzeption, die somit nicht mehr eine physisch-materielle, sondern eine mentale Seinsweise aufweist, wird im ersten Teil dieses Kapitels, eingebettet in Kants umfassenderen philosophischen Kontext, systematisch und – im Hinblick auf die "Sozialgeographie alltäglicher Regionalisierungen" – auch kritisch erschlossen. Ausgangspunkt dazu bilden Kants eigene Auseinandersetzungen mit den substantialistischen und relationalen Raumvorstellungen.

Im Anschluß daran wird eine Raumkonzeption vorgestellt, welche mit der handlungstheoretischen Perspektive – und damit auch für die Erschließung alltäglicher Regionalisierungen der Lebenswelt – für kompatibel gehalten wird. Damit sollen die Grundlagen und Voraussetzungen für die programmatische Entwicklung der "Sozialgeographie alltäglicher Regionalisierungen" aus der revidierten Fassung der Strukturationstheorie heraus in ausreichendem Maße geschaffen sein. In welchem Sinne dann von Regionalisierungen gesprochen werden soll und wie die hier entwickelte Raumkonzeption zur Erforschung alltagsweltlicher Formen des Geographie-Machens zu verwenden ist, darauf wird erst in Band 2 ausführlich eingegangen. Hier soll die Frage nach der handlungskompatiblen Konzeption des modernen Raumes zum Abschluß gebracht werden. Dafür wird auch auf die jüngere Diskussion um ein angemessenes Raumverständnis in der angelsächsischen Humangeographie eingegangen.

4.1 Kants erkenntnistheoretische Raumkonzeption

Die bisherige Analyse verschiedener Raumkonzeptionen befaßte sich mit der Unterscheidung zwischen absoluter und relativer Raumkonzeptionen. Die erste Frage, die bei allen Vertretern absoluter und relationaler Konzepte im Mittelpunkt steht, lautet: Welchen ontologischen Status weist "Raum" auf? Ist es ein Ding, eine materielle Wesenheit, die neben und über den materiellen Körpern besteht, oder ist es nichts anderes als ein ideales Konzept? Leibniz beschäftigt sich hauptsächlich mit dieser Frage. Neben der ontologischen Thematik sind zwei weitere Aspekte zu beachten.

Darunter ist zuerst die Frage nach dem angemessensten Raumkonzept für die Physik bzw. den physisch-weltlichen Bereich zu zählen. Newtons Auseinandersetzung mit "Raum" war, neben seinen theologischen und eventuell politischen Interessen, vorwiegend mit dieser Frage beschäftigt. Freilich kann diese Frage nicht vollkommen unabhängig von der ersten behandelt werden. Dies zeigt auch der Disput zwischen Leibniz und Newton. Denn angemessen kann ein Konzept nur dann sein, wenn seine Ausgestaltung mit dem ontologischen Bereich, auf den es angewendet wird, auch kompatibel ist und selbst nicht mit dem Anwendungsbereich gleichgesetzt bzw. reifiziert wird. Die Frage nach der Angemessenheit zielt primär auf die Zweckmäßigkeit und erst sekundär auf die Ontologie. Deshalb sind beide Bereiche zu unterscheiden.

Der dritte, nun zu behandelnde Problemkomplex, umfaßt die epistemologische, die erkenntnistheoretische Bedeutung von "Raum". Hier geht es nicht nur um die Frage, wie wir unser Wissen von "Raum" erwerben können, sondern auch darum, welche Bedeutung räumliche Kategorien für die menschliche Erkenntnis spielen oder spielen können.[137] Dies setzt natürlich die Auseinandersetzung mit den ersten beiden Fragenkomplexen, den ontologischen und jenen der Zweckmäßigkeit, voraus. Kant war der erste Philosoph, der diese drei Themenbereiche miteinander verband und in ihrem Zusammenhang diskutierte.

4.1.1 Zwischen absoluter und relationaler Raumkonzeption

Immanuel Kants Auseinandersetzung mit "Raum" weist, wie bereits kurz angedeutet, drei Hauptphasen auf. Zuerst beschäftigt er sich mit der Angemessenheit des Raumkonzeptes für die Naturwissenschaften. Die Frage nach dem ontologischen Status von "Raum" schwingt dabei immer mit, ist aber nicht dominierend. Dabei nimmt er eine Position ein, die der relationalen zumindest sehr nahe kommt. In der zweiten Etappe spielte die ontologische Frage die dominierende, jene nach der Angemessenheit des Raumkonzeptes für die Naturwissenschaften eine eher untergeordnete Rolle. Diese Auseinandersetzung führt er im Jahre 1769 in dem Aufsatz "Von dem ersten Grunde des Unterschiedes der Gegenden im Raume". Hier vertritt er, wenn auch mit anderen Argumenten als Descartes und Newton, eine substantialistische Raumkonzeption.

In seinem ersten Hauptwerk, der "Kritik der reinen Vernunft" (1781), vollzieht er die entscheidende Wende zur erkenntnistheoretischen Raumkonzeption. Die Frage ist nun nicht mehr, was "Raum" ist oder welche

137 Vgl. dazu Alexander, 1956, xxxii.

Raumkonzeption für die Naturwissenschaften die angemessene sein könnte, sondern welche Bedeutung "Raum" und "Zeit" im Erkenntnisprozeß spielen. "Raum" hört auf, ein Problem der Physik zu sein und wird ein integrierter Teil der Erkenntnistheorie. Die jeweiligen Argumentationsmuster der einzelnen Etappen sollen nun differenziert nachgezeichnet werden.

Zuerst ist Kant (1755) bestrebt, die Auffassungen von Newton und Leibniz zusammenzuführen. Dabei akzeptiert er grundsätzlich Leibniz' Position, führt aber eine andere Argumentation für die Bevorzugung des relationalen Standpunktes an. Betont Leibniz die Idealität von "Raum" und räumlicher Beziehungen als Ausdruck der Ordnung koexistierender Körper, konzentriert sich Kant auf die gegenseitigen Wirkungen und Wechselwirkungen materieller Gegebenheiten. Wie Leibniz kommt er damit vorerst zum Schluß, daß ein relationales Konzept sich aufdrängt, sobald man die Wirkkräfte auf der Ebene der Körper ansiedelt. Im Unterschied zu Leibniz interpretiert er aber die kausale Abhängigkeit der Materie nicht als Eigenschaften der Körper. Gott wirkt nicht über die Monaden in den Körpern, sondern sein Einfluß, der sich in der Kausalität manifestiert, bleibt ihnen etwas Äußerliches. Die Kausalität ist eine den Körpern von Gott zusätzlich verliehene Eigenschaft, und deshalb, so Kant, muß es sich beim Raum um etwas unabhängig Existierendes mit absoluter Realität im Sinne von Newton handeln.

In "Monadologia physica" (1756) treibt er gemäß Jammer den Vereinigungsversuch von Newtons und Leibniz' Position eine Stufe weiter. Hier lautet sein Hauptargument, daß man nur dann gleichzeitig behaupten könne, die physische Welt bestehe aus körperlichen Einheiten und der Raum sei unendlich teilbar, wenn man die substantialistische Raumkonzeption aufgebe. Damit sind vier wichtige Konsequenzen verbunden: *Erstens* ist "Raum" nur noch relational bzw. ideal begreifbar, und zwar als Ausdruck von Beziehungen zwischen Körpern. *Zweitens* werden die Körper als Aktionszentren begreifbar, die aufgrund der ihnen innewohnenden Kräfte aufeinander wirken. *Drittens* ist die Verbreitung von Körpern nicht mehr von der materiellen Ausdehnung der einzelnen Körpers abhängig, sondern von ihrer stärkeren oder schwächeren Kraft. Und schließlich *viertens:* "Raumgröße" ist im Sinne von Ausdehnung nichts anderes mehr als Ausdruck des Intensitätsmaßes ihrer Kräfte, und Bewegungen sind dann nicht mehr absolut aufzufassen, sondern relativ.

Im “Neuen Lehrbegriff der Bewegung und Ruhe” (1758) werden diese Zusammenhänge von Kant wie folgt kommentiert: “Jetzt fange ich an einzusehen, daß mir in dem Ausdrucke der Bewegung und Ruhe etwas fehle. Ich soll ihn niemals in absolutem Verstande brauchen, sondern immer respective (bzw. relational, B.W.). Ich soll niemals sagen: ein Körper ruhet, ohne dazuzusetzen, in Ansehung welcher Dinge er ruhe, und niemals sprechen, er bewege sich, ohne zugleich die Gegenstände zu nennen, in Ansehung deren er seine Beziehung ändert” (Kant, 1758).[138] Sobald also die Teilbarkeit des Raumes und ein Körper als “Aktionszentrum” akzeptiert sowie “Ausdehnung” im Sinne von “Verbreitung” interpretiert werden, ist die substantialistische Raumkonzeption aufzugeben. Der ontologische Status von “Raum” wechselt von “materiell” bzw. “real” zu “ideal”.

Dies ist in bezug auf eine “Sozialgeographie der Regionalisierung” von entscheidender Bedeutung. Denn auch dort wird der Körper in gewissem Sinne als “Aktionszentrum” betrachtet und wird die Unterscheidbarkeit von Körpern nicht ausschließlich auf deren Ausdehnung zurückgeführt. Dies ist als ein wichtiger Hinweis darauf aufzufassen, daß eine handlungszentrierte Sozialgeographie nicht mit einer substantialistischen Raumkonzeption zu vereinbaren ist.

Kant verwirft allerdings seine relationale Konzeption wieder in der Schrift “Von dem ersten Grunde des Unterschiedes der Gegenden im Raume” (1769). Der Hauptgrund dafür ist, daß er glaubte, einen entscheidenden Grund für die Existenz eines substantialistischen Raumes gefunden zu haben: die Inkompatibilität von linker und rechter Hand. Sein Problem ist im Zusammenhang mit den Entwicklungen in der Physik zu sehen, wo der absolute Raum weiterhin, wenn auch nicht unbestritten, als die korrekte Konzeption betrachtet wird. Deshalb glaubte er, daß es den absoluten Raum trotz seiner bisherigen Untersuchungen geben müßte und dafür auch ein Beweis erbracht werden könnte. Seine Absicht umschreibt er wie folgt: “Mein Zweck in dieser Abhandlung sei, zu versuchen, ob nicht in den anschauenden Urteilen der Ausdehnung derselben die Meßkunst enthält, ein evidenter Beweis zu finden sei: daß der absolute Raum unabhängig von dem Dasein aller Materie und selbst als der erste Grund der Möglichkeit ihrer Zusammensetzung eine eigene Realität habe” (Kant, 1769).[139] So zeige

138 Zitiert nach Kant, Gesammelte Werke, Bd. II, Berlin 1902ff., 13.
139 Zitiert nach Kant, Gesammelte Werke, Bd. II, Berlin 1902ff., 378.

die Beobachtung, daß "die inneren Beziehungen zwischen den einzelnen Teilen unserer linken Hand untereinander die gleichen sind wie in unserer rechten Hand; und doch macht offensichtlich ein fundamentaler Unterschied es unmöglich, die eine Hand an die Stelle der anderen zu setzen. Läßt sich nun dieser fundamentale Unterschied nicht einfach als die Erscheinung verschiedener Beziehung in der Anordnung oder Lage der Teile untereinander erklären, so kann man sie nur durch die Annahme verschiedener Lage zum absoluten Raum begreifen" (Jammer, 1960, 144). Zur Erklärung dieses Phänomens ist, so Kant, die Existenz eines absoluten Raumes Voraussetzung.

Kant ist damit der Auffassung, daß die Anschauung den Unterschied zwischen linker und rechter Hand erfassen läßt, aber trotzdem kein Mittel besteht, dies begrifflich auf den Punkt zu bringen. Dazu wäre vielmehr die Intuition notwendig. Und in der Notwendigkeit dieser Intuition liege der Beweis für die Existenz des absoluten Raumes. Oder mit anderen Worten: Die Intuition muß bereits in den "anschauenden Urteilen" ebenso enthalten sein, wie die Möglichkeit des Messens in ihnen enthalten ist, und die Möglichkeit dieser Intuition ist nur vorstellbar, wenn es den absoluten Raum gibt. Dazu sind zwei Bemerkungen notwendig.

Die erste, die weitaus weniger wichtige, ist eher historischer Art. Hier scheint Kant wieder an jenem Punkt angelangt zu sein, den wir bereits in Zusammenhang mit Aristoteles besprochen haben: das Problem nämlich, daß die Verständigung über die Gegebenheiten der physischen Welt anhand körperzentrierter Kategorien nur dann möglich ist, wenn es neben diesen Kategorien noch einen absoluten Raum gibt. Wie wir aber bereits bei Aristoteles gesehen haben, ist dieses Urteil lediglich möglich, wenn die idealisierte Projektion des eigenen Körperstandortes oder jener einer anderen Person nicht als Möglichkeit mitberücksichtigt wird.

Die zweite Bemerkung ist für die Weiterentwicklung von Kants Argumentationslinie von entscheidender Bedeutung. Die Einsicht, daß eine Intuition in der Anschauung enthalten sein kann, entspricht quasi einer kopernikanischen Wende in Kants Nachdenken über den Raum. Damit bleibt für ihn die Raumproblematik nicht mehr länger an die Auseinandersetzung mit den Naturwissenschaften bzw. an das Suchen einer angemessenen Raumkonzeption für die Physik gebunden. Diese Thematik eröffnet plötzlich eine völlig neue Dimension: "Raum" wird zum Grundproblem der menschlichen Erkenntnis überhaupt, zum "integrierenden Teil der Transzendentalphilosophie".

Nunmehr ist für Kant der Raum eine "Bedingung der Möglichkeit der Erfahrung", eine Bedingung zur "Ordnung" der Koexistenz und der Aufeinanderfolge sinnlicher Erfahrungsdaten. Damit greift Kant in gewissem Sinne wiederum auf Leibniz zurück, gibt dessen Argumentation aber die überraschende und entscheidende Wende. Er stimmt Leibniz zu, daß "Raum" und "Zeit" ideale Konzepte sind und fragt darüber hinaus nach deren Bedeutung für die menschliche Erkenntnis. "Raum" ist damit bestimmt weder Sinnesdatum noch unabhängiger Gegenstand mit eigener Wirkkraft, sondern "eine Bedingung der Möglichkeit der Erfahrung".

Doch dies ist nur der erste Schritt nach der Wende. Die entscheidende Radikalisierung der erkenntnistheoretischen Position erfolgt erst in seinem ersten Hauptwerk, der "Kritik der reinen Vernunft" (1781), das bekanntlich eine kopernikanische Revolution bisheriger Denkarten und der Raumkonzeptionen darstellt. Um diese Radikalisierung zu verdeutlichen, in der nicht mehr nach dem "Wesen" sondern nach der Bedeutung von "Raum" im Erkenntnisprozeß gefragt wird, müssen zuerst die dafür relevante Argumentationslinie vorgestellt und die entsprechenden Begriffe erläutert werden. Dies ist auch deshalb notwendig, um damit Kants Raumkonzeption aus seiner umfassenderen Argumentation zu erschließen und um die Unterscheidung zwischen empirischer und formaler Raumwissenschaft differenziert begründen zu können.

4.1.2 Philosophische Grundlagen für eine neue Lösung

Kant bezeichnet seine Philosophie als *kritische* Transzendentalphilosophie, um sie derart von der mittelalterlichen Transzendentalphilosophie abgrenzen zu können. "Transzendental" bedeutet dabei soviel wie "über die Erfahrungswelt hinausweisend". Damit ist aber nicht gemeint, daß Kant mit seiner Philosophie auf der Suche nach einer Welt ist, die "hinter" der Erfahrung sich befindet. Kant will vielmehr die vor aller Erfahrung liegenden Bedingungen der Erfahrung aufdecken. "An die Stelle der Erkenntnis einer anderen Welt tritt die Ursprungserkenntnis unserer Welt und unseres (intersubjektiven) Wissens. Kant erforscht die vorempirisch gültige Tiefenstruktur aller Empirie, die er im Subjekt vermutet" (Höffe, 1988, 65).

“Kritische Transzendentalphilosophie” bezieht sich somit auf die Vernunft – im Sinne einer vorempirischen Voraussetzung der Erfahrung – als Erkenntnisvermögen, als Fähigkeit der Erkenntnis. Diesen Aspekt der Vernunft nennt Kant die theoretische oder ‘speculative’ Vernunft. “Kritik der reinen Vernunft” könnte somit auch formuliert werden als “Kritik der reinen theoretischen Vernunft”. Damit wendet sich Kant einerseits gegen Rationalisten wie Descartes oder Leibniz, und andererseits gegen Empiristen wie Hume, Locke oder Newton.

Die *Rationalisten* gehen davon aus, daß es eine “reine Vernunft” gebe, daß man somit aufgrund von bloßem Denken etwas über die Wirklichkeit aussagen könne. Deshalb hält sie Kant für dogmatisch oder gar despotisch. Sie teilen, wenn man so will, eine absolutistische Weltsicht und zwingen, ohne daß eine vorangehende Vernunftkritik möglich oder zulässig wäre, dem Menschen Axiome, Grundannahmen auf. Solche Grundannahmen postulieren etwa, daß es einen Weltanfang gebe, daß Gott existiere oder daß “Raum” etwas Materielles sei, weil die materiellen Dinge eine Ausdehnung hätten. Die *Empiristen* hingegen gehen davon aus, daß alle Erkenntnis letztlich auf Erfahrung rückführbar sei und daß es somit so etwas wie voraussetzungsfreie beziehungsweise reine Erfahrung gäbe. Ihnen hält Kant entgegen, daß eine voraussetzungsfreie Erfahrung gar nicht möglich sei. Denn jede Erfahrung beruhe auf nicht erfahrbaren Voraussetzungen.

In diesem Streit zwischen Rationalismus und Empirismus will Kant aber nicht bloß vermitteln, sondern beide Positionen werden als mangelhaft ausgewiesen, und ihnen wird ein Gegenmodell gegenübergestellt. In bezug auf die Raumthematik bedeutet dies, daß Kant auch eine neue Position im Streit zwischen dem Rationalisten Leibniz und dem Empiristen Newton einnimmt. Dieses Gegenmodell besteht darin, daß er “den einzigen, bislang aber unentdeckten Weg ein(schlägt): die Einrichtung eines Gerichtshofes. An die Stelle des Krieges tritt der Prozeß, der die Möglichkeiten einer reinen Vernunfterkenntnis unparteiisch prüft, die legitimen Ansprüche sichert, die grundlosen Anmaßungen jedoch zurückweist. Eine solche Prüfung, Unterscheidung und Rechtfertigung heißt im ursprünglichen Sinn des Wortes Kritik” (Höffe, 1988, 48). “Kritik” meint hier somit nicht Verurteilung oder Ablehnung reiner Vernunft, sondern die Bestimmung ihrer Ausgangspunkte und Grenzen. Die reine Vernunft urteilt somit in kritischer Auseinandersetzung ebenso über die Möglichkeiten und Grenzen ihrer selbst, das heißt ihres erfahrungsunabhängigen Denkens wie über die

Grenzen des Empirismus. Kant geht zwar davon aus, daß Erkenntnis wohl Erfahrung voraussetzt. Daraus kann man aber im Gegensatz zu den Empiristen – welche heute die Geographie in besonders ausgeprägtem Maße beherrschen – noch nicht folgern, daß jede Erkenntnis ausschließlich das Produkt der Erfahrung wäre. Jede Erfahrung ist auf nicht erfahrbare Grundlagen angewiesen, und dies sind die apriorischen Kategorien, zu denen auch "Raum" und "Zeit" zu zählen sind.

Der Kern der kopernikanischen Revolution liegt in Kants Entdeckung, daß sich die Erkenntnis nicht nach dem Gegenstand, sondern der Gegenstand nach der Erkenntnis zu richten hat. Gleichzeitig geht er davon aus, daß jede wirkliche Wissenschaft es mit Objekten zu tun hat. Aber auch eine Objektwissenschaft kann, gemäß dieser These, von einem Objekt oder irgendwelcher Gegebenheit prinzipiell nur das erfassen und wissen, was über die Definition der diese bezeichnenden Begriffe von den erkennenden Subjekten festgelegt wurde.[140] Damit ist für Kant auch klar, daß es keine autonome, subjektunabhängige Ontologie mehr geben kann. Was ein objektiver Gegenstand ist, kann nur im Rahmen einer Theorie der Erkenntnis bestimmt werden, und diese wiederum kann sich nur auf die Bestimmung eines Begriffs vom Gegenstand beziehen. Welches sind nun diese erfahrungsunabhängigen Voraussetzungen für die Erkenntnis?

Kant unterscheidet bekanntlich Typen von Erkenntnis nach einer doppelten disjunktiven Einteilung: Erkenntnisse sind a priori oder a posteriori gültig; Urteile sind entweder analytisch oder synthetisch. Aposteriori-Erkenntnisse sind empirische Erkenntnisse und haben ihren Ursprung in der Erfahrung. Apriori-Erkenntnisse hingegen bezeichnen Erkenntnisse, die jeder Erfahrung vorangehen. Sie haben ihren Ursprung in der Vernunft. Bezieht sich die Unterscheidung "a priori"–"a posteriori" somit auf den Ursprung der Erkenntnis, so die Unterscheidung "analytisch"–"synthetisch" auf die Wahrheit von Urteilen.

Als analytisch sind jene Urteile zu bezeichnen, "deren Prädikat schon versteckterweise im Begriff des Subjektes enthalten ist (...), so daß 'analytisch wahr' (...) gleichbedeutend (ist) mit 'wahr aufgrund Definition'" (Höffe, 1988, 56f.). Sie bedürfen also nicht der Erfahrung, müssen aber widerspruchsfrei sein. Als Beispiel nennt Kant den Ausdruck "alle Körper sind ausgedehnt", weil der Begriff "Körper" erfahrungsunabhängig "ausge-

140 Vgl. dazu ausführlicher Höffe, 1988, 51.

dehnt" impliziert. Als synthetische Urteile bezeichnet Kant alle übrigen, nicht-analytischen Urteile. Deren Wahrheitsüberprüfung bedarf der Erfahrung.

Damit ergeben sich insgesamt vier Kombinationsmöglichkeiten.[141] (1) und (4) sind unproblematisch und (2) entfällt. Analytische Urteile sind von ihrem Begriff her a priori gültig (1), so daß es keine analytische Urteile a posteriori (2) geben kann. (4) ist deshalb unproblematisch, weil empirische Urteile immer sowohl a posteriori als auch synthetisch sind. Die Hauptfrage Kants richtet sich somit auf (3).

Übersicht 9: Urteilsformen nach Kant

	analytische	synthetische
	Urteile	
a priori	(1)	(3)
a posteriori	(2)	(4)

(1) analytische Urteile a priori
(2) analytische Urteile a posteriori
(3) synthetische Urteile a priori
(4) synthetische Urteile a posteriori

Mit der Beantwortung der Fragen, ob synthetische Urteile a priori möglich sind oder nicht und wenn ja, wie, entscheidet man nämlich auch darüber, "ob die Philosophie ein eigenes Untersuchungsobjekt hat und es eine von den analytischen und empirischen Wissenschaften verschiedene, genuin philosophische Erkenntnis geben kann" (Höffe, 1988, 58). Und man könnte hinzufügen, daß sich damit auch die Frage entscheidet, ob es überhaupt theoretische Wissenschaft geben kann, denn in ihr kommen immer

141 Vgl. Höffe, 1988, 58.

wieder synthetische Urteile a priori vor; und zudem weisen auch die Prämissen der Naturwissenschaften synthetischen Charakter a priori auf. Genau darauf bezieht sich denn auch jener Teil der "Kritik der reinen Vernunft", in dem die Bedeutung von "Raum" und "Zeit für die menschliche (Natur-)Erkenntnis behandelt wird. Diese ist nämlich eingebettet in die Frage, welche Apriori dieser Art von Erkenntnis zugrunde liegen. Dies geschieht im Kapitel "Die transzendentale Ästhetik".

Wie bereits erwähnt, bedeutet "transzendental" soviel wie "jenseits der Erfahrung". "Ästhetik" heißt hier Anschauung, Erfahrung. Es geht demgemäß um eine Wissenschaft der Anschauung a priori, die nicht die Anschauung insgesamt, sondern deren reine Formen, Raum und Zeit, als Quellen der Erfahrung untersucht. In metaphysischer Hinsicht stellen Raum und Zeit reine Anschauungsformen dar, in transzendentaler Hinsicht erlauben sie synthetische Erkenntnisse a priori. Diese Differenzierung verlangt nach weiteren Präzisierungen.

Jede Erkenntnis beruht, logisch betrachtet, auf den Sinneswahrnehmungen einerseits und dem Verstand andererseits. Beide sind aufeinander angewiesen und stehen gleichberechtigt nebeneinander. Und auf diese Unterscheidung bezieht sich denn auch die von Kant im Zusammenhang mit Raum und Zeit verwendete Begrifflichkeit, insbesondere der Begriff der Anschauung: "Die unmittelbare Beziehung der Erkenntnis auf die Gegenstände und der Bezug allen Denkens ist die Anschauung, die ein einzelnes unmittelbar erfaßt" (Höffe, 1988, 71f.). Die Anschauung ist somit mit der Sinnlichkeit verknüpft. Denn allein die "rezeptive Sinnlichkeit", das heißt die Sinneswahrnehmungen, ermöglicht dem Menschen Anschauungen.

Mit Anschauung ist der "Erfahrungsinhalt" gemeint, womit die Sinnlichkeit im Gegensatz zu den Rationalisten akzeptiert wird. Dies kommt aber nicht der Einnahme einer empiristischen Position gleich. Denn Kant betont ebenso, daß es ohne Denken, also mit bloßer Wahrnehmung, keine Erkenntnis gibt: Theorie- und Beobachtungssprache sind untrennbar. In jeder Beobachtung steckt etwas Theoretisches und jede praktikable Theorie bedarf der Beobachtung. Mit den Worten von Kant: "Gedanken ohne Inhalt sind leer, Anschauungen ohne Begriffe sind blind" (Kant, Kritik, B75; 1985).

Demgegenüber bedeutet der Ausdruck "reine Anschauung" soviel wie die bloße Form der Wahrnehmung. Diese "bloße Form" bildet dabei die Voraussetzung zur Organisation der Erfahrung selbst. Sie ist aber nicht als

Ergebnis der Erfahrung zu begreifen. Das heißt, daß jede Erfahrung auf erfahrungsfreie Elemente zurückgreifen muß, und bei der Sinnlichkeit sind dies die reinen Anschauungsformen Raum und Zeit. "Raum" ist somit als eine Form der Anschauung zu begreifen, der im Erkenntnisprozeß eine instrumentelle Rolle zukommt, nämlich als idealer Organisator der Wahrnehmungsinhalte. Er wird dadurch als Form und nicht als Inhalt der Wahrnehmung charakterisiert. Bedingt durch diesen rein formalen Aspekt nennt ihn Kant deshalb auch "reine Anschauungsform".

4.1.3 Kants Lösung der Raumproblematik

Die Behauptung, daß jede Erfahrung auf erfahrungsfreie Elemente zurückgreifen muß, versucht Kant mit vier metaphysischen Argumenten und einem transzendentalen Argument zu begründen. Die metaphysischen gliedert Kant in zweimal zwei Argumente, von denen sich je zwei gegen den Empirismus und den Rationalismus wenden.

In metaphysischer Hinsicht richten sich die ersten beiden Argumente gegen den Empirismus. Hier geht es um die Demonstration, daß Raum und Zeit apriorische Vorstellungen sind. Kant (Kritik, B38, 1985) geht *erstens* von folgendem Grundsatz aus: "Raum (ist) kein empirischer Begriff, der von äußeren Erscheinungen abgezogen worden". Damit ist gemeint, daß jede Wahrnehmung eines äußeren Gegenstandes die Vorstellung des Raumes bereits voraussetzt, also a priori besteht, jeder inneren und äußeren Anschauung vorgängig sind. Der Bedeutungsgehalt dieser Behauptung kann anhand des gleichen Beispiels illustriert werden, das bereits im Zusammenhang mit Leibniz' Konzeption verwendet worden ist. "Damit ich einen Stuhl als 'außer mir' und 'neben dem Tisch' wahrnehmen kann, setze ich – (über meine Vorstellungen von 'Tisch' und 'Stuhl' hinausgehend) – immer schon die Vorstellung eines Außen und das heißt eines Raumes voraus, in dem Stuhl und Tisch und empirisches Ich eine bestimmte Position zueinander einnehmen, ohne daß der Raum eine Eigenschaft des Stuhles, Tisches oder empirischen Ichs wäre. Unter den Eigenschaften der äußeren Wahrnehmung finden wir zwar Farben, Formen und Geräusche, aber nicht den Raum" (Höffe, 1988, 77). Deshalb muß er a priori als Wahrnehmungsvoraussetzung gegeben sein. Aber welchen Status weist diese Voraussetzung auf? Diese Frage beantwortet das zweite metaphysische Argument, das sich ebenfalls gegen die Auffassung der Empiristen wendet.

Zweitens behauptet Kant, daß aufgrund der eben vorgestellten Zusammenhänge Raum und Zeit notwendige, das heißt nicht ersetzbare Vorstellungen sein müssen. Denn wir können, so Kant, uns nicht vorstellen, daß es keinen Raum gibt, wohl aber einen Raum ohne in ihm sich befindende Gegenstände. Raum und Zeit sind ohne Gegenstände und Ereignisse vorstellbar, Gegenstände und Ereignisse aber nicht ohne Raum.[142] "Raum" und "Zeit" sind Ausdruck der apriorischen Struktur des Erkennens durch das Subjekt. Und diese, so muß man folgern, ist metaphysisch, also jenseits der Erfahrung.

Das zweite Argumentepaar, das die Argumente drei und vier umfaßt, richtet sich gegen die Rationalisten, und widerspricht deren Auffassung, daß Raum und Zeit Begriffscharakter hätten. Das *dritte* Argument lautet, daß Raum weder ein diskursiver, noch ein allgemeiner Begriff wäre, wie beispielsweise 'Lebewesen' oder 'Tisch', sondern vielmehr eine Anschauung. Bezeichnet etwa der Begriff "Tisch" alle Einzelstücke von Tischen als selbständige Exemplare, kann "Raum" immer nur Teile des einen und desselben Raumes bezeichnen. Oder mit anderen Worten: "Raum" bezeichnet immer das Ganze, das immer alle Teile als unselbständige Teilräume in sich enthält.

Das *vierte* metaphysische Argument schließlich beweist den Anschauungscharakter damit, "daß die Raumvorstellung unendlich ist, ein Begriff aber eine unendliche Menge von Vorstellungen nicht in sich, nur unter sich haben kann" (Höffe, 1988, 78). Kant (Kritik, B39/40, 1985) formuliert dies wie folgt: "Nun muß man zwar einen jeden Begriff als eine Vorstellung denken, die in einer unendlichen Menge von verschiedenen möglichen Vorstellungen (als ihr gemeinschaftliches Merkmal) enthalten ist", was nach Jammer (1960, 153) heißt, daß der Begriff von einer unbegrenzten Zahl von Einzelgegenständen erfüllt werden muß, die unter ihn subsumiert

142 Hier wird die klare Abweichung von Kants Konzeption gegenüber der relationalen offensichtlich. Kant, so könnte man vereinfachend zusammenfassen, geht auch davon aus, daß Raum nicht gegenständlich, sondern ideal ist. Behaupten aber die Relationisten, daß Raum nur gegenstands- oder ereignisbezogen vorstellbar ist, betont Kant demgegenüber, daß Raum auch ohne Gegenstände oder Ereignisse vorstellbar, ja sogar eine Voraussetzung dafür wäre.

werden. Und genau dies ist nach Kant bei "Raum" nicht der Fall, womit er nicht Begriff, sondern nur Anschauung a priori sein kann.

Das *fünfte,* das einzige transzendentale Argument, soll zeigen, daß "Raum" nicht einen Gegenstand kennzeichnet und nicht eine bloße Vorstellung, ein reines Gedankending ist, sondern gegenstandskonstitutiven Charakter hat. Damit ist gemeint, daß durch "Raum" "die Gegenstände einer synthetischen Erkenntnis a priori möglich" (Höffe, 1988, 78) werden. Die Frage ist dann, von welcher Art die Vorstellung des Raumes sein muß, damit eine solche Erkenntnis von ihm möglich ist. Kants Antwort lautet: Es darf sich nicht um einen Begriff, sondern um bloße Anschauung handeln, weil sich aus bloßen Begriffen keine synthetischen Sätze gewinnen lassen; es darf sich dabei aber nicht um eine empirische Anschauung handeln, denn sonst wäre es nicht möglich, daß die Geometrie apriorischen Charakter hat. Und zudem: Es muß sich um eine Anschauung handeln, die im Subjekt begründet ist und die Form einer äußeren Anschauung angibt.

Damit kennzeichnet Kant (Kritik, B40, 1985) die Geometrie als synthetisch und a priori; ein Urteil das natürlich auch auf die raumwissenschaftliche Geographie zutreffen würde, die damit bestenfalls eine synthetische Wissenschaft a priori sein könnte aber niemals das, was sie selbst vorgibt: eine empirische Wissenschaft, die von dem Ziel geleitet sein soll, eine Raumtheorie zu entwickeln. Denn Sätze der Geometrie können nach Kant nicht Erfahrungssätze sein. Weil deren Sätze die Grundlagen unserer Erfahrung bilden, die selbst nicht der Erfahrung zugänglich sind, kann Geometrie nur eine Apriori-Wissenschaft sein. "Die reine Anschauungsform des Raumes macht die Geometrie, die Zeit den apriorischen Teil der allgemeinen Bewegungslehre (Mechanik) (und über das Zählen) auch die Arithmetik möglich" (Höffe, 1988, 78).

Dies führt zu folgendem Fazit: Die metaphysische Darstellung will den Nachweis erbringen, daß Raum und Zeit Bedingungen unserer Sinneswahrnehmungen sind. Als Apriori-Vorstellungen sind sie nicht Bilder, die etwas Äußerem entsprechen. Einen Gegenstand "Raum" gibt es nicht, und so kann er auch nicht wahrgenommen werden. "Raum" ist vielmehr eine Weise der Gegenstandswahrnehmung.

Diese Qualifizierung von "Raum" widerspricht sowohl der substantialistischen wie auch der relationalen Raumkonzeption. Der Widerspruch zur substantialistischen ist darin offensichtlich, daß er kein Gegenstand der Wahrnehmung ist. Jener mit der relationalen Raumkonzeption liegt darin begründet, daß er nicht als Relation koexistierender Gegebenheiten definiert wird, sondern im Gegenteil als völlig unabhängig von jedem Gegenstand. "Raum" ohne Gegenstände ist vorstellbar. Es ist jedoch unmöglich, sich einen Gegenstand ohne Raum vorzustellen. "Der Raum stellt gar keine Eigenschaft irgend einiger Dinge an sich, oder sie an ihrem Verhältnis auf einander vor, d.i. keine Bestimmung derselben, die an Gegenständen selbst haftete, und welche bliebe, wenn man auch von allen subjektiven Bedingungen der Anschauung abstrahierte" (Kant, Kritik, B42, 1985).

In transzendentaler Hinsicht zeigt Kant, daß "Raum" nicht nur als Apriori zu akzeptieren ist, das jeder Wahrnehmung vorausgeht, sondern zudem als reine Anschauungsform. Dabei begreift er "Raum" als euklidisch: "Der Raum hat nur drei Abmessungen; dergleichen Sätze können aber nicht empirische oder Erfahrungsurteile sein, noch aus ihnen geschlossen werden" (Kant, Kritik, B41, 1985). Diese beinahe dogmatisch anmutende Setzung weist darauf hin, daß Kant "Raum", obwohl im Subjekt begründet, durchaus nicht für etwas Subjektives hält. "Weil die empirische Erkenntnis nicht ohne äußere und innere Empfindungen, diese aber nicht ohne Raum und Zeit möglich sind, kommt den reinen Anschauungsformen 'empirische Realität' zu. (...) (Für Kant) sind Raum und Zeit objektiv gültig: ohne sie können Gegenstände der äußeren und inneren Anschauung, folglich der objektiven Erkenntnis, nicht vorkommen" (Höffe, 1988, 83). Damit soll aber nicht gemeint sein, Raum wäre nun doch so etwas wie eine Substanz, eine Eigenschaft oder ein bestimmtes Verhältnis. Genau das Gegenteil ist gemeint: "Raum" ist die Bedingung, unter der uns Gegenstände erscheinen können. "Raum" und "Zeit" haben, wie Kant sich ausdrückt, "transcendentale Idealität" (Kritik, B44; B52, 1985).

4.1.4 Kritische Diskussion

Im Hinblick auf die Entwicklung einer "Sozialgeographie der Regionalisierung" steht die Frage, was die Bedingungen für die Plausibilität eines absoluten und eines relationalen Raumkonzeptes sind, sowie die Frage nach deren jeweiligen Konsequenzen für weiterführende Argumentationen im Zentrum. Diesbezüglich ist zunächst darauf hinzuweisen, daß bei Kant in seiner Analyse der Raumproblematik vor der "Kritik der reinen Vernunft" ein ständiges Schwanken zwischen absoluter und relationaler Konzeption feststellbar ist. In bezug auf das eben formulierte Erkenntnisinteresse hinsichtlich der Entwicklung einer "Sozialgeographie der Regionalisierung" sind dabei mehrere Punkte wichtig.

Kant zeigt in seinen "vorkritischen" Schriften, daß die Betonung der eigenen Bewegungsfähigkeit eines Körpers die relationale Raumkonzeption aufdrängt. Sobald man Körpern diese Fähigkeit zuspricht, kann man daneben nicht noch den Raum an sich als Agens akzeptieren, wenn man zu eindeutigen Erklärungen gelangen will. Setzt man die Ursachen der Wirkungen und Wechselwirkungen außerhalb der Eigenschaften der Körper an, dann wird ein substantialistisches Konzept denkbar. Auch bei Kant wird die Argumentation wiederum über Gott geführt. Da Gott die Ursache aller Vorgänge ist, kann "Raum" wiederum als Sensorium Gottes interpretiert werden, unter der Voraussetzung allerdings, daß alle Vorgänge rein materialistisch verstanden werden. Doch damit wird diese Argumentation widersprüchlich, falls nicht gleichzeitig zugegeben wird, Gott wäre ebenfalls materiell. Diese Konsequenz scheint aber Kant hier noch nicht beachtet zu haben.

Wichtig ist hingegen, daß Kant wie Leibniz die relationale Raumkonzeption mit der "Autonomie" der einzelnen Körper in Zusammenhang bringt. Dies ist in bezug auf eine handlungszentrierte "Sozialgeographie der Regionalisierung" von besonderer Bedeutung. Darin ist nämlich auch miteingeschlossen, daß der kausal wirksame substantialistische Raum argumentativ immer mit einer Außensteuerung zusammengeht, was mit der Vorstellung eines handlungsfähigen Subjektes nicht zu vereinbaren ist.

Auffallend an Kants "vorkritischen" Schriften ist, daß er sowohl für die substantialistische als auch für die relationale Raumkonzeption jeweils andere Argumente vorträgt als die klassischen Vertreter dieser Positionen. Zudem ist die Tatsache bemerkenswert, daß er die kopernikanische Wende zur erkenntnistheoretischen Konzeption im Anschluß an seine ausgefeilteste substantialistisch/absolute Version entwarf. Und zusätzlich: die entscheidende Entdeckung, daß "Raum" in der Beobachtung enthalten sein muß, unmittelbar mit der absoluten Raumauffassung zusammenhängt. Doch scheinen in bezug auf die handlungszentrierte "Sozialgeographie der Regionalisierung" mit der apriorischen Raumkonzeption einige Aspekte problematisch zu bleiben. Kants Argumente sollen unter diesem Gesichtspunkt einer kritischen Beurteilung unterzogen werden.

Sein *erstes Argument gegen die Empiristen* lautet, daß der Raum kein empirischer Begriff ist, der von der "äußeren Erscheinung abgezogen worden" ist. Dies ist die Konsequenz einer nicht-substantialistischen Raumkonzeption. Wenn Raum kein Ding an sich ist, dann kann der Begriff "Raum" auch kein empirischer bzw. empirisch-deskriptiver Begriff sein. Dies impliziert denn eigentlich auch schon sein zweites Argument gegen die Empiristen, gemäß dem es uns nicht möglich ist, Gegenstände ohne "Raum" vorzustellen, wohl aber einen Raum ohne Gegenstände. Selbst wenn man diesem Argument zustimmt, reicht das für die Akzeptierung der Argumente der Rationalisten nicht aus.

Als *Argumente gegen die Rationalisten* bringt er vor, daß "Raum" nicht nur kein empirischer Begriff sein kann, sondern überhaupt kein Begriff, nur ein a priori, eine reine Anschauung: erstens, weil "Raum" kein diskursiver, das heißt "allgemeiner Begriff von Verhältnissen der Dinge" (Kant, Kritik, B39, 1985), ist, zweitens weil Raumvorstellungen unendlich sind, Begriffe jedoch nicht eine unendliche Menge von Vorstellungen in sich vereinigen können. Damit bleibt schließlich nur noch die Möglichkeit, "Raum" a priori zu setzen, und die Apriori müssen dann entweder angeboren sein oder "vom Himmel fallen".

Da in handlungstheoretischer Perspektive davon auszugehen ist, daß alle nicht rein physischen Gegebenheiten als beabsichtigte/unbeabsichtigte Folgen von Handlungen zu interpretieren sind, wird offensichtlich, daß Kants Konzeption mit einer handlungstheoretischen Perspektive diesbezüglich in Widerspruch geraten muß. Zuerst sind aber jene Aspekte zu erwähnen, die zur Begründung einer handlungstheoretisch kompatiblen Raumkonzeption übernommen werden können.

Entscheidend ist Kants Schlußfolgerung, daß "Raum" nicht ein Gegenstand sein kann, sondern eine Form der Gegenstandswahrnehmung. Dies ist eine Radikalisierung der relationalen Position. Bereits Leibniz hat "Raum" als ideal charakterisiert, doch Kant betont darüber hinausgehend, daß "Raum" auch ohne Gegenstände oder Ereignisse vorstellbar, ja sogar eine Voraussetzung dafür ist. "Raum" wird als Bedingung der Möglichkeit der Erfahrung charakterisiert. Er ist weder Sinnesdatum noch eigenständiger Gegenstand mit eigener Wirkkraft, sondern ein ideales Konzept. Damit sind natürlich auch für die Geographie insgesamt zahlreiche Konsequenzen verbunden. Auf diese soll aber erst im Anschluß an den nächsten Abschnitt eingegangen werden.

4.2 Handlungskompatible Raumkonzeptionen

Im zweiten Kapitel haben wir uns mit den sozialen Konsequenzen der Aufklärung, in welcher Kants Philosophie eine ganz zentrale Rolle spielt, auseinandergesetzt. Das kritikfähige Subjekt wird nun aber nicht nur in der Erkenntnistheorie zum Mittelpunkt, sondern auch in der gesellschaftlichen Alltagswelt erlangt das handelnde Subjekt – vermittels vielfältiger Rationalisierungsprozesse – zunehmend bestimmende Kraft. Dies ist sowohl in technischer wie auch in politischer Hinsicht der Fall. Die moderne Alltagswirklichkeit ist zunehmend eine von den Subjekten geschaffene Welt, eine Welt der Artefakte, die für bestimmte Ziele und Zwecke hergestellt wurden. Eine Alltagswirklichkeit also, die zu einem hohen Maße in rationaler Absicht hergestellt wurde und die unter spät-modernen Bedingungen des Handelns, der spät-modernen Seinsweise, globalisierende Implikationen und globale Konsequenzen aufweist.

Sie ist aber vor allem auch eine Welt unbeabsichtigter Handlungsfolgen. Diese Folgen haben mit der beanspruchten Rationalität sehr häufig wenig mehr gemeinsam. Die Resultate können vielmehr in völligem Widerspruch zu den Absichten stehen oder im Verhältnis zu diesen gar völlig perverse, ins Gegenteil gewendete Züge annehmen. Unter solchen Bedingungen sind wir – wie sich Giddens (1994b, 59) ausdrückt – alle an einem riskanten Abenteuer beteiligt, das, obwohl wir als handelnde Subjekte daran beteiligt sind, zum größten Teil außerhalb rationaler Kontrolle liegt. Damit wird offensichtlich, daß die Aufklärung zwar durchaus als Projekt der Rationalisierung gedeutet und beschrieben werden kann. Das braucht aber nicht gleichzeitig zu heißen, daß auch deren Konsequenzen mit der beanspruchten Rationalität übereinstimmen.

Wie die Beurteilungen dieser Konsequenzen auch immer ausfallen mögen, sie sind zum größten Teil das Produkt menschlicher Entscheidungen unter bestimmten (richtig oder unangemessen erkannten) Bedingungen und einem je spezifischen (wissenschaftlichen) Wissensstand. Da sie Produkte handelnder Subjekte sind, können sie wissenschaftlich am angemessensten in handlungspezifischen Kategorien begriffen werden. Problemsituationen können zudem wohl am besten im Zusammenhang mit problematischen Handlungsweisen und Alternativen zu deren Überwindung bewußt gemacht werden.

Dies ist natürlich auch auf wissenschaftlicher Ebene mit Konsequenzen verbunden. Wenn für die Sozialontologie im spät-modernen Zeitalter das Handeln der Subjekte die zentrale Einheit bildet, dann ist zu dessen angemessenen Erforschung konsequenterweise einerseits eine Methodologie notwendig, die darauf abgestimmt Bezug nimmt. Andererseits hat zudem jede Sozial- und Kulturgeographie, die hilfreiche Beschreibungen und gültige Erklärungen des Gesellschaft-Raum-Verhältnisses im Rahmen spätmoderner Wirklichkeiten liefern will, von einer ontologisch angemessenen Raumkonzeption auszugehen, die beiden vorgestellten Aspekten von "Ontologie" gerecht werden kann.

Im Rahmen des analytisch orientierten Verständnisses und der hier vorgestellten philosophischen Argumentationsgeschichte entsprechend, kann dann "Raum" nicht als substantialistisch-materielle Entität betrachtet werden, die Gegenstand einer empirischen Raumwissenschaft sein könnte. "Raum" ist – gemäß der bisherigen Darstellungen – vielmehr als eine Gegebenheit zu betrachten, die der mentalen Welt[143] angehört und dementsprechend kognitiver Art ist. Bei der Anwendung dieser Konzeption ist zudem darauf zu achten, für welche Wirklichkeitsaspekte etwa die euklidische Ausprägung davon Verwendung finden kann. Ist sie für alle analytisch unterscheidbaren, ontologisch differenten Bereiche (physisch-materielle, mentale, sozial-kulturelle) verwendbar, oder braucht jeder dieser Bereiche spezifische Konzeptionen?

Hinsichtlich des zweiten Verständnisses von Ontologie hat die entsprechende Raumkonzeption den Entankerungsmechanismen Rechnung zu tragen. Damit ist gemeint, daß – ausgehend von den handelnden Subjekten – die Entdeckung der "Entbindung" von Bedeutungsträger und Symbol sowie die Konsequenzen der Möglichkeiten raum-zeitlicher Distanzierung zu berücksichtigen sind. Dazu ist – wie mehrfach betont – das Handeln der Subjekte ins Zentrum zu stellen, und die entsprechende Sichtweise ist mit einem Raumkonzept zu kombinieren, das einerseits jedem Rückfall in eine (implizit) materialistische Argumentation[144] verschlossen bleibt.

Andererseits muß es aber die Möglichkeit bieten, die globalen Implikationen lokalen Handelns kategoriell zu erfassen und darzustellen. In anderen Worten ausgedrückt: Für die sozial- und kulturgeographische For-

143 Vgl. dazu ausführlicher Kapitel II in Werlen, 1988a und Popper 1973.

144 Vgl. dazu Band 2 und die Kritik der Anwednung der Strukturationstheorie auf die "neue" Regionalgeographie.

schung ist zur sozialontologisch angemessenen Darstellung spät-moderner Wirklichkeiten eine Raumkonzeption erforderlich – so lautet die hypothetische Folgerung und Forderung –, welche jedem (impliziten) Rückfall in prä-modern motivierte Typisierungs- und Beurteilungsversuche widerstehen kann. Bevor ein in diese Richtung zielender Vorschlag zu erschließen versucht wird, soll zuerst kurz auf bisherige Verhinderungsformen und -strategien, den Konsequenzen der Aufklärung in der Geographie methodologisch Rechnung zu tragen, eingegangen werden.

4.2.1 Kant, Hettner und die wissenschaftliche Geographie

Weil "Raum" im Gegensatz zu der Behauptung der Substantialisten kein Gegenstand ist, kann es auch keine gegenständliche Raumwissenschaft geben. Als aposteriorische Wissenschaft ist raumwissenschaftliche Geographie somit nicht legitimierbar, weil sie über keinen eigenen Gegenstand verfügt. Definierbar wäre sie – in der von Kant vorgeschlagenen Sprachregelung formuliert – nur als eine Wissenschaft, die synthetische Urteile a priori formulieren und somit nicht empirisch sein kann. Dies ist die Aufgabe bzw. der Forschungsgegenstand der Geometrie. Die raumwissenschaftliche Geographie kann sich somit auch in dieser Hinsicht nicht als besondere Wissenschaft behaupten.

Allerdings besteht auch noch die Möglichkeit, die Geographie nicht als Raumwisssenschaft zu definieren. Ein Weg, den auch Kant selbst gegangen ist. Da Raum und Zeit organisatorische Regulative jeder Wahrnehmung bilden, bekommt die Geographie von ihm die Aufgabe zugewiesen, das Wissen von der Ordnung der Dinge zu fördern. In der Einleitung zu seinem Buch "Physische Geographie" umschreibt dies Kant (1802) ausführlich. Dort findet sich der häufig von Geographen zitierte Satz: "Nichts ist fähiger, den gesunden Menschenverstand mehr aufzuhellen, als gerade die Geographie" (Kant, 1802, 15). Kant fügt dann allerdings später auch noch hinzu: "Der Nutzen dieses Studiums ist sehr ausgedehnt. Er dient zur zweckmäßigen Anordnung unserer Erkenntnisse, zu unserem eignen Vergnügen, und gewährleistet reichen Stoff zu gesellschaftlichen Unterhaltungen" (Kant, 1802, 20). Eine solche Aussage über eine wissenschaftliche Disziplin mag erstaunen. Doch der entscheidende Punkt ist, daß die Geographie für Kant keine wissenschaftliche Disziplin mit einem eigenen Forschungsgegenstand sein kann.

Den Ausgangspunkt der entsprechenden Argumentation bildet die Bezugnahme auf seine Erkenntnistheorie, von der aus dann die Aufgabe der Geographie systematisch abgeleitet wird. Seine programmatischen Überlegungen können wie folgt zusammengefaßt werden: "Bei unseren gesammelten Erkenntnissen haben wir zuvorderst auf die Quellen, oder den Ursprung derselben unser Augenmerk zu richten, nächst dem aber auch auf den Plan ihrer Anordnung (zu achten), (...) wie nämlich diese Erkenntnisse können geordnet werden, (...) wir sonst nicht im Stande sind, sie uns in vorkommenden Fällen, wenn wir ihrer gerade bedürfen, in das Gedächtnis zu rufen" (Kant, 1802, 1). "Was den Plan der Anordnung betrifft: so müssen wir allen unseren Erkenntnissen ihre eigentümliche Stelle anweisen. Wir können aber unseren Erfahrungserkenntnissen eine Stelle anweisen, entweder unter den Begriffen, oder nach Zeit und Raum, wo sie wirklich anzutreffen sind." (...) "Die geographische Naturbeschreibung (...) weiset die Stellen nach, an denen (...) Dinge auf der Erde wirklich zu finden sind." (...) "Die Eintheilung der Erkenntnisse nach Begriffen, ist die logische, die nach Zeit und Raum aber, die physische Eintheilung. Durch die erstere erhalten wir ein Natursystem (Systema naturae) (...), durch die letztere hingegen eine geographische Naturbeschreibung" (Kant, 1802, 8f.).

"Die Geographie betrifft Erscheinungen, die sich, in Ansehung des Raumes, zu gleicher Zeit ereignen" (Kant, 1802, 10). "Geographie und Geschichte füllen den gesammten Umfang unserer Erkenntnisse aus; die Geographie nähmlich den des Raumes, die Geschichte aber den der Zeit" (Kant, 1802, 14). "Die Welt ist das Substrat und der Schauplatz, auf dem das Spiel unserer Geschicklichkeit vor sich geht. Sie ist der Boden, auf dem unsere Erkenntnisse erworben und angewendet werden" (Kant, 1802, 9). Da "der gemeine Verstand sich auf die Erfahrung bezieht: so ist es ihm nicht möglich, sich ohne Kenntnis der Geographie auf eine nur einigermaßen beträchtliche Weise zu extendiren.[145] Vielen sind die Zeitungsnachrichten etwas sehr gleichgültiges. Das kommt daher, weil sie jene Nachrichten nicht an die Stelle bringen können. Sie haben keine Ansicht von dem Lande, dem Meere und der ganzen Oberfläche der Erde" (Kant, 1802, 15). "Die (...) Erdbeschreibung ist also der erste Theil der Welterkenntnis.

145 Das heißt: ausweiten, ausdehnen, erweitern.

Sie gehört zu einer Idee, die man Propädeutik in der Erkenntnis der Welt nennen kann" (Kant, 1802, 3).

Damit wird deutlich, daß die Geographie nach Kant als ein Beschreibungsprogramm des "Wo?" der Dinge aufzufassen ist. Er definiert die Geographie als wissenschaftliche Propädeutik, der zudem bestimmte alltagsweltliche Aufgaben zukommen. "Geographie" ist somit ein Programm, das nur bis in den Vorhof der Wissenschaften reicht und bestenfalls – im Sinne von Hard (1990b) – den Status einer "folk-science" erreichen kann. Diese Folgerung ist insofern konsequent, als "Raum" als a priori der Erkenntnis definiert wird und somit weder Gegenstand noch "Quelle" oder "Ursprung" der Erkenntnis sein kann, sondern "der Plan der Anordnung" von Erkenntnis. Und diese Einschätzung ist in der Fachgeschichte denn auch auf entscheidende Weise wirksam geworden, wenn dabei allerdings auch nicht alle Konsequenzen akzeptiert beziehungsweise die Folgerungen nicht konsequent durchgehalten wurden. Ganz allgemein kann gesagt werden, daß die chorographische Tradition von Kant übernommen wurde, seine Argumentation aber verletzt wird, wenn darüber hinaus die Geographie – wie beispielsweise von Hettner (1927) – als chorologische Wissenschaft zu bestimmen versucht wird.

Mit der Definition der Geographie als chorologische Wissenschaft wird Kants moderne Raumkonzeption wieder rückgängig gemacht. Dies soll anhand von Hettners Bezugnahme auf Kant gezeigt werden, mit der er paradoxerweise die Geographie als wissenschaftliche Disziplin legitimieren bzw. etablieren wollte und nicht bloß als Wissenschaftspropädeutik. Am umfassendsten wird Kant von Hettner (1927) im Werk "Die Geographie. Ihre Geschichte, ihr Wesen, ihre Methoden" diskutiert. Von der "Übereinstimmung (s)einer Auffassung mit der des großen Philosophen" (Hettner, 1927, 115f.) überzeugt, folgt er Kants Argumentation solange, wie es um die Begründung der Methodologie der Länderkunde geht, um die Darstellung sogenannter "räumlicher Daten", wie dies aus Kants Geographieverständnis abgeleitet werden kann.[146] In der weiteren Bezugnahme übernimmt er Kants Argumentation aber ungenau oder gar auf verzerrte Weise.

Hettner (1927, 115ff.) unterscheidet zwischen systematischen, chronologischen und chorologischen Wissenschaften, was im Vergleich zu Kant

146 Auch Kant selbst schreibt im zweiten Band seiner "Physischen Geographie" nach Kontinenten geordnete Regionalberichte, welche aber vor allem als Begründung der Kultur-/Sozialanthropologie in die Wissenschaftsgeschichte eingegangen sind.

einen wichtigen Unterschied ausmacht. Denn Kant begreift die Geschichte genauso wie die Geographie als wissenschaftliche Propädeutik, also nicht als eigentliche Wissenschaft. Dies kommt in der Formulierung, "wir können aber unsern Erfahrungserkenntnissen eine Stelle anweisen, entweder unter den Begriffen, oder nach Zeit und Raum", zum Ausdruck. Zweitens spricht Kant nicht wie Hettner von Chorologie, sondern bloß von Chorographie. In dieser Differenz drückt sich Hettners Absicht aus, die Geographie als Raumlehre bzw. als Raumwissenschaft zu begründen und nicht bloß – wie Kant – als beschreibende Erdkunde bzw. als "Naturbeschreibung". Zusätzlich übersetzt er Kants Ausdruck "systematisch" nicht mit begrifflich, sondern mit "dinglich".

Beide Abweichungen sind bis heute mit problematischen Folgen verbunden, und sie können durchaus als Ausgangspunkt des Festhaltens an der traditionellen Geographie unter spät-modernen Lebensbedingungen interpretiert werden. Hettners Interpretation liegt zudem auch der Idee der Raumwissenschaft zugrunde.[147] Die Abweichungen bei Hettner im Vergleich zu Kant können mit folgenden drei Argumentationsschritten zusammengefaßt werden: Bei Hettner wird (im Gegensatz zu Kant) *erstens* "begrifflich" zu "dinglich". Dies führt zu Reifikationen und Hypostasierungen, die für prä-moderne Gesellschaften, in denen meist nicht klar zwischen Begriff und Gegenstand unterschieden wird, typisch sind. Da sich diese prämodernen Gesellschaften durch vielfältige raum-zeitliche Verankerungen auszeichnen, die auch mit diesen Hypostasierungen verbunden sind, war Hettners Interpretationsabweichung für die Geographie dieser Gesellschaften nicht so problematisch, wie dies im modernen und prä-modernen Kontext der Fall ist. Im *zweiten* Schritt werden dann bei Hettner "Zeit" und "Raum" zu Dingen. "Raum" wird im Gegensatz zu Kants Argumentation zum Ding und die Geographie zur empirischen bzw. gegenständlichen Raumwissenschaft: "Die Geographie ist Raumwissenschaft" (Hettner 1927, 125). *Drittens* werden "Raum" und "Zeit" schließlich zu Kausalfaktoren hochstilisiert und nicht mehr als a priori verstanden.

Aufgrund der drei äußerst problematischen Operationen wird es auf den ersten Blick möglich, die Geographie als Raumwissenschaft zu definieren. Obwohl in Band 2 noch ausführlicher auf diese Zusammenhänge eingegangen wird, soll bereits hier auf erste Konsequenzen dieser Konstruktion hin-

147 Vgl. dazu den Abschnitt zur raumwissenschaftlichen Geographie in Band 2.

gewiesen werden. Die letzten beiden Schritte von Hettners "Ableitung" werden später auch von Bartels übernommen und äußern sich bei ihm in der dritten Forschungsetappe der Geographie, wo er das Programm der chorologischen Geographie umschreibt. Gemäß der formulierten Zielsetzung einer "modernen" Geographie sollen in der dritten Forschungsetappe Raumgesetze aufgedeckt werden, aufgrund derer dann – vor allem unter Bezugnahme auf "Distanzmomente" – räumliche Erklärungen, ja sogar räumliche Erklärungen der Gesellschaft geliefert werden sollen. Sowohl Hettners (1927) wie auch Bartels' (1968a; 1970) Programm täuschen somit eine Bezugnahme auf Kant bloß vor, sind aber nichts anderes als das Ergebnis einer höchst problematischen Interpretation dieser Voraussetzung.

Wie eng diese Ontologie des Raumes mit der Sozialontologie verknüpft ist, wird bei Hettner dann besonders gut erkennbar, wenn er die Implikationen seines raumwissenschaftlichen Programms auf den Punkt bringt: "Mit der Übergehung der menschlichen Willensentschlüsse führen wir die geographischen Tatsachen des Menschen auf ihre durch die Landesnatur gegebenen Bedingungen zurück" (Hettner, 1927, 267). Subjektive Interpretationen, Zielsetzungen der Subjekte usw., jene sozialontologischen Besonderheiten, welche zuvor als Konsequenzen der Moderne benannt wurden, können aus kategoriellen Gründen in einer raumwissenschaftlich definierten Forschungskonzeption letztlich nicht berücksichtigt werden. Jede traditionelle und raumwissenschaftliche Sozial-, Kultur- und Wirtschaftsgeographie weist damit für moderne und spät-moderne Gesellschafts- und Lebensformen kaum ausreichende Sensibilität auf, damit sie durchgängig gesellschaftliche Relevanz erreichen können.

Doch soll die Sozial- und Kulturgeographie unter spät-modernen Bedingungen in der Aufklärung des Bewußtseins der Subjekte von ihren Lebensbedingungen wieder eine bedeutende Rolle einnehmen, dann braucht es eine neue Interpretation von "Raum" oder eine neue Ontologie des Raumes.[148] Diese Behauptung soll in den abschließenden Abschnitten im Hinblick auf eine "Sozialgeographie alltäglicher Regionalisierung" erörtert werden. Der Ausgangspunkt der entsprechenden Auseinandersetzung lautet wie folgt: Die Handlungstheorie geht davon aus, daß alle nicht rein natürli-

148 Vgl. dazu auch Eisel, 1982, 131. Eisel geht es dabei aber nicht um eine handlungskompatible Raumkonzeption, sondern um das Verständnis von "Regionalismus" als Bestreben um gesellschaftliche Autonomie, "als Theorie der industriellen Arbeitsteilung" (1982, 142) im Rahmen des kapitalistischen Weltmarktes.

chen Gegebenheiten als beabsichtigte/unbeabsichtigte Folgen von Handlungen zu interpretieren sind. Damit wird offensichtlich, daß Kants Konzeption mit einer handlungstheoretischen Perspektive in dieser Beziehung in Widerspruch geraten muß.

Begreift man nämlich Raum als reine Anschauung, dann ist in letzter Konsequenz damit nur soviel ausgesagt, daß Gegenstände der physischen Welt eine Ausdehnung aufweisen. Und "Raum" als "reine Anschauungsform" trägt dieser Eigenschaft in der Organisation der Wahrnehmung Rechnung. Doch es ist nicht einzusehen, warum dies nicht auch auf die Erfahrung zurückgehen kann. Kann dem zugestimmt werden, braucht man auch die euklidische Raumkonzeption nicht a priori zu setzen, sondern diese kann ebenfalls als eine Erfahrungstatsache unter Bezugnahme auf die eigene Körperlichkeit des Handelnden betrachtet werden. Mittels der Begründung dieser Thesen soll versucht werden, eine Raumkonzeption vorzuschlagen, die mit der spät-modernen Sozialontologie kompatibel ist. Oder mit anderen Worten ausgedrückt: Den Vorschlag Kants unter Rückgriff auf die phänomenologischen Vorarbeiten in genau entgegengesetzter Richtung auf die Geographie anwenden, als dies Hettner tat, das heißt, nicht im Hinblick auf die Aufhebung der Moderne zugunsten einer prä-modernen Forschungskonzeption, sondern für eine geographische Forschungskonzeption, die in der Lage ist, den spät-modernen Bedingungen Rechnung zu tragen.[149] Dazu ist – nicht zuletzt im Hinblick auf die in Band 2 diskutierten Vorschläge einer "neuen" Regionalgeographie – auch kurz auf die jüngere angelsächsische Diskussion in der sozial- und Kulturgeographie phänomenologischer Ausrichtung Bezug zu nehmen.

4.2.2 Vom Raum zur Räumlichkeit?

In der Nachfolge auf die von Buttimer (1969; 1974; 1976; 1984) angeregte phänomenologische Kritik an der raumwissenschaftlichen Forschungskonzeption sind zahlreiche Studien von alternativen Raumkonzeptionen als Grundlagen geographischer Forschung publiziert worden. Mit ihnen sollte

149 Einen Überblick über andere (sozialwissenschaftliche) Annäherungen an diese Thematik gibt "NowHere: An Introdution to Space, Time and Modernity" von Frieland/Boden, 1994b. Hier steht weiterhin die handlungstheoretische Interpretation im Zentrum.

die raumwissenschaftliche Revolution der traditionellen Geographie von der Technokratie in "humanistische" Bahnen gelenkt werden.[150] Die erste Phase blieb dabei an eine phänomenologische Fassung verhaltensgeographischer Geographie gebunden, wobei es letztlich immer weniger um die Erforschung menschlicher Verhaltensweisen ging, sondern meistens auch wiederum um "Raum", wenn auch nicht mehr als "objektive Entität", sondern in "seiner" subjektiv wahrgenommenen Form.

Die Absage an die geographische Raumforschung endete somit lediglich in einer anderen Form davon. Eisel (1982, 128) kommentiert diesen "Rückfall ins klassische Paradigma" als eine Art "diffuse Kreisbewegung", die oberflächlich als permanente Revolutionierung der Geographie erscheinen mag, im Kern aber immer denselben Forschungsgegenstand "Raum" beibehält und so in bezug auf die Forschungsinhalte unverändert fortbesteht.

Pickles (1985) stellt der behaviouristisch verzerrten Reformation der Geographie schließlich eine existentialistisch-phänomenologische Alternative entgegen,[151] die vor allem auf Heideggers (1971; 1977; 1983; 1986a; 1986b; 1987) Philosophie aufbaut, die konstitutive Phänomenologie Husserls (1950; 1971) und Merleau-Pontys (1977) aber kaum einbezieht.[152] In seiner Kernthese geht Pickles davon aus, daß es in phänomenologisch begründeter Forschungsperspektive – im Gegensatz zu den bisherigen geographischen Bezugnahmen auf diese – gar nicht möglich ist, Raumforschung zu rechtfertigen. "Raum" und "Ort"/"Platz" (place) könnten nicht unhinterfragte Gegenstände geographisch-phänomenologischer Forschung bleiben. Die Phänomenologie biete vielmehr das Rüstzeug, um eine so konzipierte Wissenschaftsdisziplin zu kritisieren. Statt "Raum", so Pickles (1985, 154ff.), solle "Räumlichkeit" den neuen Forschungsbereich der Humangeographie bilden. Deshalb bedürfe die Geographie einer "Ontologie der Räumlichkeit" (Pickles, 1985, 156). Ziel der entsprechenden Forschung soll dann eine angemessene Interpretation und Darstellung der "Räumlichkeit des menschlichen Daseins" bilden. Dafür erarbeitet Pickles erste Grundlagen, die später in der angelsächsichen Geographie weiter

150 Vgl. dazu Billinge et al., 1984; Sack, 1980a; 1980b, sowie Cloke/Philo/Sadler, 1991.

151 Vgl. dazu ausführlicher Werlen, 1995b.

152 Das Werk von Schütz und Husserls (1973) Arbeiten zum Raum, die Pickels nicht in englischer Übersetzung vorlagen, bleiben völlig ausgeklammert.

ausgebaut und argumentativ für die Entwicklung einer "post-modernen Geographie" verwendet werden.

Ohne hier ausführlich auf Heideggers Raumverständnis eingehen zu wollen,[153] sei doch auf die wichtigsten Aspekte seiner Konzeption hingewiesen. Zuerst ist festzustellen, daß für Heidegger "Raum" nicht im modernen, naturwissenschaftlichen Sinne ein Parameter ist.[154] Seine Dimensionen sind vielmehr im aristotelischen Sinne qualitativ besetzt:[155] "Das 'Oben' ist das 'an der Decke', das 'Unten' das 'am Boden', das 'Hinten' das 'bei der Tür': alle Wo sind durch die Gänge und Wege des alltäglichen Umgangs entdeckt und umsichtig ausgelegt, nicht in betrachtender Raumausmessung festgestellt und verzeichnet" (Heidegger, 1986a, 103). Es handelt sich also um eine leibzentrierte Konzeption. Die qualitative Besetzung der Dimensionen, so könnte man sagen, entspricht den Hantierungsmöglichkeiten des menschlichen Körpers. Sie sind somit nicht vorgegeben, sondern ein Ergebnis.

Auch "Raum" ist für Heidegger ein Ergebnis und zwar das Ergebnis von "räumen": "Wovon spricht das Wort Raum? Darin spricht das Räumen. Dies meint: roden, die Wildnis freimachen. Das Räumen erbringt das Freie, das Offene für ein Siedeln und Wohnen des Menschen. Räumen ist (...) Freigabe von Orten, an denen die Schicksale der wohnenden Menschen sich ins Heile einer Heimat oder ins Unheile der Heimatlosigkeit oder gar in die Gleichgültigkeit gegenüber beiden kehren. (...) Im Räumen spricht und verbirgt sich zugleich ein Geschehen" (Heidegger, 1983, 8f.). Oder kurz und bündig: "Vom Raum läßt sich sagen: der Raum räumt" (Heidegger, 1971, 213).

"Raum" weist für Heidegger im Rahmen dieser Bestimmung eine Existenz an sich auf und weist zudem Bedeutungen an sich auf. Als Ergebnis vom "Räumen" wird er wirklich und bleibt dann als freigegebene Orte bestehen. Diese Orte können für Heidegger als "Heimat" eine heilvolle, oder als Heimatlosigkeit eine unheilvolle Bedeutung erlangen oder – im für ihn schlimmsten Falle – keine von beiden. Es ist somit offensichtlich primär in der Bedeutung der Orte, an denen sich "das Schicksal der wohnenden

153 Darauf wird in Zusammenhang mit Giddens' Raumverständnis im Rahmen seiner Strukturationstheorie in Band 2 zurückzukommen sein.

154 Vgl. Heidegger, 1971, 209ff. und 1983, 6 und die Darstellung von "Raum" im Rahmen prä-moderner Lebensformen in Kapitel II.

155 Vgl. Abschnitt 3.2.1.3.

Menschen" äußert. Die Qualitäten von "Ort"/"Raum" dienen Heidegger dann auch als Prädispositionen normativer Wertungen.

"Raum" ist in dieser Konstruktion und im Gegensatz zu Kant nicht Teil des Subjektes, noch beobachtet das Subjekt die Welt, "als ob" sie sich in einem Newtonschen absoluten Behälter-Raum befinden würde: *"Der Raum ist weder im Subjekt, noch ist die Welt im Raum"* (Heidegger, 1986a, 111). Vielmehr ist für Heidegger (1986a, 111) "das ontologisch wohlverstandene Subjekt (...) in einem ursprünglichen Sinne räumlich" und "verräumlicht" die Welt über seine Seinsweise: "Die 'Welt' als zuhandenes Zeugganzes wird verräumlicht zu einem Zusammenhang von nur noch vorhandenen ausgedehnten Dingen" (Heidegger, 1986a, 111).

Ausgangspunkt für die Bestimmung von "Räumlichkeit" bildet nun für Pickles Heideggers Prämisse, daß die räumliche Ordnung aus dem menschlichen "Hantieren und Gebrauchen" (Heidegger, 1986a, 102) abgeleitet ist. So können wir die Räumlichkeit der Gegebenheiten als "Zuhandenheit" der Ausstattung eines bestimmten Ortes in bezug auf bestimmte Aktivitäten begreifen. Auf Aristoteles aufbauend, Descartes[156] und Kant[157] ablehnend, betont Heidegger in "Sein und Zeit", daß das "'zur Hand' Seiende (...) je seine verschiedene Nähe (hat), die nicht durch Ausmessen von Abständen festgelegt ist, (sondern sich) (...) aus dem umsichtig 'berechnenden' Hantieren und Gebrauchen (regelt). (...) Die ausgerichtete Nähe des Zeugs bedeutet, daß dieses nicht lediglich, irgendwo vorhanden, seine Stelle im Raum hat, sondern als Zeug wesenhaft an- und untergebracht, aufgestellt, zurechtgelegt ist. Das Zeug hat seinen *Platz,* oder aber es 'liegt herum', was von einem puren Vorkommen an einer beliebigen Raumstelle grundsätzlich zu unterscheiden ist" (Heidegger, 1986a, 102).

Man kann darin nun zwei Interpretationsmöglichkeiten erkennen. Einerseits besteht die Möglichkeit, die Bedeutung von "Räumlichkeit" in bezug auf das körpervermittelte Tätigsein zu verstehen. Das scheint auch Pickles' Interpretation zu sein: "(For) geography we need an ontology of spatiality, (...) that determines what must be the case if there can be anything like spatial (...) behaviour, and the creation of different worlds" (Pickles, 1985, 152). Zweitens, und das scheint für Heidegger die wichtigere Variante zu sein, kann offensichtlich in Anlehnung an Aristoteles[158]

156 Vgl. Heidegger, 1983a, 95ff.
157 Vgl. Heidegger, 1983a, 109f.
158 Vgl. Abschnitt 3.2.1.2.

auch davon ausgegangen werden, daß "das Zeug" einen seinem Wesen entsprechenden Platz, seinen "natürlichen Ort", einnimmt, also nicht bloßer Ausdruck der Handlungsabläufe ist, sondern für diese sogar konstitutiv wird.[159] Unabhängig davon, welche Interpretation Heidegger besser gerecht wird, ist für Pickles und die hier geführte Argumentation wichtig, daß für Heidegger "Räumlichkeit" in jedem Fall zwar ein wichtiger Aspekt von *Dasein* ist, das Dasein, die menschliche Existenz, sich aber nicht in "Räumlichkeit" erschöpft.

Pickles hält nun – und das ist für sein Programmvorschlag von entscheidender Bedeutung – diese existentialistische Ontologie der Räumlichkeit grundsätzlich für in die geographische Raumtheorie integrierbar: "(The) extend to which (...) human spatiality can be usefully incorporated into spatial theory depends, in large part, on the nature of the research programme that develops and is allowed to flow from it" (Pickles, 1985, 169). Demgemäß soll "räumliches Verhalten" auf eine phänomenologisch begründete und akzeptable Weise zum Gegenstand geographischen Forschung gemacht werden können: "Geography *can* be a *human* science of human spatiality" (Pickles, 1985, 170). Dabei, so ist das wohl zu verstehen, soll "Räumlichkeit" auf der Basis von räumlichem Verhalten untersucht werden. Damit schließt sich, so kann man das zumindest verstehen, der Kreis in ähnlichem Sinne wie bei der raumwissenschaftlichen Geographie, wo "räumliche Strukturen" mit "räumlichen Prozessen" erklärt werden sollen.[160]

Doch kann die Untersuchung von "Räumlichkeit" in Heideggers' Verständnis überhaupt sinnvoll mit einer Raumtheorie in Zusammenhang gebracht werden? Unter Bezugnahme auf die zwei oben erwähnten Interpretationsmöglichkeiten ist darauf hinzuweisen, daß die Bedeutungen von Orten, Räumen und Räumlichkeit handlungstheoretisch betrachtet wohl nur in bezug auf und als Folge von Tätigkeiten erschlossen werden können. Widerspricht man dieser Interpretation, was allerdings mit Heideggers Sicht durchaus in Übereinstimmung sein könnte, dann gerät man in all jene Probleme, die sich aus dem Verhältnis von prä-moderner Ontologie des Raumes und spät-moderner Sozialontologie ergeben: Die Suspendierung des Subjektes, das in spät-modernen Lebensformen eine zentrale Bedeu-

159 Vgl. dazu auch die Diskussion in Abschnitt 3.4.4.
160 Vgl. Sack, 1972, 71.

tung einnimmt. Bedeutungen von Orten sind dann nicht mehr das Ergebnis handlungspezifischer Konstitutionsleistungen der Subjekte, sondern Orte und Räume *haben* subjektunabhängig Bedeutungen.

So gesehen müßte Pickles' Programm, wenn es seinen Ausgangsabsichten nicht zuwider laufen soll, wohl in Richtung tätigkeits- und nicht raumzentrierter Erforschung von "Räumlichkeit" radikalisiert werden. Wenn man das nicht unternimmt, dann muß man wohl die Bedingung in Kauf nehmen, daß Bedeutungen von Orten wesensmäßiger Ausdruck derselben sind. Ansonsten wird es wohl kaum möglich sein, in räumlicher Begrifflichkeit etwas über die Sinnzusammenhänge der Räumlichkeit des Daseins in Erfahrung zu bringen.

So ist, wenn man die Darstellung spät-moderner Lebensformen in Kapitel II akzeptiert, folgende Frage zu stellen: Ist es sozialontologisch nicht angebrachter, die Erforschung der "Räumlichkeit" des menschlichen Daseins methodologisch auf die Tätigkeiten/Handlungen anstatt auf "Raum" zu beziehen? Bejaht man diese Frage, heißt das, daß die Erforschung von "human spatiality" Gegenstand einer Handlungswissenschaft wäre und nicht mehr eine Gegebenheit, für die sich eine auf "spatial theory" (Pickles, 1985, 169) ausgerichtete geographische Forschung interessieren könnte.

Konsequenterweise wäre dann die "Raumtheorie" der Gesellschaft auch nicht mehr eine sinnvolle Zielsetzung geographischer Forschung. Das impliziert auch, daß nicht mehr "meaning of places", die Bedeutung von Orten/Plätzen von besonderem Interesse wäre, sondern deren Bedeutung *für* Handlungen oder *als* Ausdruck der symbolischen Aneignung über das Handeln *der Subjekte.* Doch dazu ist eine Perspektive und ein Raumverständnis Voraussetzung, das auf der konstitutiven Phänomenologie von Husserl (1973) und Schütz aufbaut. Dafür soll wiederum bei Kant angeknüpft werden.

4.2.3 Elemente einer handlungskompatiblen Konzeption

Zuerst ist darauf hinzuweisen, daß es in Kants Methodologie der Geographie einen wichtigen Hinweis gibt, der für eine handlungskompatible Raumkonzeption sehr hilfreich sein könnte. Er bezieht sich auf folgende Formulierung: "Bei unsern gesammelten Erkenntnissen haben wir zuvorderst auf die Quellen, oder den Ursprung derselben unser Augenmerk zu richten, nächst dem aber auch auf den Plan ihrer Anordnung (zu achten), (...) wie nämlich diese Erkenntnisse können geordnet werden, (...) wir sonst nicht im Stande sind, sie uns in vorkommenden Fällen, wenn wir ihrer gerade bedürfen, in das Gedächtnis zu rufen" (Kant, 1802, 1). "Da der gemeine Verstand sich auf die Erfahrung bezieht: so ist es ihm nicht möglich, sich ohne Kenntnis der Geographie auf eine nur einigermaßen beträchtliche Weise zu extendiren" (Kant, 1802, 15). Damit weist Kant auf die Bedeutung von "Raum" für die Orientierung in der physischen Welt hin. "Raum" ist für die gedankliche Repräsentation der ausgedehnten Dinge in der physischen Welt relevant.

Akzeptiert man diese Interpretation, dann ergeben sich weitere Fragen: Ist "Raum" als ideales Konzept, das für die Orientierung in der physischen Welt instrumentalisiert werden kann, im Handlungskontext auch noch als ein a priori akzeptierbar, das als erfahrungsunabhängig vorauszusetzen ist? Wie ist dies mit der Tatsache zu vereinbaren, daß in verschiedenen Kulturen, ja sogar in unterschiedlichen Alltagskontexten, zur Orientierung in der physischen Welt verschiedene Raumkonzeptionen zur Anwendung gelangen? Diese Fragen verweisen auf die erfahrungsabhängigen Grundlagen von "Raum". Ist "Raum" erfahrungsabhängig, dann kann er auch als Begriff angesehen werden.

Wenn man davon ausgeht, daß "Raum" ein Begriff ist, braucht man nicht gleichzeitig zu behaupten, daß "Raum" ein empirisch-deskriptiver oder bloß ein formaler Begriff sei. Dem könnte Kant nicht zustimmen. Doch es gibt auch noch eine andere Möglichkeit. Die entsprechende These lautet: "Raum" ist (im handlungsbezogenen Kontext) als Begriff aufzufassen, allerdings weder als empirisch-deskriptiver noch als rein formaler Begriff, sondern als formal-klassifikatorischer Begriff. Diese These soll nun zum Abschluß dieses Teils und in bezug auf die Thematik von Band 2 diskutiert werden.

Im Hinblick auf die Entscheidung für eine Raumkonzeption, die sowohl mit den sozialontologischen Bedingungen und konsequenterweise auch mit einer handlungszentrierten Betrachtungsweise kompatibel ist, gibt Albert Einsteins (1960, 12) Begründung für die ständige Neuentwicklung von angemessenen Raumbegriffen einen wichtigen Hinweis: "Im Interesse der Wissenschaft ist es nötig, daß immer wieder an den fundamentalen Begriffen – wie der Raumbegriff einen darstellt – Kritik geübt wird, damit er nicht unwissentlich von ihnen beherrscht wird. Dies wird besonders deutlich in Situationen der Fachentwicklung, in denen der konsequente Gebrauch der überlieferten fundamentalen Begriffe uns zu schwer auflösbaren Paradoxien führt." Zur Vermeidung möglichst vieler "Paradoxien" in bezug auf die Entwicklung einer "Sozialgeographie alltäglicher Regionalisierungen", welche sich zum Ziele setzt, das alltägliche Geographie-Machen wissenschaftlich zu erforschen, kann ein Verfahren vorgeschlagen werden, das vier Argumentationsschritte umfaßt.

Der *erste Schritt* besteht darin, daß man "Raum" konsequent als einen Begriff auffaßt. Kant kann zwar zugestimmt werden, daß es sich nicht um einen allgemeinen Begriff handelt, es ist aber nicht zwingend, auch der These zuzustimmen, daß es deshalb sich dabei um ein Apriori handelt. "Raum" geht zwar aller aktuellen Erfahrung voraus, doch braucht dies nicht zu heißen, daß "Raum" deshalb auch als erfahrungsunabhängig auszuweisen ist. Dies scheint lediglich das Resultat einer synchronen Betrachtungsweise zu sein.

Wendet man sich dem Problem in diachroner Perspektive zu, dann könnte man sagen, daß "Raum" zwar jeder aktuellen Erfahrung vorausgeht, selbst aber in früheren eigenen Erfahrungen oder jener anderer Personen – die mir diese mitgeteilt haben – begründet liegt. In bezug auf Kants Argumentation würde diese These bedeuten, daß in dem Sinne, wie er den a-priori-Charakter von "Raum" bestimmt, auch jeder Begriff ein Apriori darstellt. Denn auch jeder Begriff geht jeder aktuellen Erfahrung voraus. Das heißt aber nicht, daß diese Begriffe nicht aufgrund von Erfahrungen und Konventionen formuliert wurden.

Akzeptiert man diese Argumentation, bleibt zu klären, auf welche Art von Erfahrungen der Ausdruck "Raum" Bezug nimmt. Da "Raum" sich auf die physische Welt bezieht, ist zuerst zu klären, wie die physisch-weltlichen Zusammenhänge in handlungszentrierter Perspektive beschrieben werden können.

Der Körper handelnder Subjekte ist Bestandteil der physischen Welt, der Welt der ausgedehnten Gegebenheiten. Jede körpervermittelte Tätigkeit ist mitbestimmt durch den Standort des Leibes. Er bildet das Zentrum der in die Außenwelt gerichteten Tätigkeiten. Die Funktion des Körpers ist die der Vermittlung zwischen dem erlebenden Bewußtseinsstrom des Subjektes und der raum-zeitlichen Welt der Ausdehnung. Er ermöglicht die Umsetzung der erinnerten Erlebnisse und Erfahrungen ins außenorientierte, körpergebundene Handeln.[161] Der physisch-weltliche Standort des Körpers strukturiert einerseits die Dinge, die auch das erlebende Bewußtsein unmittelbar erfahren kann, und andererseits artikuliert er auch den unmittelbaren Wirkungsbereich des Handelnden. Demgemäß ist der Körper der handelnden Subjekte als "Vermittlungsglied" (Schütz, 1981, 92) zwischen subjektiver Welt und der physischen Welt bzw. der in ihr angeordneten Dinge zu begreifen. Als Träger und "Durchgangsort" von Erkenntnis und Handlung bestimmt er das jeweilige Hier und Jetzt, ohne aber die Inhalte des Erlebens und des Handelns selbst zu bestimmen.

So kann man mit Schütz (1981, 143) – und in Anlehnung an Husserl (1973) – sagen, daß sich die sinnhafte Erfahrung der physischen Welt im Erleben des eigenen Körpers im körpervermittelten, außenorientierten Handeln und durch das bewußte Ich in der Bewegung konstituiert. Obwohl der Sinn der Bewegung eine Leistung des Bewußtseins darstellt, ist dieses als solches "körperlos, ohne Fähigkeit eine Aktion vorzunehmen" (Schütz, 1981, 143). Der Leib ist demgemäß als Funktionalzusammenhang zwischen inneren Abläufen und in die Außenwelt gerichteten Bewegungen zu begreifen. Als Körper in der physischen Welt wird er einerseits zum Ausdrucksfeld des intentionalen Bewußtseins, und andererseits gewinnt die räumliche Dimension, über den Leib vermittelt, derart an Bedeutung, daß das Extensive der raum-zeitlichen Welt in das Erleben einbezogen wird.

Die Tatsache, daß das Subjekt den Leib primär in Bewegung erleben kann, heißt auch, daß es selbst diesen nur *im* aber nicht *als* funktionalen Zusammenhang erfährt. "Nicht daß ich mich bewege, macht das Erlebnis dieser Bewegung an sich aus etwas Intensivem zu einem Extensiven, (...) sondern daß dieses Erlebnis mit Notwendigkeit (...) zu einem Erlebnis des Raumes umgedeutet wird, schafft uns den Zutritt zu der Welt des Ausgedehnten. Dies ganz allein vermittelt uns das Erlebnis des Raumes und damit der Zeit und der Dinge" (Schütz, 1981, 164). Mit der Erfahrung der Räumlichkeit des eigenen Leibes ist "auch die Räumlichkeit aller anderen Dinge entdeckt und gegeben" (Schütz, 1981, 189).

Die Konstitution der Ausgedehntheit der physischen Welt bleibt auf diese Weise an das erlebende und handelnde Subjekt gebunden. Die Dinge der Außenwelt werden in den Bereich seiner Aktionssphäre einbezogen und über die Berührung mit dem Körper des Subjektes als dinghaft erlebt.

161 Vgl. dazu Srubar, 1981, 32.

Das Subjekt macht so die Feststellung, daß die physische Welt mit seinem Körper die Ausdehnung gemeinsam hat und daß es über seinen Körper Teil dieser Welt ist. Neben der Ausgedehntheit teilt der menschliche Körper mit den übrigen Körpern der physisch materiellen Welt insbesondere die Eigenschaft, zur selben Zeit nicht an zwei verschiedenen Orten sein zu können, und die Ausschließlichkeit, das heißt, daß zu demselben Zeitpunkt kein anderer Körper genau dieselbe Stelle einnehmen kann, wie jene, die der Körper des handelnden Subjektes zu einem gegebenen Zeitpunkt gerade einnimmt. Darin konstituiert sich die Erfahrung der Räumlichkeit der physisch-materiellen Welt.

Aufgrund und unter Berücksichtigung dieser Gegebenheiten, die nichts anderes als Erfahrungstatsachen sein können, vollzieht sich schließlich die Orientierung im physisch-weltlichen Kontext, und zwar hinsichtlich aller Handlungen, bei denen physisch-materielle Gegebenheiten, also einschließlich der Körper der Handelnden, relevant sind. Das gilt für alle Handlungen, für deren Vollzug physisch-materielle Gegebenheiten in den Tätigkeitsablauf zu integrieren sind.

In diesem Sinne ist die Bezugnahme auf den physisch-materiellen Kontext *relationaler Art.* Handelnde stellen eine Relation zu anderen physisch-materiellen Körpern her, indem sie Ableitungen von der Erfahrung der eigenen Körperlichkeit vornehmen. Damit ist gemeint, daß die Relationen in bezug auf die Konstitution der eigenen Körperlichkeit und die Fähigkeiten und Eigenschaften des eigenen Körpers definiert werden. Die Erfahrung der physischen Welt und deren Repräsentation in räumlichen Dimensionen durch die Handelnden kann somit als *leib- oder körperzentriert* ausgewiesen werden. Die Materialität der physischen Welt wird in Korrelation zur eigenen Materialität konstituiert. Und in diesem Sinne ist "Raum" als Erfahrungstatsache, als Begriff und nicht als a priori zu begreifen. Er ist also relational, aber eben als relationaler *Begriff* aufzufassen, dessen Definiens auf relationalen Erfahrungen beruht.

Der *zweite Schritt* bezieht sich auf eine klare Unterscheidung zwischen dem, was bezeichnet wird, und dem Zeichen, das einen Sachverhalt bezeichnet, so daß jeder Form von Vergegenständlichung vorgebeugt werden kann. Ein wichtiges Merkmal des Raumbegriffs ist darin zu sehen, daß es sich weder um einen empirisch-deskriptiven noch um einen logischen Begriff handelt. Zwar dient der Raumbegriff dazu, unsere Erfahrungen zu ordnen und zu strukturieren. Er bezieht sich aber nicht auf "inhaltliche"

Merkmalseigenschaften, sondern eben nur auf einen formalen Aspekt, der alle Sachverhalte – unabhängig von ihren übrigen Merkmalseigenschaften – aufweist. Der Raumbegriff ist als formaler Ordnungsraster zu begreifen, der es erlaubt, ausgedehnte Gegebenheiten hinsichtlich ihrer Lage und ihrer Position zu charakterisieren. Der Raumbegriff kann somit immer nur einen Ordnungsraster abgeben, anhand dessen ausgedehnte Gegebenheiten strukturiert und lokalisiert werden können.

"Raum" ist in diesem Sinne nicht als ein empirisch-deskriptiver, sondern als ein *formal-klassifikatorischer Begriff* zu betrachten. Als "formal" insofern, als er eine Art Grammatik für die Orientierung in der physischen Welt darstellt. Er weist, wie die übrigen formalen Begriffe, in gewissem Sinne eine syntaktisch verknüpfende Funktion auf. Anhand von Raumbegriffen sind wir in Handlungsvollzügen in der Lage, das Nebeneinander und die Art des Nebeneinanders zu bestimmen. Er ermöglicht es uns, präzise Beschreibungen von Anordnungen zu machen.

Klassifikatorisch sind Raumbegriffe insofern, als sie Ordnungen ermöglichen, ohne selbst eine Klasse zu werden. Man kann Kant darin zustimmen, daß "Raum" kein allgemeiner (empirisch-deskriptiver) Begriff ist, dem einzelne Gegenstände subsumiert werden können. Aber es ist möglich, Gegenstände, die unter verschiedene allgemeine Begriffe fallen würden, nach Kategorien zu ordnen, die das Definiens eines Raumbegriffs bilden. Mit einem Raumbegriff ist nicht ein einzelner Gegenstand beschreibbar, aber alle materiellen Gegenstände sind unter räumlichen Kategorien beschreibbar. Da "Raum" kein Gegenstand, sondern ein Begriff ist, der formale Aspekte ausgedehnter Körper erfassen läßt, die dann unter diesen Gesichtspunkten klassifiziert werden können, kann er nur formal *und* klassifikatorisch zugleich sein.

"Raum" ist somit nicht bloß a priori, und zwar deshalb nicht, weil er auf Erfahrung beruht, allerdings nicht auf der Erfahrung eines besonderen und mysteriösen Gegenstandes "Raum", sondern auf der Erfahrung der eigenen Körperlichkeit, deren Verhältnis zu den übrigen ausgedehnten Gegebenheiten (inklusive der Körperlichkeit der anderen Subjekte) und deren Bedeutung für die eigenen Handlungsmöglichkeiten und -unmöglichkeiten.

Der *dritte Schritt* besteht in der Sicherstellung, daß der Zuständigkeitsbereich des Raumbegriffs für die physische Welt nicht überschritten wird. Er kann sich nur auf den Wirklichkeitsbereich der Welt der ausgedehnten Körper beziehen, nicht aber auf die immateriellen Gegebenheiten des Bewußtseins oder die intersubjektiv konstituierten sozial-kulturellen Gegebenheiten. Eine Mißachtung des angemessenen Zuständigkeitsbereichs führt zu inadäquaten Reduktionen, die dann zu empirisch ungültigen Folgerungen verleiten.

Zudem müssen mit der Verwendung räumlicher Kategorien zur Beschreibung und Erklärung sozialer Phänomene – durch die Hintertür quasi – wieder all jene Nachteile in Kauf genommen werden, die für den sozialweltlichen Holismus charakteristisch sind. Wenn man sich aber alltagssprachliche Urteile vom Typus, "südlich von Rom sind die Leute arbeitsscheu", in Erinnerung ruft, wird offensichtlich, daß derartige holistische Konnotationen, die sich aus der räumlichen Rede über Soziales ergeben, große problematische Bedeutung haben. Vergleichbare Implikationen weisen rassistische, sexistische u.ä. Urteile auf.

Der Kern des Problems scheint darin zu bestehen, daß hier der Zuständigkeitsbereich räumlicher bzw. biologischer Kategorien überschritten wird. Wird ihr Zuständigkeitsbereich nicht angemessen beachtet, dann führt die Verwendung räumlicher Kategorien zu einer materialistischen Interpretation des Gesellschaftlichen und gleichzeitig zu dessen Homogenisierung und Kollektivierung.

Diese Implikationen waren unter den sozialontologischen Bedingungen traditioneller Gesellschaften vielleicht weniger bedeutsam. Doch unter den spät-modernen Bedingungen führen sie zu ebenso radikalen wie unangemessenen Verzerrungen, und sie sind zudem in hohem Maße problematisch. Die Unangemessenheit der Homogenisierung drückt sich in aller Regel in bereits angedeuteten pauschalisierenden (Vor-)Urteilen aus. Die kollektivistische Komponente findet ihren Ausdruck in der meist impliziten Behauptung, daß ein Kollektiv "an sich" handeln kann.

Akzeptiert man die Basispostulate einer handlungstheoretischen Gesellschaftskonzeption, dann geht es darum, die soziale Wirklichkeit in den Kategorien von Handlungen von Subjekten zu analysieren. Demgemäß kann man dem "Raum" auch nicht per se eine konstitutive Kraft beimessen, sondern muß das, was damit gemeint sein könnte, in bezug auf die Handlungen einzelner analysieren. Das bedeutet, daß "Raum" immer nur als eine Kurzbeschreibung von Problemen, die sich in Handlungsvollzügen im Zusammenhang mit der Körperlichkeit des Handelnden und den Orientierungen in der physischen Welt ergeben, begriffen werden kann. Man kann aber nicht davon ausgehen, daß "Raum" oder Materialität "an sich" bereits eine

Bedeutung hätten, die für soziale Gegebenheiten konstitutiv wäre. Sie werden es erst in Handlungsvollzügen unter bestimmten sozialen Bedingungen.

4.3 Konsequenzen für die Sozialgeographie alltäglicher Regionalisierungen

Die Konsequenzen einer modernen Raumauffassung sind für die traditionelle und raumwissenschaftliche Geographie nicht zuletzt deshalb von besonderer Bedeutung, weil damit jeder Form empirisch-gegenständlicher Raumwissenschaft die Legitimationsbasis entzogen wird. Kann man überzeugend nachweisen, daß "Raum" kein Objekt "neben" oder "hinter" den wahrnehmbaren materiellen Gegebenheiten ist, dann kann keine empirische Raumwissenschaft – keine Raumwissenschaft a posteriori, in der Sprache von Kant – postuliert und legitimiert werden. Kant zog daraus die Schlußfolgerung, daß Geographie konsequenterweise keine Wissenschaft, sondern lediglich Wissenschaftspropädeutik sein könne. Hettner u.a. waren trotzdem bestrebt, die Sinnhaftigkeit einer Raumwissenschaft nachzuweisen. Bemerkenswerter Weise bezogen sie sich dabei vor allem auf sozialkulturelle und nicht so sehr auf die physisch-materielle Ebene.

Wie in Kapitel II gezeigt wurde, liegt eine gewisse Plausibilität dieses Unterfangens primär in den Verankerungsformen prä-moderner Lebensformen, aber weniger in der Existenz eines objekthaften (prä-modernen) Raumes. Hier zeigt sich denn auch die postulierte Familienähnlichkeit von dem, was hier als prä-moderne Sozialontologie bezeichnet wird, und einem prä-modernen Raumverständnis, einer prä-modernen Raumontologie. In beiden, sowohl in traditionellen Lebensformen als auch in prä-modernen Raumkonzeptionen, bestehen nur geringe Möglichkeiten der Berücksichtigung des modernen Subjektes.

In prä-modernen Lebensformen bilden, wie wir gesehen haben, die Traditionen die nicht-diskursiven Instanzen der Handlungsorientierung und -legitimation. Kernpunkt ist dabei, daß nicht die Konventionen der Subjekte im Zentrum stehen, sondern "gesetzte" Standards, deren Einhaltung von "Gralshütern" streng überwacht wird. Den Intentionen der Subjekte ist damit ein enger Rahmen gesetzt. Die prä-moderne Raumontologie schränkt die Berücksichtigung des Subjektes aufgrund der deterministischen Wirkfähigkeit des substantialistischen Raumes ein, die sich ihrerseits gegen deren Handlungsfähigkeit richtet. Diese Raumontologie impliziert, in Hettners Sprache formuliert, die "Übergehung der menschlichen Willensentschlüsse". Wie Leibniz und vor allem Kant zeigen, ist ein absoluter/substantialistischer Raum kategoriell nicht mit einem prinzipiell handlungs- und entscheidungsfähigen Subjekt zu vereinbaren.

Diese Implikation äußert sich letztlich, wie später ausführlicher zu zeigen sein wird, auch in der recht geringen Leistungsfähigkeit raumwissenschaftlicher Geographie unter den Bedingungen der Spät-Moderne. Zur Erklärung und plausiblen Beschreibung einer Sozial- und Kulturwelt, die – gemäß der hier vertretenen Konzeption – grundsätzlich auf den reflexiven Konstitutionsleistungen handelnder Subjekte beruht, hat eine Wissenschaft, bei der räumliche Kategorien als Primär- und Sekundärkategorien gehandelt werden, konsequenterweise ein stetig abnehmendes Leistungspotential. Wie die traditionelle (regional-)geographische, wird somit auch die raumwissenschaftliche Darstellung spät-moderner Wirklichkeiten in zunehmendem Maße unzureichend. Es wird immer weniger sinnvoll, sich in raumwissenschaftlicher Manier auf Ausschnitte der Erdoberfläche zu konzentrieren, und diesen so genau wie möglich zu erforschen. Die Vorstellung vom flächendeckenden Wissen ist in dieser Hinsicht obsolet, und allumfassende – vom Muttergestein bis zur Religion reichende Abgrenzungsvorschläge – wissenschaftliche Regionalisierungen werden immer problematischer.

Die Bedeutung der Ergebnisse deskriptiver Regionalgeographie mit ihrem wissenschaftspropädeutischen Status sind in alltagsweltlicher Hinsicht gerade in globalen Lebensbezügen nicht zu unterschätzen. Doch sie kann letztlich eben nur propädeutischen Wissenschaftsstatus erlangen. Hettners Vorschlag, die Geographie als wissenschaftliche Raumforschung zu begreifen, ist ebenso unhaltbar, wie die späteren Versuche, die Geographie als quantitative raumwissenschaftliche Disziplin zu etablieren. Beide können den spät-modernen Lebensbedingungen *erstens* nicht Rechnung tragen, und *zweitens* setzen beide eine Reifikation von "Raum" als einen Gegenstand voraus, wie er für prä-moderne Raumkonzeptionen charakteristisch ist.

Das heißt nun trotzdem nicht, daß die wissenschaftliche Geographie im Kontext spät-moderner Lebensbedingungen und -formen ein obsoletes Projekt wäre. Im Gegenteil. Doch sie sollte den Prinzipien der Moderne bzw. spät-modernen Lebens- und Gesellschaftsformen Rechnung tragen und sich auf die Kernbereiche der "Konsequenzen der Moderne" konzeptionell wie auch thematisch einlassen. Dies verlangt aber nach einer Neufokussierung des geographischen Tatsachenblicks. Im Fokus stehen nicht mehr "Räume", sondern das Handeln der Subjekte unter bestimmten räumlichen und zeitlichen Bedingungen.

Für den Einbezug physisch-materieller Handlungskontexte in diese Formen der Wirklichkeitsdarstellung und – wenn notwendig und sinnvoll – auch -planung wird eine Bezugnahme auf eine moderne Ontologie des Raumes im Sinne eines formal-klassifikatorischen Begriffes – zumindest hypothetisch – als sinnvolle Strategie postulierbar. Wird "Handeln" und nicht "Raum" zum zentralen Theoriebegriff gemacht, dann wird offensichtlich, daß die räumliche Anordnung von Sachverhalten als notwendige Bedingung und Folge menschlichen Handelns relevant ist. Die lokalisierbaren Sachverhalte werden immer einer zielspezifischen Interpretation im Rahmen des Handlungsaktes unterworfen und können demgemäß nicht unmittelbare Ursache einer Handlung sein. Demgemäß kann die erdräumliche Dimension immer nur den an sich wirkungslosen Bezugsraster der Lokalisierung von handlungsrelevanten Elementen und der Orientierung von Handlungen in den verschiedenen Bezugsbereichen darstellen.

In diesem Sinne stellt "Raum" ein "Kürzel" für Probleme und Möglichkeiten der Handlungsverwirklichung und der sozialen Kommunikation dar, die sich auf die physisch-materielle Komponente beziehen. Aber statt das "Kürzel" zu reifizieren, zu verdinglichen, sollten wir uns mit dem beschäftigen, wofür das Kürzel steht. Konzentrieren sollten wir uns auf die räumlichen Aspekte der materiellen Medien in ihrer sozialen Interpretation und deren Bedeutung für das gesellschaftliche Leben. Für bestimmte Fragestellungen kann es dabei durchaus angemessen sein, anhand von räumlichen Kategorien, im Sinne von Kurzformeln, über Soziales zu reden. Doch sollte dabei der Kurzformel-Charakter immer bewußt bleiben. In diesem Sinne können "räumliche" Redeweisen zusammenfassende Äußerungsformen sein über Bedingungen der Interaktion/Kommunikation in bezug auf Kopräsenz oder Absenz des Körpers bzw. als Kürzel für unterschiedliche Grade der Mittelbarkeit von Interaktionsformen, als Orientierungs- und Differenzierungskategorie sowie Bedingungen des Handelns im physisch-materiellen Kontext.

Ausblick

Gemäß der hier entwickelten Argumentation kann nicht gleichzeitig den Prinzipien der Moderne und einer regionalgeographisch-raumwissenschaftlichen Methodologie zugestimmt werden, ohne beachtliche Verzerrungen in Kauf zu nehmen. Denn einerseits sind die Entankerungen spät-moderner Lebensformen zu tiefergehend, als daß man sie angemessen in räumlichen Kategorien darstellen könnte. Andererseits ist ein substantialistisch gegenständlicher Raum nicht mit dem Intentions- und Interpretationspotential der Subjekte zu vereinbaren, welche die Grundlage moderner und spät-moderner Lebensformen bilden. Sollen Sozial-, Kultur- und Wirtschaftsgeographie nicht nur bei der Darstellung traditioneller Lebensformen eine hohe Plausibilität aufweisen, dann ist, der philosophischen Raumdebatte und der hier entworfenen Sozialontologie entsprechend, die Forschung verstärkt auf die Tätigkeiten der Subjekte auszurichten.

Regionalgeographie und räumliche Darstellungen von Bedingungen des Handelns auf den verschiedensten Maßstabstufen sind sicherlich weiterhin wichtig und sinnvoll. Doch bereits dies als "Wissenschaft" verstehen zu wollen, verweist in sozialer wie in räumlicher Hinsicht auf ein prä-moderne Ontologie. Im Gegensatz dazu wären die Ergebnisse dieses wissenschaftspropädeutischen Bereichs, im Sinne der Prinzipien der Moderne, in bezug auf die subjektiven Lebensformen relativierend zu interpretieren. Bleibt man jedoch bei der Darstellung suggerierter Einheiten von Raum, Kultur und Gesellschaft, hat dies unter spät-modernen Bedingungen offensichtlich totalisierende Implikationen.

Hier stellt sich einerseits die Frage nach den politischen Implikationen wissenschaftlicher Wirklichkeitsdarstellungen. Andererseits zeigt sich die Notwendigkeit der gegenseitigen Abstimmung von Sozialontologie und Forschungsmethodologie. Zudem scheinen diesen beiden Aspekte intern verknüpft zu sein. Die Abstimmungsforderung ist jedenfalls nicht nur von wissenschaftlicher Relevanz. Denn in einer verwissenschaftlichten Welt bilden die Ergebnisse geographischer Forschung Mittel der Konstitution gesellschaftlicher Wirklichkeiten und des subjektiven Selbstverständnisses. Damit ist eine (politische) Verantwortung verbunden, der sich auch Geographen nicht entziehen können.

Ihre eigene Arbeit beschwörend, versichern sich englischsprachigen Geographinnen und Geographen gegenseitig: "Geography matters!" Es könnte sich erweisen, daß dies auch noch wahr ist in durchaus anderem Sinne, als es heute gemeint ist: Nicht nur als Darstellungsform der "Geographie der Dinge" und deren Beziehungen untereinander, sondern auch als Teil der Wirklichkeitskonstitution alltäglicher Geographien und damit verbundener Selbstdeutungen der Subjekte. Öffnet sich ein Graben zwischen alltäglich gelebter Wirklichkeit und wissenschaftlicher Darstellung, dann ist dies im Rahmen spät-moderner Bedingungen auch der praktischen Relevanz der entsprechenden Disziplin abträglich.

Was hier als Gefährdung der Legitimität einer wissenschaftlichen Sozial-, Kultur- und Wirtschaftsgeographie erscheinen könnte, wird in Band 2 den Ausgangspunkt der Grundlegung eines anderen geographischen Tatsachenblicks bilden. Dieser soll darauf ausgerichtet sein, den Graben zwischen alltäglichen Wirklichkeitsbereichen und wissenschaftlicher Darstellung möglichst klein zu halten. Denn Ziel ist die wissenschaftliche Erforschung des alltäglichen Geographie-Machens. Das impliziert die Wende von der traditionellen Regionalgeographie zur Sozialgeographie alltäglicher Regionalisierungen der Lebenswelt. Dabei ist die Untersuchung der sozialen Verwendung räumlicher Kategorien und Kontexte zur Meisterung sozialer Problemsituationen von besonderem Interesse. Unter diesen Bedingungen wird es auch wenig erfolgversprechend, "Raum" oder "Räumlichkeit" an sich erforschen, erklären, planen oder gar verstehen zu wollen. Die sogenannten Raumprobleme werden vielmehr als Probleme des Handelns thematisiert und "die Geographie" nicht als unveränderliche Tatsache verstanden, sondern als ein Ergebnis, das aktuell für Subjekte je unterschiedliche Bedeutungen erlangen kann. Der Auftrag an wissenschaftliches Arbeiten kann dabei aber nicht die Duplizierung des Alltags sein bzw. die Reproduktion des Alltags in alltäglichen Begriffen, unüberprüften (Vor-)Urteilen usw. Zu ihrem Auftrag gehört auch eine Haltung, die es ermöglichen soll, auf bisher unbeachtete Implikationen und vielfältige unbeabsichtigte Folgen unseres alltäglichen und wissenschaftlichen Tuns aufmerksam zu machen.

Literatur

Agassi, J.: Methodological Individualism. In: The British Journal of Sociology, vol. 11, Nr. 2, 1960, S. 244–270

Alexander, H. G. (ed.): The Leibniz-Clarke Correspondence. Manchester 1956

Alisjahbana, S. T.: Indonesia: Social and Cultural Revolution. Kuala Lumpur/Singapore/London/Melbourne 1966

Althusser, L./Balibar, E.: Reading Capital. London 1970

Anderson, P.: Arguments within English Marxism. London 1980

Aristoteles: Physikalische Vorlesung. Die Lehrschriften, Bd. 4.1. Paderborn 1956

Aristoteles: Physikvorlesung. Berlin 1989

Arnason, J. P.: Nationalism, Globalization and Modernity. In: Featherstone, M. (ed.): Global Culture. Nationalism, Globalization and Modernity. London 1990, S. 207–236

Aron, R.: La classe comme représentation et comme volonté. In: Cahier International de Sociologie, vol. 38, 1965, S. 11–30

Bahrenberg, G.: Räumliche Betrachtungsweise und Forschungsziele der Geographie. In: Geographische Zeitschrift, 60. Jg., Heft 1, 1972, S. 8–24

Bahrenberg, G.: Von der Anthropogeographie zur Regionalforschung – eine Zwischenbilanz. In: Sedlacek, P. (Hrsg.): Zur Situation der deutschen Geographie zehn Jahre nach Kiel. Osnabrück 1979, S. 59–68

Bahrenberg, G.: Unsinn und Sinn des Regionalismus in der Geographie. In: Geographische Zeitschrift, 75. Jg., Heft 3, 1987, S. 149–160

Bartels, D.: Zur wissenschaftstheoretischen Grundlegung einer Geographie des Menschen. Wiesbaden 1968a

Bartels, D.: Türkische Gastarbeiter aus der Region Izmir. Zur raumzeitlichen Differenzierung ihrer Aufbruchsentschlüsse. In: Erdkunde, 22. Jg., Heft 4, 1968b, S. 313–324

Bartels, D.: Theoretische Geographie. In: Geographische Zeitschrift, 57. Jg., Heft 1, 1969, S. 132–144

Bartels, D.: Einleitung. In: Bartels, D. (Hrsg.): Wirtschafts- und Sozialgeographie. Köln/Berlin 1970, S. 13–48

Bartels, D.: Schwierigkeiten mit dem Raumbegriff in der Geographie. In: Geographica Helvetica, Beiheft Nr. 2/3, 1974, S. 7–21

Bartels, D.: Raumwissenschaftliche Aspekte sozialer Disparitäten. In: Mitteilungen der Österreichischen Geographischen Gesellschaft, Bd. 120, 1978, S. 227–242

Bartels, D.: Theorien nationaler Siedlungssysteme und Raumordnungspolitik. In: Geographische Zeitschrift, 67. Jg., Heft 2, 1979, S. 110–146

Bartels, D./Hard, G.: Lotsenbuch für das Studium der Geographie. Bonn/Kiel 1975

Beck, U.: Die Risikogesellschaft. Auf dem Weg in eine andere Moderne. Frankfurt a. M. 1986

Beck, U.: Politik in der Risikogesellschaft. Frankfurt a. M. 1991

Beck, U.: Die Erfindung des Politischen. Zu einer Theorie reflexiver Modernisierung. Frankfurt a. M. 1993a

Beck, U.: "Auch der Westen verschwindet...". In: Neue Zürcher Zeitung, Nr. 217, 1993b, S. 69–70

Berger, J.: The Look of Things. New York 1971

Bernstein, R. J.: Structuration as Critical Theory. In: Praxis International, vol. 5, 1986, S. 235–249

Bernstein, R. J.: Social Theory as Critique. In: Held, D./Thompson, J. (eds.): Social Theory of Modern Societies. Anthony Giddens and his Critics. Cambridge 1989, S. 19–33

Billinge, M./Gregory, D./Martin, R. (eds.): Recollections of a Revolution. Geography as a Spatial Science. London 1984

Blau, P. M.: A macrosociological theory of social structure. In: American Journal of Sociology, vol. 83, Nr. 1, 1977, S. 1–35

Blotevogel, H. H./Heinritz, G./Popp, H.: Regionalbewusstsein. Bemerkungen zum Leitbegriff einer Tagung. In: Berichte zur deutschen Landeskunde, 60. Jg., Heft 1, 1986, S. 103–114

Blotevogel, H. H./Heinritz, G./Popp, H.: Regionalbewusstsein – Überlegungen zu einer geographisch-landeskundlichen Forschungsinitiative. In: Informationen zur Raumentwicklung, Heft 7/8, 1987, S. 409–418

Blotevogel, H. H./Heinritz, G./Popp, H.: "Regionalbewusstsein". Zum Stand der Diskussion um einen Stein des Anstosses. In: Geographische Zeitschrift, 77. Jg., Heft 2, 1989, S. 65–88

Bobek, H.: Stellung und Bedeutung der Sozialgeographie. In: Erdkunde 2, 1948, S. 118–125

Boesch, M.: Engagierte Geographie. Zur Rekonstruktion der Raumwissenschaft als politik-orientierte Geographie. Stuttgart 1989 (Erdkundliches Wissen, Bd. 98)

Bollnow, O. F.: Mensch und Raum. Stuttgart 1980 (4. Auflage)

Bourdieu, P.: Entwurf einer Theorie der Praxis. Frankfurt a. M. 1979

Bourdieu, P.: Sozialer Raum und Klassen. In: Bourdieu, P.: Sozialer Raum und 'Klassen'. Leçon sur la leçon. Zwei Vorlesungen. Frankfurt a. M. 1985, S. 7–46

Bourdieu, P.: L'ontologie politique de Martin Heidegger. Paris 1988a

Bourdieu, P.: Politische Ontologie Martin Heideggers. Frankfurt a. M. 1988b

Bourdieu, P.: Physischer, sozialer und angeeigneter Raum. In: Wentz, M. (Hrsg.): Stadt-Räume. Frankfurt a. M. 1991, S. 25–34

Brennan, T. (ed.): Between Feminism and Psychoanalysis. London 1989

Brennan, T.: History after Lacan. London 1993

Brentano, F.: Philosophische Untersuchungen zu Raum, Zeit und Kontinuum; hrsg. von Körner, St. und Chisholm, R. M. Hamburg 1976

Brodbeck, M.: Methodologischer Individualismus: Definition und Reduktion. In: Giesen, B./Schmid, M. (Hrsg.): Theorie, Handeln und Geschichte. Hamburg 1975, S. 189–216

Bunge, W.: Theoretical Geography. Lund 1962

Buroker, J. V.: Space and Incongruence. The Origin of Kant's Idealism. Dordrecht 1981

Burton, I.: The Quantitative Revolution and Theoretical Geography. In: Canadian Geographer, vol. 7, Nr. 3, 1963, S. 151–162

Butler, J.: Das Unbehagen der Geschlechter. Frankfurt a. M. 1991

Buttimer, A.: Social space in interdisciplinary perspective. In: Geographical Review, 59. Jg., Nr. 4, 1969, S. 417–426

Buttimer, A.: Values in geography. In: Association of American Geographers, Resource Paper, Nr. 24. Washington DC 1974

Buttimer, A.: Grasping the dynamism of Lifeworld. In: Annals of the Association of American Geographers, vol. 66, Nr. 2, 1976, S. 277–297

Buttimer, A.: Ideal und Wirklichkeit in der Angewandten Geographie, Münchener Geographische Hefte, Nr. 51. Kallmünz/Regensburg 1984

Callinicos, A. (ed.): Marxist Theory. Oxford 1989

Carlstein, T.: Time, Resources, Society and Ecology. On the Capacity For Human Interaction in Space and Time in Preindustrial Societies. Lund 1982

Carlstein, T.: Planung und Gesellschaft: ein «Echtzeit»-System im Raum. In: Geographica Helvetica, 41. Jg., Heft 3, 1986, S. 117–125

Carnap, R.: Der logische Aufbau der Welt. Berlin 1928

Carnap, R.: Der Raum. Ein Beitrag zur Wissenschaftslehre, Kantstudien, Heft 56, Berlin 1978

Clausewitz, K. v.: Vom Kriege. Berlin 1966 (17. Auflage)

Claval, P.: Géographie et profondeur sociale. In: Annales Economie, Societé, Civilisations, vol. 22, 1967

Claval, P.: Geographie als sozialwissenschaftliche Disziplin. In: Bartels, D. (Hrsg.): Wirtschafts- und Sozialgeographie. Köln/Berlin 1970, S. 418–434

Claval, P.: Géographie humaine et économique contemporaine. Paris 1984

Cloke, P./Philo, C./Sadler, D.: Approaching Human Geography. An Introduction to Contamporary Debates. London 1991

Cohen, G. A.: Reply to Elster on 'Marxism, Functionalism, and Game Theory'. In: Callinicos, A. (ed.): Marxist Theory. Oxford 1989, S. 88–104

Cohen, I. J.: Structuration Theory. Anthony Giddens and the Constitution of Social Life. London 1989

Craib, I.: Anthony Giddens. London 1992

Derrida, J.: Die Schrift und die Differenz. Frankfurt a. M. 1976

Descartes, R.: Die Prinzipien der Philosophie. Leipzig 1922 (4. Auflage), (Übersetzt von Arthur Buchenau)

Dicken, P.: Global Shift. The Internalization of Economic Activity. New York 1992

Durkheim, E.: Les formes élémentaires de la vie réligieuse. Paris 1912

Durkheim, E.: De la division du travail social. Paris 1960 (7ème ed.)

Durkheim, E.: Regeln der soziologischen Methode. Darmstadt und Neuwied 1980 (6. Auflage)

Durkheim, E./Mauss, M.: De quelques formes primitives de classification. In: L'Année Sociologique, vol. 6, Nr. 1, 1901, S. 1–72

Earman, J.: Who's Afraid of Absolute Space? In: Australasian Journal of Philosophy, vol. 48, Nr. 3, 1970, S. 287–319

Einstein, A.: Vorwort. In: Jammer, M.: Das Problem des Raumes. Die Entwicklung der Raumtheorien. Darmstadt 1960, S. 11–15

Eisel, U.: Die Entwicklung der Anthropogeographie von einer "Raumwissenschaft" zur Gesellschaftswissenschaft. Kassel 1980

Eisel, U.: Regionalismus und Industrie. Über die Unmöglichkeit einer Gesellschaftswissenschaft als Raumwissenschaft und die Perspektive einer Raumwissenschaft als Gesellschaftswissenschaft. In: Sedlacek, P. (Hrsg.): Kultur-/Sozialgeographie. Paderborn/München/Wien/Zürich 1982, S. 125–150

Eisel, U.: Landschaftskunde als "materialistische Theologie". Ein Versuch aktualistischer Geschichtsschreibung in der Geographie. In: Bahrenberg, G. u. a. (Hrsg.): Geographie des Menschen – Dietrich Bartels zum Gedenken. Bremen 1987, S. 89–110

Elster, J.: Logik und Gesellschaft. Widersprüche und mögliche Welten. Frankfurt a. M. 1981

Elster, J.: Marxism, Functionalism, and Game Theory. In: Theory and Society, vol. 11, Nr. 4, 1982, S. 453–482

Elster, J.: Making Sense of Marx. Cambridge 1985

Elster, J.: An Introduction to Karl Marx. Cambridge 1988

Elster, J.: The Cement of Society. A Study of Social Order. Cambridge 1989a

Elster, J.: Marxism, Functionalism, and Game Theory: The Case for Methodological Individualism. In: Callinicos, A. (ed.): Marxist Theory. Oxford 1989b, S. 48–87

Erikson, E. H.: Kindheit und Gesellschaft. Stuttgart 1984 (9. Auflage)

Featherstone, M. (ed.): Global Culture. Nationalism, Globalization and Modernity. London 1990

Foucault, M.: Überwachen und Strafen. Die Geburt des Gefängnisses. Frankfurt a. M. 1977

Foucault, M.: Power/Knowledge. Selected Interviews and other Writings 1972–1977. Brighton 1980

Freud, S.: Das Ich und das Es (1923). In: Freud, S.: Gesammelte Werke, Bd. XIII. London/Frankfurt 1940, S. 236–289

Friedland, R./Boden, D. (eds.): NowHere: An Introduction to Space, Time and Modernity. In: Friedland, R./Boden, D. (eds.): NowHere. Space, Time and Modernity. Berkely/Los Angeles/London 1994a, S. 1–60

Friedland, R./Boden, D. (eds.): NowHere. Space, Time and Modernity. Berkely/Los Angeles/London 1994b

Frisby, D.: Fragments of Modernity. Theories of Modernity in the Work of Simmel, Kracauer and Benjamin. Cambridge 1985

Fukuyama, F.: The End of History and the Last Man. London 1992

Gellner, E.: Holism and Individualism in History and Sociology. In: Gardiner, P. (ed.): Theories of History. New York 1959

Gellner, E.: Nations and Nationalism. Oxford 1983

Giddens, A.: Capitalism and Modern Social Theory: An analysis of the writings of Marx, Durkheim and Max Weber. Cambridge 1971

Giddens, A.: Central Problems in Social Theory. Action, Structure and Contradiction in Social Analysis. London 1979

Giddens, A.: A Contemporary Critique of Historical Materialism, vol. 1: Power, Property and the State. London 1981

Giddens, A.: Commentary on the Debate ('Marxism, Functionalism, and Game Theory'). In: Theory and Society, vol. 11, Nr. 4, 1982a, S. 527–540

Giddens, A.: Space, time and politics in social theory: an interview with Anthony Giddens. In: Environment and Planning D. Society and Space, vol. 2, 1982b, S. 123–32

Giddens, A.: The Constitution of Society. Outline of the Theory of Structuration. Cambridge 1984a

Giddens, A.: Interpretative Soziologie. Eine kritische Einführung. Frankfurt a. M. 1984b

Giddens, A.: A Contemporary Critique of Historical Materialism, vol. 2: The Nation-State and Violence. Cambridge 1985a

Giddens, A.: Time, Space and Regionalisation. In: Gregory, D./Urry, J. (eds.): Social Relations and Spatial Structures. London 1985b, S. 265–295

Giddens, A.: Social Theory and Modern Sociology. Cambridge 1987a

Giddens, A.: Time and social organization. In: Giddens, A.: Social Theory and Modern Sociology. Cambridge 1987b, S. 140–165

Giddens, A.: Die Konstitution der Gesellschaft. Grundzüge einer Theorie der Strukturierung. Frankfurt a. M. 1988a

Giddens, A.: The Role of Space in the Constitution of Society. In: Steiner, D./Jäger, C./Walther, P. (Hrsg.): Jenseits der mechanistischen Kosmologie – Neue Horizonte für die Geographie? Berichte und Skripten, Geographisches Institut der ETH Zürich, 1988b, S. 167–180

Giddens, A.: A Reply to my Critics. In: Held, D./Thompson J. (eds.): Social Theory of Modern Society. Anthony Giddens and his Critics. Cambridge 1989, S. 249–301

Giddens, A.: Consequences of Modernity. Stanford 1990a

Giddens, A.: Structuration Theory and Sociological Analysis. In: Clark, J./Modgil, C./ Modgil, S. (eds.): Anthony Giddens. Consensus and Controversy. Bristol 1990b, S. 297–315

Giddens, A.: Modernity and Self-Identity. Self and Society in the Late Modern Age. Cambridge 1991a

Giddens, A.: Structuration theory: past, present and future. In: C. G. A. Bryant/Jary, D. (eds.): Giddens' Theory of Structuration: A Critical Appreciation. London 1991b, S. 201–221

Giddens, A.: The Transformation of Intimacy. Sexuality, Love and Eroticism in Modern Societies. Cambridge 1992a

Giddens, A.: Kritische Theorie der Spätmoderne. Wien 1992b

Giddens, A.: Globalization and Modernity. Zürich 1993 (unveröffentlichte Videoaufzeichnung)

Giddens, A.: Beyond Left and Right. The Future of Radical Politics. Cambridge 1994a

Giddens, A.: Living in a Post-Traditional Society. In: Beck, U./Giddens, A./Lash, S.: Reflexive Modernization. Politics, Tradition and Aesthetics in the Modern Social Order. Cambridge 1994b, S. 56–109

Giddens, A.: Brave New World: the New Context of Politics. Cambridge 1994c (unveröff. Manuskript)

Giddens, A.: Konsequenzen der Moderne. Frankfurt a. M. 1995

Goody, J.: The Logic of Writing and the Organization of Society. Cambridge 1986

Gregory, D.: Ideology, Science and Human Geography. London 1978

Gregory, D.: Human Agency and Human Geography. In: Transactions of the Institute of British Geographers, N.S., vol. 6, 1981, S. 1–18

Gregory, D.: Regional Transformation and Industrial Revolution: A Geography of Yorkshire Woollen Industry. London 1982

Gregory, D./Urry, J. (eds.): Social Relations and Spatial Structures. London 1985a

Gregory, D.: Suspended Animation: The Status of Diffusion Theory. In: Gregory, D./ Urry, J. (eds.): Social Relations and Spatial Structures. London 1985b, S. 296–336

Gregory, D.: Locale. In: Johnston, R. J./Gregory, D./Smith, D. M. (eds.): The Dictionary of Human Geography. Oxford 1986a, S. 263–264

Gregory, D.: Region. In: Johnston, R. J./Gregory, D./Smith, D. M. (eds.): The Dictionary of Human Geography. Oxford 1986b, S. 393–395

Gregory, D.: Postmodernism and the politics of social theory. In: Environment and Planning D. Society and Space, vol. 5, Nr. 3, 1987, S. 245–248

Gregory, D.: Areal differentation and post-modern human geography. In: Gregory, D./ Walford, R. (eds.): Horizons in Human Geography. London 1989a, S. 67–96

Gregory, D.: Presences and Absences: Time-Space Relations and Structuration theory. In: Held, D./Thompson, J. (eds.): Social Theory of Modern Societies. Anthony Giddens and his Critics. Cambridge 1989b, S. 185–214

Gregory, D.: Geographical Imaginations. Oxford 1994

Guillemin, A.: Pouvoir de représentation et constitution de l'identité locale. In: Actes de la recherche en science sociales, Nr. 52-3, 1984, S. 15–17

Habermas, J.: Theorie des kommunikativen Handelns, 2 Bde. Frankfurt a. M. 1981

Habermas, J.: Nachmetaphysisches Denken. Frankfurt a. M. 1988

Hägerstrand, T.: What about people in regional science? In: Papers of the Regional Science Association, vol. 24, 1970, S. 7–21

Hägerstrand, T.: The time impact of social organization and environment upon the time-use of individuals and households. In: Kulinski, A. (ed.): Social issues in regional policy and regional planning. Mouton 1977, S. 59–67

Hägerstrand, T.: Diorama, Path and Project. In: Tijdschrift voor Economische en Sociale Geographie, vol. 73, Nr. 6, 1982, S. 323–339

Hägerstrand, T.: Time-Geography: Focus on the Corporality of Man, Society and Environment. In: Papers of the Regional Science Association, vol. 31, 1984, S. 193–216

Halbwachs, M.: Das kollektive Gedächtnis. Stuttgart 1967

Hall, A. R.: Philosophers at War. The Quarell between Newton and Leibniz. Cambridge 1980

Hard, G.: "Was ist eine Landschaft?" Über Etymologie als Denkform in der geographischen Literatur. In Bartels, D. (Hrsg.): Wirtschafts- und Sozialgeographie. Berlin/New York, 1970, S. 66–84

Hard, G.: "Bewusstseinsräume". Interpretationen zu geographischen Versuchen, regionales Bewusstsein zu erforschen. In: Geographische Zeitschrift, 75. Jg., Heft 3, 1987a, S. 127–148

Hard, G.: Das Regionalbewusstsein im Spiegel der regionalistischen Utopie. In: Informationen zur Raumentwicklung, Heft 7/8, 1987b, S. 419–440

Hard, G.: Disziplinbegegnung an einer Spur. In: Notizbuch 18 der Kasseler Schule. Kassel 1990a, S. 6–53

Hard, G.: "Was ist Geographie?" Re-Analyse einer Frage und ihrer möglichen Antworten. In: Geographische Zeitschrift, 78. Jg., Heft 1, 1990b, S. 1–14

Hartke, W.: Die Bedeutung der geographischen Wissenschaft in der Gegenwart. In: Tagungsberichte und Abhandlungen des 33. Deutschen Geographentages in Köln 1961. Wiesbaden 1962, S. 113–131

Harvey, D.: Social Justice and the City. London 1973

Harvey, D.: Limits to Capital. Chicago 1982

Harvey, D: The Urbanization of Capital. Studies in the History of Capitalist Urbanization. Oxford 1985a

Harvey, D: The Condition of Postmodernity. An Enquiry into the Origins of Cultural Change. Oxford 1989

Hawking, St. W.: A Brief History of Time. From the Big Bang to Black Holes. London 1988

Hayek, F. A. v.: The Counter-Revolution of Science. New York 1952

Hegel, G. W. F.: Philosophie der Geschichte. Stuttgart 1961

Hegel, G.W.F.: Phänomenologie des Geistes. Frankfurt a. M. 1973

Hegel, G.W.F.: Gesammelte Werke. Bd. 9. Vorlesungen über die Geschichte der Philosophie. Teil 4. Philosophie des Mittlealters und der neueren Zeit. Hamburg 1986

Heidegger, M.: Das Wesen der Sprache. In: Heidegger, M.: Unterwegs zur Sprache. Pfullingen, 1971, S. 157– 216 (4. Auflage)

Heidegger, M.: The age of the World Picture. In: Heidegger, M.: The Question Concerning Technology and other Essays. New York 1977, S. 115–154

Heidegger, M.: Die Kunst und der Raum. St. Gallen 1983 (2. Auflage)

Heidegger, M.: Sein und Zeit. Tübingen 1986a (16. Auflage)

Heidegger, M.: Identität und Differenz. Pfullingen 1986b (8. Auflage)

Heidegger, M.: Die Frage nach dem Ding. Zu Kants Lehre von den transzendentalen Grundsätzen. Tübingen 1987 (3. Auflage)

Helmholtz, H. v.: Über die Tatsachen, welche der Geometrie zugrunde liegen. In: Göttinger gelehrte Nachrichten, Bd. 2, 1868, S. 193–221

Hettner, A.: Die Geographie. Ihre Geschichte, ihr Wesen und ihre Methoden. Breslau 1927

Hettner, A.: Der Gang der Kultur über die Erde. Leipzig und Berlin 1929

Heymann, Th.: Komplexität und Kontextualität des Sozialraumes. Stuttgart 1989 (Erdkundliches Wissen, Bd. 95)

Hobbes, Th.: The English Works of Thomas Hobbes, ed. by Sir W. Molesworth. London 1839

Hobbes, Th.: Body, Man, and Citizen, ed. by R. S. Peters. New York 1967

Höffe, O.: Entscheidungstheoretische Denkfiguren und die Begründung von Recht. In: Hassemer, W. (Hrsg.): Argumentation und Recht. Wiesbaden 1980, S. 21–57

Höffe, O.: Sittlichkeit als Rationalität des Handelns? In: Schnädelbach, H. (Hrsg.): Rationalität. Frankfurt a. M. 1984, S. 141–174

Höffe, O.: Immanuel Kant. München 1988 (2. Auflage)

Husserl, E.: Ideen zu einer reinen Phänomenologie und phänomenologischen Psychologie. Den Haag 1950

Husserl, E.: Ideen zu einer reinen Phänomenologie. Buch III. Den Haag 1971

Husserl, E.: Ding und Raum. Vorlesungen 1907. Den Haag 1973

James, S.: The Content of Social Explanation. Cambridge 1984

Jammer, M.: Das Problem des Raumes. Die Entwicklung der Raumtheorien. Darmstadt 1960

Jammer, M.: Einstein und die Religion. Konstanz 1995

Jarvie, I. C.: Methodological Individualism. In: Universities and Left Review, Nr. 2, 1959, S. 57–58

Jarvie, I. C.: Die Logik der Gesellschaft. München 1974

Kant, I.: Physische Geographie, hrsg. von D. F. Th. Rink. Königsberg 1802

Kant, I.: Gedanken von der wahren Schätzung der lebendigen Kräfte und Beurtheilung der Beweise, deren sich Herr von Leibniz und andere Mechaniker in dieser Streitsache bedient haben, nebst eigenen vorhergehenden Betrachtungen, welche die Kraft der Körper überhaupt betreffen (1747). In: Kants Werke. Gesammelte Schriften, hrsg. von der Königlich Preussischen Akademie der Wissenschaften, Bd. 1. Berlin 1902, S. 1–182

Kant, I.: Principiorum primorum cognitionis metaphysicae nova dilucidatio (1755). In: Kants Werke. Gesammelte Schriften, hrsg. von der Königlich Preussischen Akademie der Wissenschaften, Bd. 1. Berlin 1902, S. 385–416

Kant, I.: Metaphysicae cum geometria iunctae usus in philosophia naturali, cuius specimen I. continet monadologiam physicam (1756). In: Kants Werke. Gesammelte Schriften, hrsg. von der Königlich Preussischen Akademie der Wissenschaften, Bd. 1. Berlin 1902, S. 473–488

Kant, I.: Entwurf und Ankündigung eines Collegii der physischen Geographie nebst dem Anhange einer kurzen Betrachtung über die Frage: Ob die Westwinde in unsern Gegenden darum feucht seien, weil sie über ein grosses Meer streichen (1757). In: Kants Werke. Gesammelte Schriften, hrsg. von der Königlich Preussischen Akademie der Wissenschaften, Bd. 2. Berlin 1902, S. 1–12

Kant, I.: Neuer Lehrbegriff von Bewegung und Ruhe und der damit verknüpften Folgerungen in den ersten Gründen der Naturwissenschaft (1758). In: Kants Werke. Gesammelte Schriften, hrsg. von der Königlich Preussischen Akademie der Wissenschaften, Bd. 2. Berlin 1902, S. 13–26

Kant, I.: Von dem ersten Grunde des Unterschiedes der Gegenden im Raume (1769). In: Kants Werke. Gesammelte Schriften, hrsg. von der Königlich Preussischen Akademie der Wissenschaften, Bd. 2. Berlin 1902, S. 375–384

Kant, I.: Kritik der reinen Vernunft (1781). Stuttgart 1985

Kean, J./Mier, P.: Editors' Preface. In: Melucci, A.: Nomads of the Present. Social Movements and Individual Needs in Contemporary Society. London 1989, S. 1–9

Kießling, B.: Kritik der Giddensschen Sozialtheorie. Ein Beitrag zur theoretisch-methodischen Grundlegung der Sozialwissenschaften. Frankfurt a. M./Bern/New York/Paris 1988

Kimmerle, H.: Derrida. Hamburg 1988

Klüter, H.: Raum als Element sozialer Kommunikation; Giessener Geographische Schriften, Heft 60. Giessen 1986

Knorr-Cetina, K.: Die Fabrikation von Erkenntnis. Zur Anthropologie der Naturwissenschaften. Frankfurt a. M. 1984

Lacan, J.: Das Spiegelstadium als Bildner der Ichfunktion, wie sie uns in der psychoanalytischen Erfahrung erscheint. In: Lacan, J.: Schriften I. Olten/Freiburg i. Br. 1978, S. 61–70

Lacey, H.: The Scientific Intelligibiliy of Absolute Space. In: British Journal for the Philosophy of Science, vol. 21, 1970

Laing, R. D.: Phänomenologie der Erfahrung. Frankfurt a. M. 1972

Leemann, A.: Auswirkungen des balinesischen Weltbildes auf verschiedene Aspekte der Kulturlandschaft und auf die Wertung des Jahresablaufes. In: Ethnologische Zeitschrift Zürich 2, 1976, S. 27–67

Lefebvre, H.: Kritik des Alltagslebens. München 1977

Lefebvre, H.: La production de l'espace. Paris 1981 (2. Auflage)

Leibniz, G. W.: Hauptschriften zur Grundlegung der Philosophie. Leipzig 1904 (Herausgegeben von E. Cassirer; und übersetzt von A. Buchenau)

Leibniz, G. W.: Neue Abhandlungen über den menschlichen Verstand. Leipzig 1915

Leibniz, G. W.: Philosophische Werke. Bd. III: Neue Abhandlungen über den menschlichen Verstand. Leipzig 1926 (Herausgegeben von A. Buchenau; und E. Cassirer)

Lukes, S.: Power: A Radical View. London 1974

Lukes, S.: Methological Individualism reconsidered. In: Essays in Social Theory. London 1977

Lukes, S.: Individualism. Oxford 1990 (4. Auflage)

Lyotard, J. F.: Das postmoderne Wissen. Ein Bericht. Wien 1986

Maier, J./Paesler, R./Ruppert, K./Schaffer, F.: Sozialgeographie. Braunschweig 1977

Mandelbaum, M.: Societal Facts. In: British Journal of Sociology, vol. 6, 1955, S. 305–317

Marx, K.: Marx Engels Werke, Bd. 4. Berlin 1957a

Marx, K.: Marx Engels Werke, Bd. 8. Berlin 1957b

Marx, K.: Manifest der kommunistischen Partei. München 1978

Marx, K.: Das Kapital. Bd. I. Marx Engels Werke, Bd. 23. Berlin 1979a

Marx, K.: Das Kapital. Bd. III. Marx Engels Werke, Bd. 25. Berlin 1979b

Marx, K.: Das Kapital. Bd. II. Marx Engels Werke, Bd. 24. Berlin 1981

Melucci, A.: Nomads of the Present. Social Movements and Individual Needs in Contemporary Society. London 1989

Merleau-Ponty, M.: Phänomenologie der Wahrnehmung. Berlin/New York 1977

More, L. T.: Isaac Newton. New York 1934

Nerlich, G.: The Shape of Space. Cambridge 1976

Newton, I.: Mathematische Prinzipien der Naturlehre. Berlin 1872 (Übersetzt von J. Ph. Wolfers)

Newton, I.: Treatise of Optics. New York 1952

Olson, M.: The Logic of Collective Action. Public Goods and the Theory of Groups. New York 1971 (2. rev. Auflage)

Opp, K.-D.: Individualisitische Sozialwissenschaft. Arbeitsweise und Probleme individualistisch und kollektivistisch orientierter Sozialwissenschaften. Stuttgart 1979

Oßenbrügge, J.: Zwischen Lokalpolitik, Regionalismus und internationalen Konflikten: Neuentwicklungen in der anglo-amerikanischen Politischen Geographie. In: Geographische Zeitschrift, 72. Jg., Heft 1, 1984, S. 22–33

Otremba, E.: Das Spiel der Räume. In: Geographische Rundschau 13, 1961, S. 130–135

Pagel, G.: Lacan. Zur Einführung. Hamburg 1989

Parsons, T.: Structure of Social Action. Glencoe Ill. 1937

Parsons, T.: The Social System. London 1952

Parsons, T.: The Principal Structures of Community. In: Structure and Process in Modern Societies. Glencoe Ill. 1960

Parsons, T.: Theories of Societies. 2 Bde. Glencoe Ill. 1961

Pickels, J.: Phenomenology, Science and Geography: Spatiality and the Human Sciences. Cambridge 1985

Pohl, J.: Die Geographie als hermeneutische Wissenschaft, Münchner Geographische Hefte, Nr. 52. Kallmünz/Regensburg 1986

Pohl, J.: Regionalbewusstsein als Thema der Sozialgeographie. Theoretische Überlegungen und empirische Untersuchungen am Beispiel Friaul, Münchner Geographische Hefte, Nr. 70. Kallmünz/Regensburg 1993

Popper, K. R.: La rationalité et le status du principe de rationalité. In: Classen, E. M. (ed.): Les fondements philosophiques des systèmes économiques. Paris 1967, S. 142–150

Popper, K. R.: Objektive Erkenntnis. Hamburg 1973

Popper, K. R.: Ausgangspunkte. Meine intellektuelle Entwicklung. Zürich 1981

Popper, K. R.: Die offene Gesellschaft und ihre Feinde. 2 Bde. München 1992 (7. Auflage)

Poser, H.: Gottfried Wilhelm Leibniz. In: Höffe, O.: Klassiker der Philosophie, Bd. I. München 1981, S. 378–404

Pred, A.: The Choreographie of Existence: Comments on Hägerstrand's Time-Geography and his Usefulness. In: Economic Geography, 1977, S. 207–221

Pred, A.: Social Reproduction and the Time-Geography of Everyday Life. In: Geografiska Annaler 63B, 1981, S. 5–22

Pred, A.: Structuration, biography formation and knowledge: observations on port growth during the late mercantile period. In: Environment and Planning D. Society and Space, vol. 2, Nr. 3, 1984, S. 252–276

Pred, A.: The Social Becomes the Spatial, the Spatial Becomes the Social: Enclosures, Social Change and the Becoming of Places in the Swedish Province of Skåne. In: Gregory, D./Urry, J. (eds.): Social Relations and Spatial Structures. London 1985, S. 337–365

Pred, A.: Place, Practice ansd Structure. Cambridge 1986

Pred, A.: Recognising European Modernities. A Montage of the Present. London 1995

Racine, J. B./Raffestin, C.: L'espace et la societé dans la géographie sociale francophone. In: Espace et Localisation. Paris 1983, S. 304–330

Raffestin, C.: Langue et territoire. Autour de la géographie culturelle. In: Werlen, B./ Wälty, S. (Hrsg.): Kulturen und Raum. Theoretische Ansätze und empirische Kulturforschung in Indonesien. Zürich 1995, 87–104

Ratzel, F.: Anthropo-Geographie. Erster Teil: Grundzüge der Anwendung der Erdkunde auf die Geschichte. Stuttgart 1882

Ratzel, F.: Anthropo-Geographie. Zweiter Teil: Die geographische Verbreitung des Menschen. Stuttgart 1891

Ratzel, F.: Politische Geographie. Geographie der Staaten, des Verkehrs und des Krieges. München/Berlin 1903

Robertson, R.: Globalization. Social Theory and Global Culture. London 1992

Roemer, J. E.: Methodological Individualism and Deductive Marxism. In: Theory and Society, vol. 11, Nr. 4, 1982, S. 513–520

Sack, R. D.: Geography, Geometry, and Explanation. In: Annals of the Association of American Geographers, vol. 62, 1972, S. 61–78

Sack, R. D.: Conceptions of Geographic Space. In: Progress in Human Geography, vol. 4, Nr. 3, 1980a, S. 313–345

Sack, R. D.: Conceptions of Space in Social Thought. A Geographic Perspective. London 1980b

Saunders, P.: Space, Urbanism and the created Environment. In: Held, D./Thompson, J. B. (eds.): Critical Theory of Modern Societies. Anthony Giddens and his Critics. Cambridge 1989, S. 215–234

Schulte, J.: Wittgenstein. Eine Einführung. Stuttgart 1989

Schütz, A.: Gesammelte Aufsätze, Bd. 1: Das Problem der sozialen Wirklichkeit. Den Haag 1971a

Schütz, A.: Gesammelte Aufsätze, Bd. 3: Studien zur phänomenologischen Philosophie. Den Haag 1971b

Schütz, A.: Gesammelte Aufsätze, Bd. 2: Studien zur soziologischen Theorie. Den Haag 1972

Schütz, A.: Der sinnhafte Aufbau der sozialen Welt. Eine Einführung in die verstehende Soziologie. Frankfurt a. M. 1974

Schütz, A.: Theorie der Lebensformen. Frankfurt a. M. 1981

Schütz, A./Luckmann, Th.: Strukturen der Lebenswelt, Bd. 1. Frankfurt a. M. 1979

Schultz, H. D.: Die deutschsprachige Geographie von 1800 bis 1970. Berlin 1980

Sedlacek, P. (Hrsg.): Kultur-/Sozialgeographie. Paderborn 1982

Shields, R. (ed.): Lifestyle Shopping. London 1992

Simmel, G.: Philosophie des Geldes. Gesamtausgabe, Bd. 6. Frankfurt a. M. 1989

Sklar, L.: Absolute Space and the Metaphysics of Theories. In: Nous, vol. 6, 1972

Sklar, L.: Space, Time and Space-Time. Berkely 1974

Soja, E. W.: The Socio-spatial Dialectic. In: Annals of the Association of American Geographers, vol. 70, Nr. 2, 1980, S. 207–225

Soja, E. W.: The Spaciality of Social Life: Towards a Transformative Retheoretisation. In: Gregory, D./Urry, J. (eds.): Social Relations and Spatial Structures. London 1985, S. 90–127

Soja, E. W.: Postmodern Geographies. The Reassertion of Space in the Critical Social Theory. London/New York 1989

Srubar, I.: Schütz' Bergson Rezeption. In: Schütz, A.: Theorie der Lebensformen. Frankfurt a. M. 1981, S. 9–76

Ströker, E.: Philosophische Untersuchungen zum Raum. Philosophische Abhandlungen, Bd. 25. Frankfurt a. M. 1965

Taylor, C.: Interpretation and the Science of Man. In: Review of Metaphysics, vol. 25, 1971, S. 28–39

Thompson, E. P.: Das Elend der Theorie. Frankfurt a. M. 1980

Thrift, N.: On the determination of social action in space and time. In: Environment and Planning D. Society and Space, vol. 1., 1983, S. 23–56

Thrift, N.: Bear and Mouse or Bear and Tree? Anthony Giddens' Reconstruction of Social Theory. In: Sociology, vol. 19, Nr. 4, 1985, S. 609–623

Thrift, N.: For a new Regional Geography 1. In: Progress in Human Geography, vol. 14, Nr. 2, 1990a, S. 272–279

Thrift, N.: For a new Regional Geography 2. In: Progress in Human Geography, vol. 15, Nr. 4, 1991, S. 456–465

Thrift, N.: Taking aim at the Heart of the Region. In: Gregory, D./Martin, R. M./Smith, G. (eds.): Geography in the Social Sciences. London 1993a, S. 25–51

Thrift, N.: For a new Regional Geography 3. In: Progress in Human Geography, vol. 17, Nr. 1, 1993b, S. 92–100

Touraine, A.: Sociologie de l'action. Paris 1965

Touraine, A.: La méthode de la sociologie de l'action.: L'intervention sociologique. In: Schweizerische Zeitschrift für Soziologie, Heft 1, 1980, S. 321–334

Treibel, A: Einführung in die soziologischen Theorien der Gegenwart. Opladen 1994

Trepper Marlin, A./Schorsch, J./Swaab, E./Will, R.: Shopping for a Better World. New York 1992

Urry, J.: Social Relations, Space and Time. In: Gregory, D./Urry, J. (eds.): Social Relations and Spatial Structures. London 1985, S. 20–48

Urry, J.: Time and Space in Giddens' Social Theory. In: Bryant, C.G.A./Jary, D. (eds.): Giddens' Theory of Structuration. A Critical Appreciation. London 1991, S. 160–175

Van Frassen, B.: An Introduction to the Philosophy of Time and Space. New York 1978

Vidal de la Blache, P.: Tableau de la Géographie de la France. Paris 1903

Vidal de la Blache, P.: Les genres de vie dans la géographie humaine. In: Annales de géographie, vol. 20, Paris 1911, S. 193–212, 289–304

Warren, C. A.: Adat and Dinas: Village and State in Contemporary Bali. Melbourne 1990

Watkins, J. W. N.: Historical explanation in the social sciences. In: Gardiner, P. (ed.): Theories of History. Glencoe 1959

Weber, M.: Wirtschaft und Gesellschaft. Tübingen 1980 (5. Auflage)

Weichhart, P.: Geographie im Umbruch. Ein Beitrag zur Neukonzeption der komplexen Geographie. Wien 1975

Weichhart, P.: Raumbezogene Identität. Bausteine zu einer Theorie räumlich-sozialer Kognition und Identifikation. Stuttgart 1990

Welsch, W.: Transkulturalität. Lebensformen nach der Auflösung der Kulturen. In: Information Philosophie, Nr. 2, 1992, S. 5–20

Werlen, B.: Methodologische Probleme handlungstheoretischer Stadtforschung: Lötscher, L. (Hrsg.): Jahrbuch der Schweizerischen Naturforschenden Gesellschaft, wissenschaftlicher Teil, 1982, Bd. 2. Basel/Boston/Stuttgart 1983, S. 100–109

Werlen, B.: Thesen zur handlungstheoretischen Neuorientierung sozialgeographischer Forschung. In: Geographica Helvetica, 41. Jg., Heft 2, 1986, S. 67–76

Werlen, B.: Zwischen Metatheorie, Fachtheorie und Alltagswelt. In: Bahrenberg, G. u. a. (Hrsg.): Geographie des Menschen – Dietrich Bartels zum Gedenken. Bremen 1987, S. 11–25

Werlen, B.: Gesellschaft, Handlung und Raum. Grundlagen handlungstheoretischer Sozialgeographie. Stuttgart 1988a (2. Auflage)

Werlen, B.: Von der Raum- zur Situationswissenschaft. In: Geographische Zeitschrift 76, Heft 4, 1988b, S. 193–208

Werlen, B.: Kulturelle Identität zwischen Individualismus und Holismus. In: Sosoe, K. S. (Hrsg.): Identität: Evolution oder Differenz?/Identité: Evolution ou Différence? Fribourg 1989, S. 21–54

Werlen, B.: Regionale oder kulturelle Identität? Eine Problemskizze. In: Berichte zur deutschen Landeskunde, 66. Band, Heft 1, 1992, S. 9–32

Werlen, B.: Society, Action and Space. An Alternative Human Geography. London 1993a

Werlen, B.: On Regional and Cultural Identity: Outline of a Regional Cultural Analysis. In: Steiner, D./Nauser, M. (eds.): Person, Society, Environment. London 1993b, S. 296–309

Werlen, B.: Identität und Raum – Regionalismus und Nationalismus. In: «Soziographie», Bd. 6, 1993c, S. 37–70

Werlen, B.: Gibt es eine Geographie ohne Raum? Zum Verhältnis von traditioneller Geographie und zeitgenössischen Gesellschaften. In: Erdkunde, Bd. 47, Heft 4, 1993d, S. 241–255

Werlen, B.: Handlungs- und Raummodelle in sozialgeographischer Forschung und Praxis. In: Geographische Rundschau 45, 1993e, S. 724–729

Werlen, B.: Handeln – Gesellschaft – Raum. Neue Thesen zur sozial- und wirtschaftsgeographischen Gesellschaftsforschung In: Geograficky' casopis Bratislava 44, Heft 2/3, 1993f, S. 131–149

Werlen, B.: Grundbegriffe der Sozialgeographie. Zürich 1993g (unveröff. Manuskript)

Werlen, B.: Landschaft, Raum und Gesellschaft. Zur Entstehungs- und Entwicklungsgeschichte der Sozialgeographie. In Geographische Rundschau 47, Heft 9, 1995a, S. 513–522

Werlen, B.: Social Geography. In: Embree, L./Kokelmans, J./Zaner, R. (eds.): The Encyclopaedia of Phenomenology. Boca Raton 1995b (im Druck)

Werlen, B.: Regionalismus. Eine neue soziale Bewegung. In: Barsch, D./Karrasch, H. (Hrsg.): 49. Deutscher Geographentag Bochum 1993. 2. Halbband, Stuttgart 1995c, S. 42–51

Wieland, W.: Die aristotelische Physik. Untersuchungen über die Grundlegung der Naturwissenschaft und die sprachlichen Bedingungen der Prinzipienforschung bei Aristoteles. Göttingen 1962

Wirth, E.: Theoretische Geographie. Stuttgart 1979

Wirth, E.: Zwei Jahrzehnte Theoretische Geographie. Eine kritische Bilanz. In: Dt. Geographentag Göttingen 1979. Tagungsbericht und wissenschaftliche Abhandlungen. Wiesbaden 1980, S. 167–179

Wittgenstein, L.: Bemerkungen über die Grundlagen der Mathematik (BGM), Werkausgabe, Bd. 6. Frankfurt a. M. 1984

Wolff, Ch.: Gesammelte Werke. I. Abt. Deutsche Schriften, Bd. 7: Vernünftige Gedanken. Von den Absichten der natürlichen Dinge. Hildesheim/New York 1980a

Wolff, Ch.: Gesammelte Werke. II. Abt. Lateinische Schriften, Bd. 17: Theologia naturalis. Hildesheim/New York 1980b